本书受北京市哲学社会科学规划一般项目《社会网络视角下中关村创新集群发展研究》（项目编号：15JGB113）和基地项目《首都生鲜农产品电子商务模式创新研究》（项目编号：15JDJGC012）的资助

北京市哲学社会科学首都流通业研究基地资助（JD－YB－2017－025）

商业地产开发全景扫描

郭馨梅　编著

中国财经出版传媒集团

经济科学出版社

Economic Science Press

图书在版编目（CIP）数据

商业地产开发全景扫描/郭馨梅编著．—北京：经济
科学出版社，2016.12
ISBN 978 - 7 - 5141 - 7678 - 0

Ⅰ．①商…　Ⅱ．①郭…　Ⅲ．①城市商业 - 房地产
开发 - 研究 - 中国　Ⅳ．①F299.233

中国版本图书馆 CIP 数据核字（2016）第 317047 号

责任编辑：王东岗
责任校对：靳玉环
责任印制：邱　天

商业地产开发全景扫描

郭馨梅　编著

经济科学出版社出版、发行　新华书店经销
社址：北京市海淀区阜成路甲 28 号　邮编：100142
总编部电话：010 - 88191217　发行部电话：010 - 88191522
网址：www. esp. com. cn
电子邮件：esp@ esp. com. cn
天猫网店：经济科学出版社旗舰店
网址：http://jjkxcbs. tmall. com
固安华明印业有限公司印装
710 × 1000　16 开　20.5 印张　370000 字
2017 年 1 月第 1 版　2017 年 1 月第 1 次印刷
ISBN 978 - 7 - 5141 - 7678 - 0　定价：52.00 元
（图书出现印装问题，本社负责调换。电话：010 - 88191510）
（版权所有　侵权必究　举报电话：010 - 88191586
电子邮箱：dbts@ esp. com. cn）

前 言

　　本书以商业地产的开发前期、投融资、文化旅游地产、养老地产、城市综合体、购物中心、商业街为研究对象，探讨了新环境下商业地产的项目定位、前期策划、建筑设计、精准选址、拥抱互联网等开发新思路，研究了文化旅游、养老地产开发的新动向，关注了万达、万科和绿地等龙头企业的商业地产新产品，分析了红星美凯龙、步步高置业、深圳宝能等跨界商业地产的新举措。

　　当住宅市场调控不断加码时，热钱转向了商业地产，商业地产同质化的问题浮出水面。投资商业地产必须首先考虑项目定位，只有精准的产品、选址、客群、业态配比、建筑设计及运营定位，才能实现商业地产价值最大化和差异化。相比于住宅地产，商业地产对周边的交通、环境、商业组合的依赖性强，全面、系统的前期策划，不仅为商业地产项目开发提供决策的依据，同时可以规避后期可能产生的风险。好的交通、公共空间和景观设计，有助于商业地产差异化；准确的选址更是商业地产成功与否的关键。星巴克除了其刻意宣传的企业理念和咖啡文化外，选址是其迅速扩张的保障，也是其取胜全球的根本。国内一些著名奥特莱斯的选址各具特色、值得借鉴，如北京燕莎奥特莱斯注重交通的便利性和土地的廉价性，北京赛特奥特莱斯则靠近高端消费群体居住区和艺术云集区，上海青浦百联奥特莱斯位于多条高速路网中央地带，重庆西部奥特莱斯坐落在世界 500 强企业落户区。随着消费理念的转变和商业模式的多样化，作为"城市名片"的商业街在全国各地迅速发展起来，无论老街的改造还是新街的开发，只有选择适当的时机，做好科学的规划，明确目标客群，进行准确定位，才能取得成功。长期以来，中外商业地产在开发理念、开发模式、开发流程、运营管理、融资渠道和建筑设计等方面存在着差异，以美日为代表的发达国家商业地产项目有着成熟的模式和成功的经验值得我们学习和借鉴。同时，电商来袭，线上线下融合发展，无论是商业地产联姻互联网企业，还是用互联网思维进行自身改造，都需要商业地产有更强的资源整合和环境把控的能力。只有不断思变创新，才能在多变的时代生存下去，活得更好。

长期以来，银行贷款始终是商业地产融资的主渠道，其他渠道融资占比较小。自 2005 年我国进行资产证券化试点以来，万达携手澳大利亚麦格理银行开创了国内 CMBS 成功筹资的先例，深圳上市公司华侨城 A 首次以"欢乐谷主题公园入园凭证专项资产管理计划"募资，广东海印股份推出全国首例商业物业资产证券化，无疑给国内商业地产企业注入一针兴奋剂。随着融资成本不断上升和各类融资需求的不断增长，上市融资、房地产投资信托基金（REITs）融资、众筹融资、租赁融资等其他融资渠道渐渐被运用。

文化创意、"互联网＋"、微度假、影视取景、休闲娱乐等给文化旅游地产带来了前所未有的商机，历史街区、自然资源、高尔夫休闲等资源被充分挖掘，购物娱乐和影视文化等主题公园被打造，成为居民周末和节假日的好去处。随着人口老龄化的加快，三十多年的计划生育政策实施，家庭养老日渐力不从心，社会养老越来越风行，养老地产开发迎来爆发式增长，国内房企巨头纷纷布局养老地产。

城市综合体备受商业地产龙头企业的青睐。堪称"商业地产"

之尊的万达集团，在其产品历经三代演变后，不仅使电影院线成为其商业地产的标配，同时高调进军旅游地产和文化地产，拉开了从"一揽子"向"总包交钥匙"、从"重资产"向"轻资产"转型的序幕。住宅地产的"老大"万科借助互联网思维，实现从住宅开发商向城市配套服务商转型，不仅开发城市综合体，同时进军物流地产，其轻资产模式也渐渐清晰。绿地集团逐步加大商业地产的开发力度，精心打造"四海、八方、人和"三大系列产品，以核心区的城市综合体、区域的城市综合体和复合型的社区商业中心等主打产品稳扎稳打，令业界刮目相看。

商业地产的蛋糕诱惑着诸多零售企业、物流企业、住宅开发企业跃跃欲试，跨界经营更是成为商业地产投资开发的焦点话题。红星美凯龙、步步高置业、苏宁云商、英特宜家等零售企业纷纷打造自己的购物中心和生活都会中心；太古地产、凯德商用则在地铁上打造与众不同的购物中心，实现人流、物流、资金流的共享互通；恒大、华润、龙湖等专攻住宅地产的开发企业高调进军购物中心，打造自己的品牌产品；SOHO 中国、绿景地产等以写字楼为开发起点的开发企业华丽转身，在里弄步行街和社区商业领域大显身手；以物流和粮食起家的深圳宝能、中粮置业在城市综合体和市区购物中心领域声名鹊起；华侨城和保利地产则走向了商业地产全业态开发经营之路。

本书由北京工商大学经济学院郭馨梅教授负责全书写作框架和体系结构的设计，所有文章的选题、修改、统稿和定稿工作。感谢经济学院潘忠副教授以及研究生刘艳、熊龙龙、张健丽、陈忱、孟子瀚、马玉莹、叶劲松、文桥凤、袁媛、单林幸、张宸、李文萧、李家文、李春晓、赵洋和施珊珊等为本书的完成提供了基本素材和写作。两年的时间里，学生们因为选取素材和写作训练，科研能力得到了很好的提升，同时和我建立了非同一般的师生情谊，其间不断修改的艰辛至今仍历历在目。因为本人和编辑工作均太忙，这本书的完稿编排历时很长，犹如跑了一场马拉松，感谢研究生施珊珊、杨碧莹、杜立爽、马东安、裴双双、邵一漩帮我进行了成书前的最后一次数据更新和文字校对，才保证了本书稿的历久弥新。感谢 IBMG 国际商业集团董事长李生先生为我搭建的专门从事商业地产研究的好平台，让我受益终身。感谢经济科学出版社责任编辑王东岗先生的大力支持。寥寥数语，不足以表达对所有帮助过我的朋友和师生们的感谢。唯有将这份感恩铭记在心，作为未来的岁月里我继续奋进的动力。

本书的出版得到了北京市哲学社会科学首都流通业研究基地（项目编号：JD – YB – 2017 – 028）、北京市哲学社会科学规划一般项目《社会网络视角下中关村创新集群发展研究》（项目编号：15JGB113）和基地项目《首都生鲜农产品电子商务模式创新研究》（项目编号：15JDJGC012）的经费支持。

由于水平所限，书中疏漏与不足在所难免，敬请读者批评指正。

北京工商大学经济学院教授

郭馨梅

2017 年 10 月

目 录
Contents

专题三　旅游地产篇

专题四　龙头企业篇

专题五　跨界经营篇

专题一 开发篇

1

项目定位实现商业地产
价值最大化和差异化

1.1
商业地产差异化从项目定位抓起

纵观当今商业地产市场，一片火热：从来没有商业地产运营经验的"外行"海底捞宣布进军商业地产，而中粮大悦城、万达广场等在商业地产领域耕耘多年的"内行"，更是加速扩张。伴随着商业地产的火热，一个严重的问题——同质化——产生了。很多开发商在开发之前没有根据实际情况做好项目定位，盲目地模仿、抄袭，导致项目严重雷同，不可避免地造成了市场过剩，进而在招商和经营过程中处于被动地位。实现差异化看似简单，真正做起来却要花费很多精力，从产品定位开始，到选址，到规划设计，再到建设，以及后期的招商和运营管理，整个过程都需要体现出差异化。很多开发商，为了走捷径，直接照搬所谓的完美的全套设计方案，直接导致了千店一面、千楼一面现象的产生，个性特点无迹可寻。某些开发商在开发北京的商业地产时，盲目追求高定位，导致开发出来的商城租金往往较高，进而使得商户店里的商品价格较高，从而直接影响销量，商户利润下滑。万达董事长王健林曾提到万达广场近年来的三个问题，"首先是客流增长率在下降；其次是单个顾客的消费量在下降；最后是当年商家开店计划有较多调整，甚至可以说较大幅度的下降。"这些问题都是商业地产同质化导致的，只能通过商业地产的差异化来解决。

欲实现商业地产的差异化，要从源头抓起，这个源头就是项目定位。商业地产开发的最终目的在于使开发的项目适应市场的需求，从而获得长期的效益。完美的商业房地产项目定位，能够确定商业房地产的经营方向，开发出适应市场需求的产品，发掘商业物业潜力的价值点，降低后期经营的风险，最终获取理想的投资收益。反之，如果商业地产的开发定位失误，即使物业具备了优良的配套设施条件，并投入了大量的广告推广费用，采取了先进的营销推广方式，商业房地产的经营也将会面临失败的命运。所以说，商业房地产项目定位是商业房地产的生命核心，投资商业房地产必须首先考虑项目定位问题。

商业地产项目定位分 6 个步骤进行：产品定位，选址定位，客群定位，业态配比定位，建筑设计定位以及运营模式定位。

（1）产品定位。一是确定商业类别，包括城市综合体、购物中心、百货店、批发市场、商业街等；二是确定产品组合比例，即住宅、写字楼、酒店公寓、商业区之间的比例；三是确定产品的资金获取模式，包括全部出售、租售结合、完全自营、贷款经营、资产证券化（REITS、CMBS）等。通过这一步解答"我要做什么，我的钱从何而来"的问题。

（2）选址定位。一是地块条件分析，包括地块功能、面积、建筑密度、道路等级等；二是商圈分析，包括市级商圈、区级商圈、社区商圈等。通过这一步解答"我要在哪里开发，地理位置是否适合"的问题。

（3）客群定位。一是客群来源分析，包括生活消费辐射范围内的居民、城区主导消费人群（公务员、教师、企业职工）、城市外源性旅游客源、高端产业人员、新区 CBD 区域高级白领商务人士私营业主等，不同的人群的消费特征是不同的。周边区域的客源倾向于生活消费、改善型消费、休闲娱乐等；城区主导消费人群倾向于亲友聚会、商务交往、个人休闲与购物等方式；外源性客源倾向于拓展训练、养生疗养、休闲娱乐等；高端人士普遍具有较高的消费能力，社会活动主要包括商务接洽、宴请、娱乐等。二是客群的深入调查，调查内容包括家庭总收入、居住区域、对业态布局的期望、对各种消费的偏好等。比如可以通过问卷调查的形式了解客户对餐饮设施布局的期望，以确定对中餐厅、西餐厅、日式餐厅、韩式餐厅等各类餐厅的配比；比如可以了解客户对专业店的期望，以确定服装专卖店、化妆品、箱包皮具、影像等专业店的配比等。通过这一步可以解答"我的客户从何而来，我的客户偏好什么"的问题。

（4）业态配比定位。主要根据商圈的性质、项目的规模和客群的特点等来进行。在这个过程中，要确定经营的档次，走高端还是大众路线；要确定超市、餐饮、服装、化妆品、国际精品、图书文具等各种业态的选择与配比。如果走高端路线，将更多地选择国际精品、时尚服饰、化妆品等业种和业态，如果走大众路线，将更多地选择超市、餐饮、大众服饰、图书文具等业种。通过这一步可以解答"我该布置哪些业种业态，它们之间的比例该如何"的问题。

（5）建筑设计定位。主要由建筑设计师根据以上四步定位的结果对该项目的建筑外观进行设计。主要包括建筑形态定位，是单体独栋、单体多栋还是商业街形式；建筑动线定位，分别要对外部动线、内部动线和垂直动线进行设计；设计风格定位，包括装潢主题的风格、主色调、辅助物的设计等；建筑景观的定位，包括外部景观、内部景观等；功能分区的定位，包括平面结构、主次路口位置等；还有一些能增加客流量的方法，如创造多首层的机会，即尽可能与地铁链接、与人行天桥链接、利用地势与地面链接等。通过这一步可以解答"我的项目应该建成什么样子，应该如何吸引更多客流"的问题。

（6）运行模式定位。主要指在项目建设完成后、开始营业前通过分析商圈的性质、商圈的类别、客群特点、自身情况等明确开业后的经营方式。主要包括管理理念、管理制度、管理团队建设、经营主题、经营方略等。通过这一步可以解答"我如何让我们的项目越来越红火的"的问题。

通过以上 6 个步骤，对自己的项目进行明晰的定位，才能凸显自己的特点，使自己的项目与众不同。比如，有部分开发商，为了避开同质化竞争，在定位时没有选择传统的百货、购物中心等商业形式，而是选择了做主题商业项目。具有主题的商业项目通过对产品的调整、同类商家的集中或购物环境的营造，既细分了市场，也甄别了客户群，可以很好地将目标客户群吸引过来，将很多随机性较强的购物行为转变为目的性消费，成为商业项目的消费者。东方新天地就是一个成功的案例，它所处的东方广场坐落于东长安街一号，那里是北京市的中心地带。借助王府井长期以来形成的商业中心区地位，东方广场被定位为国际性经贸中心，其酒店物业每年要召开很多国际性会议，30 万平方米的写字楼租户大部分为世界 500 强企业①，而公寓里的住户多为外企员工。因此东方新天地的定位标准就是东方广场的配套服务商业。东方新天地分为地下和地上两部分，业态丰富，全部为国内外知名品牌。为坚持其高档商业场所的定位，新天地采取只租不售的方式入市，经过管理层的精心培育，租金连年上涨，成为京城知名的商业中心。然而，美罗城购物中心却因为定位不清晰导致了失败。它地处京城东部泛 CBD 地区，周边商业物业集中，且被多个中高档社区环抱，本应具有很好的发展前景。美罗城起初的定位是高端、时尚、现代化的一站式购物场所，但由于竞争激烈，导致其业绩不佳。为了改善经营，美罗城从开业起就频繁变换购物中心的业态规划，高端百货、外贸大集、社区配套商业三者间举棋不定。无自身特色的美罗城，在燕莎奥特莱斯、大成国际、CBD 商圈的夹击下，无法让周边的居住人群形成规律性的消费行为，也不足以对区域外的消费者构成吸引力，最终在 2011 年被转让了。

项目定位能够很大程度上影响商品品类组合模式，因此项目定位实现差异化后，能够保证商品品类组合模型与众不同，从而在更深层次上实现商业地产的差异化。以北京新光天地为例，它是全中国最大的单体百货公司综合商业建筑体。它的定位是以京城最高端、最时尚的生活方式，为政商名流服务的新天地；强调全年时尚走秀、发表会与商品体验活动的新概念；以"新城市百货综合体"规划，满足北京全客层的一站式服务设计模式。因此，它选择的与之相对应的商品品类组合模式是：全国首创开放式专柜百货＋高端奢侈品牌店群互动结合的新模式；以全球独家品牌为主题规划，带领近 200 个②世界品牌进军中国市场；创造文化艺廊（新光文苑）进入商业体的文化战略模式；全国首独高端精品超市＋主题餐厅化国际美食街的新结合服务模式；全国首创奢侈专门店，在百货内沿街设立街边大门的贵宾服务模式；全国首创主题式刊物，定向活动营销新模式。再以西单大悦城为例，它的定位是建立中国特色的年轻文化、体验文化、与创新文化的新玩乐地；全北京年轻人聚集、约会的时尚潮地；强调在硬件上对空间、视觉的主题规划设计，让环境特色冲击全北京。正因为定位与众不同，因此它的品类组合模型也与众不同：世界创意文化品牌旗舰店的群聚城；以北京餐饮品牌最集

① 商业地产大型 MALL 业态配比四大技巧，今日头条，2016–06–14.
② 北京新光天地的竞争与发展研究，中百商业运营，2013–05.

中的约会天地，整合年轻潮流零售品牌；以新品发表、潮文化演出与娱乐文化动感互动，让年轻时尚带动零售；生活方式的组合，把流行品牌、主题餐饮与动感娱乐三者完美交融。

商业地产的差异化是开发商避免千篇一律、实现特色化经营的唯一选择，也是项目获得持续盈利的关键因素之一。项目定位是项目开发运营的第一步，只有从源头上把关，才能从根本上避免商业地产的同质化。然而，国内商业地产开发商普遍不愿意花费大量时间和成本进行深入细致的项目定位，一股脑儿照搬成功的案例，导致一个个在外形、功能上都相似的购物场所产生，令人扼腕叹息！笔者希望新的开发商们能够吸收前车之鉴，避免重蹈覆辙。

1.2
目标定位实现商业地产价值最大化

"价值最大化"的商业运作模式是一棵带刺的玫瑰，让许多人望而却步，原因很简单：追求最大的利润不仅要以雄厚的资金和扎实的技术为前提，还要有过人的勇气和无比坚定的耐心。那么，商业地产如何挖掘最大化的价值呢？项目定位是根本。

商业地产在开发模式和整体运作思路上与住宅大不同。它重回报，投资相对复杂，进入门槛也较高，那么该如何规避商业地产投资的风险，实现商业地产价值的最大化呢？真正成功的商业地产项目，不仅要把商铺顺利销出去，还需保证后期运营得当。通过严谨的调查、准确的市场定位，引导多重业态的商家入驻，实现资源上的强强联合和多方利益链上的"共赢"，从而让商业地产有持续升值动力。一个商业地产产品可以很精品，也可以很亲民；可以很个性，也可以很大众，起决定性作用的就是主题定位，可见定位对于商业地产实现价值最大化起着重要的作用。

（1）社区商铺——依据业主的消费水平，提供基本生活需求和走特色经营之路。社区商铺，或是建筑底层商铺，或是1~3层商业楼，提供与人们生活密切相关的生活用品销售和生活服务设施，是商业地产中的"小盘活跃股"。我们常见的社区商铺中，社区便利店、小食品店、水果干货店、药店等与社区居民生活息息相关的业态，占据了重要的经营比重，目的是让业主们能够在社区内解决基本生活消费。不过，社区商铺在功能定位上并非千篇一律。由于消费群体的需求是多层次的，偏好也是不同的，因此社区商铺经营类型是在明确服务社区业主基本需要的基础上，根据不同社区的规划和定位进行调整和变化的。所以，社区商铺既要考虑普遍性，也要根据社区人群的消费定位，走特色经营之路。

例如，杭州的欣盛·东方福邸的临街商铺，除了周边有 40 万平方米的巨无霸商业体银泰城，本身也拥有 1700 余户的高端消费家庭，在以东方福邸为中心的 600 米辐射圈内，加上万家花城、橡树园等多个已交付和正在销售的楼盘，形成了 3 万常住居民的稳定消费群。因此，这些沿街商铺在建筑品位、可视性和功能的广泛适用性上极为考究，即使 80 平方米的单层铺，开间亦可达到 6 米；以 150～300 平方米面积为主的户型①，且大铺小铺搭配合理，业态可多样化发展。如既可引进小型的便利店、花店、干洗店，又可进驻大型美容美发、银行、个性化国际化的高端精品店、国际品牌的家居概念店、连锁时装专卖店，或是顶级音响器材店和自行车装备店等，丰富、多样化的业态集群，可满足多层次的需求。如今，在东方福邸沿街 1700 平方米双层商铺内，已成功运营了欣盛东方润园会所——润缘汇和欣盛东方郡会所——郡缘汇的欣盛酒店管理公司，为东方福邸打造的以餐饮、健身、儿童活动中心等为主要功能的"生活馆"，促进了周围商铺的成熟。

（2）城市综合体——满足居民休闲、购物、娱乐全方位的"一站式消费"。一个有资格被称为"城市综合体"的综合型商业地产产品，应该位居城市主中心和副中心的地段，拥有便捷的交通，规模的体量。因为它们不仅能为商业地产带来火爆的人气，还能挖掘出商业地产的价值潜力，其中定位则是实现城市功能的必要前提。城市综合体定位不仅需符合城市整体发展要求，符合政府控规要求，还要具有鲜明特色，体现项目地段价值，最后要符合市场要求，实现整体开发与经营目标。基于这些要求，城市综合体的运营商们，更多倾向选择那些能够迎合城市的快节奏，可以最大限度为都市人工作、生活提供便捷的业态，形成了满足消费者休闲、购物、娱乐为一体的"一站式消费"的综合型商业地产产品。

杭州地铁 1 号线北线临平段的中段位置的翁梅站，作为杭州最早能够体

---

① 欣盛·东方福邸是"新银泰商圈"的最佳聚客节点，杭州日报，2012 - 03.

验地铁生活的综合体，总建筑面积约 35 万平方米，地铁上盖物业的商场总建筑面积 19 万平方米，[①] 包含商业、住宅、酒店等物业，集购物、餐饮、休闲、娱乐、居住于一体，形成了一个以"居家生活"为基础、"娱乐休闲"、"体验互动"为特色的杭州多元区域特色商业中心。东侧为时尚购物中心，西侧为家庭型主题商场，用最丰富优势的业态来提升其商业整体价值。

占据莫干山路与萍水街交叉口的好安居·蓝钻天成，扼守城市纵轴莫干山路和特色商业街萍水街之"金角银边"，是一个由酒店式公寓、国际大型超市、1～4 层精品购物广场、风情商业内街、1～3 层沿街旺铺等组成的城市综合体，拥有 70000 平方米左右的商业体量。地下商业未来还将和规划中的地铁 5 号线和 10 号线无缝对接。目前地下一层中，逾 20000 平方米的商业旗舰——世界 500 强企业 TESCO 乐购已抢先入驻。[②] 蓝钻天成是一个融合吃喝玩乐各种休闲方式的场所，具有国际先进的商业规划理念。

（3）商业街——业态繁多，商家云集，分布有序。走在大街小巷，我们最常见的就是沿街两侧铺面。大多数商业街的地段都非常好，便于集合最多的人群，比如堪称杭州最繁华商业老街的延安路，得天独厚的位置，常常引得人潮如织。

杭州复兴路北侧的山南·南白路商业街，有沿街商铺、底层商铺和地下商业街三种物业类型，加起来的面积有 1 万多平方米。商业街西靠 18 万平方米大型小区，东侧为建设中的 8 万平方米高端商务办公区，周边有复兴地区多个大型住宅区，同时位于总规划商务办公面积 25 万平方米的杭州山南国际创意园中心位置。南白路商业街定位明确，主要以餐饮、超市、娱乐健身、文化休闲等生活类、商务类商业配套，填补快速发展中的玉皇山南地区商业服务空白。

一条好的商业街，必然是业态丰富，内容完整的，大到能将文化、旅游与商业完美结合，小到能够融入当地的地理与文化。看似零散而随意，实际上却又能充分利用街道之间的空隙，创造性地穿插进各种业态。在商业街的业态设置过程中，更需要考虑到业态之间的衔接方式，如何以更优良的方

① 李坤军．商业的力量：好的商业地产寻求"黄金定位"，人民网，2012－04.
② 蓝钻天成商业 8 月首开，首层《乐购》你值得拥有，同辉置业，2014－08.

式，设计出一条人群愿意接受的购物动线。即便不是去追求"大而全"的中国传统式商业布局，商业街的开发商在招商定位上，也会更重视广度的覆盖，精准定位、占据高端的做法，能够有助于一条商业街与普通商业街拉开距离。"业态繁多而不繁杂，商家集中但分布有序"，这将会是未来商业街的发展方向。

无论是社区商铺，城市综合体还是商业街均有其自身的定位，其定位决定了商业地产价值最大化实现的程度大小。因此，商业地产开发企业在运作商业地产项目之前，首先，要清楚地知道这个项目要做成什么样；更重要的是要了解项目将要卖给谁，谁来使用，他们对产品有什么偏好及要求。转化成实际的操作方式就是，首先对项目片区做详细的市场调研，了解片区辐射的消费人口、现有商业规模、业态分布及片区未来几年的发展规划等，然后将片区的消费需求与商业供给作对比分析，以寻找片区商业的空白点和需求点，最终确定项目的定位。

1.3
市场调研是商业地产项目定位的必做功课

正所谓"没有调查就没有发言权"，要做好项目定位，就得有数据和事实作为依据，不能凭空臆造，这就需要做市场调研。为商业地产项目定位而做的市场调研共分为四大块，即城市发展状况、项目地块、市场供应和市场需求调研。每项调研分别为不同的定位步骤提供决策的依据，各项之间没有严格的先后关系，可以同步进行。

（1）城市发展状况调研，又称为宏观环境调研。主要内容包括：城市的发展规划、宏观经济主要指标（包括 GDP、人口、产业结构、城镇化率等）及商业发展宏观环境分析（包括社会消费品零售总额、人均可支配收入变化、人均消费性支出结构等）。如果该项目计划建城市综合体，还需要做写字楼市场宏观发展分析（包括第三产业结构、企业数量等）和酒店市场宏观发展分析（包括会展业、旅游业发展状况等）。通过城市发展状况调研，可以让开发商对项目所处城市的发展潜力有更清晰的认识，为后期的决策提供背景支撑。

（2）项目地块调研。指对项目地块的自身状况及所处的商圈进行调研。

具体包括：项目所处城区的基本情况、发展规划、人口状况等，项目所处商圈的特征、客流量及客流结构等，项目地块周边的商业、住宅、企业、公共设施的分布等，项目地块四周的道路情况等。通过项目地块区域调研，可以获知项目所处区域的发展前景，初步判断该项目应该建成的建筑类型和业态种类。以北京的某项目为例，其所处的区域被四条主干道切割，导致商圈被阻隔，项目周边除了住宅之外，缺乏写字楼、酒店等商业设施和其他基础设施，因此难以吸引区域外的消费者；距离地铁站较远，且门口的马路非主干道，交通不便，客流量较小；项目周边已经有了多个大型超市，竞争激烈。因此，初步判断该项目不适合做购物中心和超市。

（3）市场供应调研。分竞争者商业项目调研和成功的商业项目调研两部分。

对竞争者商业项目调研，主要选择商圈内已有的商业项目进行调研，总结出其总体特征并发掘出潜在的市场空间。尤其要对主要竞争对手做详细的分析，包括整体定位、体量、行业组合、客群、租金、主力店、次主力店、各楼层业态分布及品牌招商、动线设计、室内装饰、营销活动等，从而可以做到差异化经营。

对成功的商业项目调研，则是对全国范围内类似的项目进行调研分析。调研的内容和对竞争对手的调研相同，目的是借鉴成功的经验，为委托项目的功能配比、品牌选择、动线设计等提供参考，从而初步做好业态规划定位和建筑设计定位。如果委托项目欲建城市综合体，还需要分别对写字楼、公寓和酒店做相应的市场调研。对于写字楼，重点分析其级别、规模、空调系统、电梯配置等基本情况，以及建筑风格、户型、物业管理等；对于公寓，主要分析其体量、户型、客群等；对于酒店，主要分析其档次、规模、功能配置等。

（4）市场需求调研。可以分为两大部分：消费者调研和租户调研。

对于消费者调研，可以通过问卷调查方式进行。调查问卷一般分为五大部分：第一部分，设置筛选性的选项，如居住时间、逛商城频率、一般消费金额等，目的是甄选未来合适的样本；第二部分，设置基本信息的选项，如年龄、性别、职业、收入、家庭构成、居住区域等，目的是获知该区域内消费者的年龄层次、收入层次、人口结构等。如果收入层次较高，则可增加奢侈品的比例；如果儿童占比较高，则可增加儿童业态的比例；第三部分，设置商业评价选项，如对居住区域内的商业环境进行评价，对消费、餐饮、娱乐业态进行评价，希望增加的商业类型，跨区域消费首选的商场及原因等，从而可以获知委托项目所处区域内的消费者需求和商业"短板"，尽可能留住当地消费者；第四部分，设置消费习惯选项，如平时的购物、餐饮、娱乐的频率、交通、消费金额、个人偏好等，从而获知当地消费者的偏好和特征，对业态的配比和业种的选取提供重要参考。如果调查结果显示，餐饮偏好川菜和粤菜，则在业种配比中增加相应的比例；第五部分，设置情景评价选项，即给消费介绍委托项目的位置、体量、定位、业态配比、主力店等，引导消费者进行评价，从而发现委托项目的不足，挖掘当地的市场潜力。在获取全部调查问卷后，需对调查数据进行多维度的分析，最终就可以获知准确的消费者信息。

对于租户调研，首先要根据项目定位、消费者偏好和品牌影响力三个因素筛选出一个访谈名单，各行业均分配一定数量；然后通过电话或面访的方式进行租户访谈，向客户介绍该项目的基本信息、功能比例等，从而了解目标租户的进驻意向、合作条件、工程要求等。重点记录各类租户对该项目的评价，尤其是愿意或者不愿意进驻该项目的原因，而确定业种比例调整方向，初步确立意向租户，为后期的招商提供策略。

市场调研的方法多种多样，其中最常用的方法有：资料收集整理法、实地考察法、问卷调查法和访谈法。

（5）资料收集整理法。是指收集和整理网络、书籍中的二手资料，这是市场调研的第一步所必须采取的方法。主要用于城市发展状况、项目地块和市场供应调研。通过统计年鉴和当地政府的政策文件，可以清楚地获知该城市的发展状况和发展规划；通过查看详细地图，可以获知委托项目周边的道路信息和商业、住宅、写字楼、酒店等的分布状况；通过查看官方网站、现有的调研报告以及新闻等资料，可以获知竞争者商业项目和成功的商业项目的大部分信息，从而减少自己后期的调研负担。比如部分商场的楼层平面设计图在网上能够找到，甚至每个商铺的名称和面积都表示出来了，在进行实地考察时就可以省去很多环节，节约大量时间，还提高了准确度。

（6）实地考察法是指调查人员亲身到调查现场，通过目测、拍摄、笔记、攀谈、消费体验等方式掌握一手信息，主要用于项目地块和市场供应调研。在项目地块调研中，需要实地考察道路状况、车流量等并拍照，询问当地居民对该地块的看法，还可能要前往当地居民委员会和街道办事处获取该区域内的人口结构等信息。在市场供应调研中，如果官网中提供的信息不够详尽，则需要亲自前往现场获取。对于业种分布，可以通过抄录店铺名称、经营品类、价格区间等获取；对于商铺面积，则通过数地砖或柱子、看楼层平面设计图或店员攀谈等方式获知；对于租金，则可直接假冒意向租户前往商场招商办公室询问，或者向店铺老板询问。此外，在商场中还需要拍照，主要拍正门、中庭、扶梯、休息区、指示标、室内装饰、主力店、营销活动等。在商场内调研时要谨慎，避开商场管理人员，否则调研工作较难开展。

（7）问卷调查法。一般用于消费者调查，可以分短问卷和长问卷两步进行。首先，可以做一个10道题左右的短问卷，通过拦截调查的方式访问消费者，从而发现问题症结，使长问卷的设置更加合理且有针对性；然后，可以委托专业的调查公司，进行长问卷调查；最后对问卷调查结果进行分析。

（8）访谈法。主要用于租户调研，也可用于市场需求调研和市场供应调研等。开展的形式多种多样，可以电话邀约然后面谈，直接在电话中访谈，开座谈会的形式访谈。有时品牌商出于不信任，会要求提供项目的推介书或者开发计划书，以确定项目确实在规划建设中，才会表达自己的进驻意向、评价和工程要求等。如果对城市或城区的相关信息不清楚，则可以针对政府主管部门人员做访谈；如果想获知潜在租户消费者对项目的建议，则可召开座谈会，进行头脑风暴，集思广益。

按照上述内容和方法进行的市场调研，为商业地产项目的定位提供了决策的依据，为后来的品牌招商乃至最终的成功运营夯实了基础。因此，市场调研是每个商业地产咨询公司必做的功课。

2

前期策划——商业地产
迈向成功第一步

地产策划是根据地产投资开发的具体目标，以客观的市场调研和市场定位为基础，以独特的主题策划为核心，综合运用各种策划手段，按一定的程序对未来的房地产开发项目进行创造性的规划，并以具有可操作性的房地产策划文本作为结果的活动。相比于住宅地产，商业地产对周边的交通条件、环境、商业组合、经营规模的依赖性较高。策划得好会为商业的招商运营打下良好的基础，策划不周则可能导致满盘皆输。

2.1
全面、系统的前期策划，为项目开发提供决策依据

策划是一个智慧创造的过程，能为商业地产的开发活动创造出新的价值。策划不是提供一个"金点子"或者单纯的创意活动，它具有创建性、系统性、完整性、可导入性，更重要的是可以执行，这是策划的本质。

商业地产策划是一项系统的工程，由五个方面组成，尽可能全面地为开发者和项目提供信息的参考和帮助。

（1）项目定位策划。要根据市场调研的结果对项目进行准确的定位，包括项目的战略、业态、主题、形象、功能、经营以及目标客户等，突出项目的个性化，使项目能以与众不同的形象进驻市场，并被消费者接受。项目定位是否正确直接关系到项目未来的经营状况。

（2）项目选址策划。要对拟建商业地产项目的建设地点进行选择，选址重点考察项目是否在核心商圈内、交通是否便利、是否在人流量多的地

段、是否有充足的客源、能否为消费者提供便利的购物条件等。

（3）项目规划策划。要求对项目做出整体的规划布局、建筑设计及相关配套设施等。

（4）项目实施策划。主要是围绕项目的既定目标对项目实施过程中的相关工作进行策划，从而确保项目的顺利进行。

（5）项目融资策划。由于融资策划是一项技巧性很强的策划工作，需要对项目进行全面的分析，结合项目实际情况，综合考虑各种融资方式的特点和风险，选择最优融资方式。

在商业地产策划过程中一是要注重价值的发现，要在商业地产的价值挖掘方面独具慧眼，找出别人没有看到的价值；二是要做到以理服人，商业地产一般很难打感情牌，合理的推导商业逻辑，全面展示盈利模式才是商业市场乐于接受的引导；三是要以品牌策划的手法支撑商业地产策划，商业地产开发的过程同时就是这个项目商业品牌树立的过程，具备了市场的广泛认可，商业才会繁荣，才能促进这个商业物业升值或价值快速兑现。

以北京东方新天地为例，在策划初期定位项目为中高端领域，以商业为基础，尽可能提高收益以促进物业增值，然后以膨胀了的资产作为投资，取得更大的收益。万达集团更是具备全国唯一一家属于自己企业的商业地产规划研究院，拥有完全专业的前期策划和规划团队，总结和建立了一套相对完善的商业地产建设体系。

2.2
商业地产前期策划应回避的风险

我国商业地产迅速发展，各类大型商业中心、街区、市场建设如雨后春笋般出现，成功者有之，失败者亦有之，其中策划不到位、不深入是造成项目失败的一个重要原因。

（1）定位失误的风险。定位失误，是商业地产开发策划中最大的风险点之一。商业地产定位应当综合考虑项目所处的地段、潜在的消费群体、周围商业项目的开发情况等因素，以上海的正大广场和七浦路服饰一条街为例。正大广场位于上海黄浦江畔陆家嘴金融区，毗邻东方明珠和金茂大厦，面积241000平方米，于2002年10月开业。市场原定位为超级品牌购物中心，但 2002～2005 年的运营情况十分不理想，项目整体招商率不足 60%①。
2005 年末，正大广场通过重组管理团队开始了调整之路，在 2006 年出租率
达到 95%①，人流量提高一倍、租金收入达到了理想水平。七浦路服饰一条
街原是上海最大的服装批发市场，以经营中、低价位服装为主。后来由
"新七浦"、"兴浦"、"超飞捷"、"凯旋城" 四家大型服装室内市场共同组
建"七浦路服装城"，导入品牌经营时代的信息流，全面提升七浦路服装市
场的档次和实力，目标成为时尚产业区。但由于经营模式调整过快、定位较
为高端，总体招商和经营并不理想。原因在于，在上海市中心中高端商场的
品牌化雷同现象已经非常明显，"草根"市场如果一味追求大品牌、高价
格，反而会失去原先的高人气。拉开品牌间的层次、赋予不同市场各自的特
色，才更有发展前途。

（2）租售模式选择不合理的风险。将商业地产分割出售并不是商业地
产经营优先选择的模式，因为这会给招商和后期的管理带来很多的问题，不
利于商业地产项目统一经营。但是，由于商业地产开发需要资金回笼，将
商业地产出售或部分出售仍然是商业地产开发商策划时首要的选择，如万达
商业地产的开发，除了主力店以外的办公、商铺大部分物业仍然是以出售为
主。总体上说，开发商持有型商业物业的好处是便于统一招商、统一经营、
统一管理。风险在于前期回笼资金慢，开发融资要求高，对开发企业的招商
要求比较紧迫。租赁型物业的特点是回笼资金快，招商压力小，其风险主
要体现在难以统一管理，统一经营定位难度大，经营模式无法及时调整，
容易形成同质化竞争和恶意竞争。商业地产有许多失败的例子，都是因为
开发、招商、运营分割操作造成的，项目整体华美气派，走进商场却发现
经营惨淡甚至摊位闲置的情况时有发生。这就要求在开发策划之时要首先
想到招商问题，采用统一运营模式。在经营之初可以选择更专业的商业经
营公司合作，利用他们超前的经营理念和经营模式吸收丰富的商业经营经
验。当把整个商场调整、理顺、充实、提高之时，也就是该商场形成企业
品牌之日。

（3）建筑设计不科学的风险。在混合业态的商业项目中，还容易出现
设计不合理的现象。如低层为购物中心而高层为出售产权的住宅时，若统一

---

① 浅谈商业地产策划中的风险，房地产 E 网。

安装中央空调将造成住户在实际使用中空调使用费虚高的问题，进而导致和业主的矛盾。常见的问题还有地下车库出入口设计不合理，高峰期车辆无法正常出入；电梯数不合理，电梯间窄小导致客户抱怨；商场死角太多导致可经营面积大量缩水。因此，开发商在前期策划阶段要尽量想到这些，避免以上问题发生。在策划阶段，邀请项目经营单位、物业管理公司共同参与，了解周围的交通、人文环境等，都可以帮助尽可能避免项目在使用中出现不必要的尴尬。随着国家"节能减排"政策的进一步推进，一些商业地产传统的设计理念、业态类型、建筑设计也可能难以再过环保关，策划阶段更需要考虑这些问题。商业地产开发商应在市场调查、项目定位、推广策划、销售执行等各个环节，对观念、设计、区位、环境、房型、价格、品牌、包装、推广进行整合，通过细心策划，合理确定房地产目标市场的实际需求。

一个成功的商业地产项目的开发建设与运营过程是庞杂而细致的，前期策划需要最大限度为项目的后期运营打好基础。总结存在的问题与不足，结合项目自身情况最大限度降低可能出现的风险，进行全面而深入的策划，将为商业地产项目成功迈出第一步。

3

从建筑设计谈差异化经营

从 1990 年我国第一家购物中心诞生，我国购物中心行业已经走过了 27 年的发展历程。与欧美商业发展程度较高的国家相比，我国购物中心起步较晚，但是近十几年的扩张速度飞快。根据发展历程，可以认为 1990 年、2002 年、2007 年、2010 年是四个较为特殊的年份，是中国购物中心行业规模变化的四个重要时间点，分别代表着中国购物中心行业的缓慢启动期、加速增长期、缩量调整期及反弹增长期。2015 年中国商业地产投资创下新纪录，共完成交易资产总值约 1500 亿元人民币。虽然，相比前几年的高歌猛进、加速扩张，中国购物中心行业在受到电商冲击、商业项目过剩等综合因素影响下，从 2015 年开始频频出现延期开业、倒闭等令人揪心的现象，不少商业地产集团也开始谨慎扩张或者缩减投资计划，但这并不妨碍中国购物中心业的发展，全国商业地产存量市场依然庞大。据不完全统计，截至 2016 年第一季度，全国一二三线城市已有 3547 个建筑面积在 2 万平方米以上的购物中心项目开业，总计建筑面积达 35284.5 万平方米，总计经营面积达 23040.3 万平方米。①

购物中心如此竞争激烈的格局，更进一步加速了差异化经营的到来。以深圳为例，现存深圳的集中式商业面积高达 600 万平方米以上，2013～2014 年，深圳入市的大型商业项目 19 个之多，增加商业面积 170 万平方米以上，2017 年将会达到 1081 万平方米②，这就意味着，未来几年的增量几乎等于深圳过去 30 年的总和。据悉，目前深圳万象城、益田假日广场、KK Mall、

---

① 截至 2016 年第一季度全国有 3547 个购物中心开业. 赢商网，2016 – 04.
② 深圳两年内 19 个商业项目入市购物中心面临过剩危机，赢商网。

金光华、海岸城五大购物中心的品牌重叠度已经介于 18% ~30% 之间,[①] 将来随着购物中心的增加,各项目的品牌重叠度将进一步上升,各大购物中心的同质化竞争或将显现。在深圳福田 CBD,目前已有 COCOPARK(专题阅读)、购物公园、怡景中心城、卓越 IN·TOWN 等购物中心,一共约 40 万平方米;未来,还将有皇庭广场、金地大百汇等相继建成。届时,在福田 CBD 约 1 平方公里的商圈内,将有近 90 万平方米的购物中心,[②] 如何才能在这激烈的贴身肉搏战中取胜?对此,我国购物中心主任郭增利认为:差异化是未来购物中心良性发展的关键因素,"未来我国更多的购物中心需要通过品牌和品牌的差异,从不同的品牌形成细节的结合点、组合点,把我国的购物中心与购物中心的差别体现出来。"

在差异化经营中,"天时"、"地利"、"人和"至关重要,"天时"是指商家对投资时机的把握以及在经营过程中的时令性的把握;"人和"是商品在管理上的技巧,包括服务态度、促销手段、广告宣传等方面。而"地利"也是一个非常重要的因素,属于建筑策划的范畴。购物中心由于地理位置的不同,造成租金和客流上的悬殊,因而建筑设计有较大的差别。

3.1
交通设计

购物中心的交通分为外部交通和内部交通,外部交通是指购物中心的地理位置,内部交通是指购物中心内部的交通。城市道路交通是联系顾客与商业设施的载体。因此,它是制约购物中心外部交通的一个重要因素。商业活动的经济原则要求有尽可能大的吸引范围,保证尽可能多的顾客方便到达地点,因此,商业设施的选址必须是客流最佳或者交通可达性最佳的地点。

购物中心在选址时,要根据自己的定位选择适合自己的位置。以北京的西单为例,它是北京市西城区的一个以商业为主的街区。西单以西单路口为中心,沿西单文化广场、西单北大街有诸多商业设施分布。西单的商业主打

① 深圳购物中心同质化竞争或将显现　差异化品牌塑造是出格. 赢商网,2012 - 09.
② 深圳商业地产高烧后遗症初显. 深圳商报,2012 - 08.

青春时尚元素，因而吸引较多北京本地年轻人前往休闲、购物，有"年轻人的购物天堂"之美誉。同样地，北京的王府井大街，南起东长安街，北至中国美术馆，全长约1.5公里，也是北京有名的商业区。王府井的日用百货、五金电料、服装鞋帽、珠宝钻石、金银首饰等，琳琅满目，商品进销量极大，是号称"日进斗金"的寸金之地。而商家选址西单和王府井等繁华地段，在很大程度上归因于客流量巨大。但是，这里的租金也非常昂贵。与之相反的，奥特莱斯则选择了建在离市区较远的城郊，这样房租就比较便宜。由于奥特莱斯地处偏远，因此，其消费者主要针对有车一族。为此，奥特莱斯专门建设了大型停车场，比如上海青浦奥特莱斯有1000多个免费停车位，郑州康城奥特莱斯有1200个停车位，张家港香港城奥特莱斯有2500个免费停车位。[①]

购物中心的内部交通分为水平交通和竖向交通。根据购物中心内部交通的不同，购物中心分为传统的购物中心和垂直型购物中心。传统的购物中心一般为封闭式，内部店面之间由公用的通道连接，中心外面或购物层的上层设有停车场地，类似于"摊大饼"式的横向平铺，占地面积巨大。例如北京的中关村广场购物中心，它位于中关村广场核心地带，是我国最大的地下购物中心。其主体结构沉潜于10万平方米的城市花园下方，建筑面积约20万平方米，其中商业部分建筑面积14万平方米，车库建筑6.05万平方米，商业配套车位1800个[②]。垂直型购物中心，又名高楼式购物中心，内部设有电动扶梯和升降电梯，使得人们可以在各楼层间浏览，店面一般设在中厅的四周。这类购物中心一般建在市区或者靠近人口密度高的开发区域。在垂直型购物中心中，商业空间向空中发展所引起的内部空间的变化，势必带来竖向交通模式的一系列变化，如何将购物者方便、快捷的引导到高的楼层，这既关系到购物的舒适性，也关系到各楼层商业空间的均好性。以香港的美嘉（Megabox）购物中心为例，它除了采用基本的逐层设置扶梯和电梯的竖向交通方式以外，还增加了三部跨层的高速扶梯，将人们输送到几个关键楼层，架立起整个购物中心重要的竖向交通线。

---

① 何为奥特莱斯——解读华盛奥莱：中国老百姓的奥特莱斯. 齐鲁晚报，2015 – 12.
② 2010～2013 年中国购物中心产业市场调研与投资前景预测报告（新版），豆丁网。

3.2
公共空间设计

购物中心的公共空间设计包括街道、中庭和休闲庭院以及街道上的各种节点。其中，街道是购物中心的重要元素，是组织和联系各个店铺的纽带。例如北京的王府井商业街，它不再是简单的消费者通道，而是演变成了重要的公共活动空间，它通过提供良好的景观和设施，以优美的环境满足消费者逛街漫步、餐饮和交往的需要。

中庭是购物中心主要的公共活动场所，是购物空间设计的重点和空间组织的核心部分，它直接影响到购物环境的质量。例如香港的 Megabox 购物中心，它设置了三个中庭。高中庭是个滑冰场，贯穿了 11 层到 16 层之间，远眺南边的维多利亚海湾；北面的低中庭位于 6 ~ 11 层，朝向毗邻的公园绿地；第三个中庭在高低中庭之间起过渡作用。这样的中庭设计有效解决了"上下贯通"式的传统中庭在高层商业中所造成的各楼层采光不匀的问题，此外，它一改以往大多数购物中心封闭、沉闷的固有印象，给人们带来了新奇的购物体验。

休闲庭院是为消费者提供休息和餐饮设施的场所，包括食品亭和座椅区，由独立经营的食品亭提供各种快餐食品和小吃，食品亭周围布置公共座椅。例如，山东省济南市的锐城国际购物广场，它以园林式购物而著称，各种服务设施一应俱全。该购物广场设计了很多座椅，以供顾客休息，座椅旁边设有饮水机，顾客可以直接饮用。此外，还设有母婴室和吸烟室，为带孩子的妈妈和喜爱吸烟的男士提供了极大的便利。

3.3
景观设计

影响人的消费行为的还有一些非建筑元素，如广告牌、地板砖、栏杆、电话亭等，应该把景观园林和建筑设计结合起来。建筑设计不应该简单地满足商业项目的流量、规模、流程，要注重室外、半室外空间的合理运用，装饰材料的软化更能体现充满人情味的购物空间。

景观分为硬质景观和软质景观，它们都是购物中心环境景观不可缺少的组成。硬质景观包括铺地、围墙、护栏、篱笆，还包括各种灯具、雕塑、壁画等艺术装饰品。例如，香港的购物中心就比较擅长运用灯具、喷泉、雕塑等丰富点缀内部空间，渲染商场气氛，喜来登酒店购物中心的大型吊灯、海洋广场购物中心的玻璃管灯、海洋中心悬挂的金属装饰以及名店街购物中心大厅的人工瀑布等，都具有不同的特色；置地广场购物中心的广厅中，布置了悬挂的"动感雕塑"，变幻的灯光，浪花水柱的圆形喷水池，配合顶部采光灯，形成了别有趣味的室内光影效果，喷水池还可以改为临时舞台，顾客可以从二楼弧形平台上的茶座和餐厅中观看演出。

软质景观主要包括绿化和水体。现代商业空间在注重硬质元素设计的同时，应引入树木、花卉、草坪等自然元素。行走空间内植栽的配置以高直、遮阴和不阻挡视觉景观为选择植栽的原则；植栽的配置应配合购物中心主题设计，也可以利用植栽作为区划购物中心使用行为的元素，融于购物中心。例如，香港的又一城购物中心，其西北部与公园相连，并有植被较好的高山景观。商场四周没有设计对外的小商铺，地面主要采用红、黄、蓝颜色的高级地砖铺设，地砖面上混合运用白、红、蓝、黑、黄等颜色的小碎点，使地面显得既轻松活泼又不失典雅。顾客在商场中随处可见到自然光和室外的树木，有一种在公园悠然漫步的感觉。

4

商业地产的选址决定了
项目的成功与否

一个商业地产项目的成功与否，在选定了地点的那一刻就已经注定，地点选得好，该项目就成功了80%。本文通过分析星巴克、奥特莱斯以及国外购物中心的选址特点，从中得到对我国商业地产选址的启示。

4.1
星巴克的选址之道

星巴克的成功，除了其刻意宣传的企业理念和咖啡文化外，正确的选址是其迅速扩张的保障，也是取胜全球的根本。

4.1.1 星巴克的选址要求

（1）精准定位目标客户群。星巴克以它浓郁精细的咖啡味道，时尚、雅致、豪华、亲切的环境设计，浪漫舒适的休息氛围，"多数人承担得起的奢侈品"的价格定位，吸引了一大批注重享受、休闲，崇尚知识、以人为本的富有小资情调的城市白领。星巴克的目标客户群因此锁定高级知识分子，爱好精品、美食和艺术，收入较高、忠诚度极高的消费阶层。这类群体经常出入的较发达地区的高档写字楼集中的商务区域、休闲娱乐场、繁华的商业区便成为星巴克店铺地址的首选。

星巴克最初进入中国，就把目标锁定在了北京、上海这两个中国最大的城市。北京是中国的政治、文化中心和国际交流中心，星巴克在此可以更好地传达其精选咖啡的理念；上海作为中国最开放的经济大都市，向来以有情调的生活吸引着全球的关注，正好吻合星巴克崇尚的生活理念。之后星巴克在中国的扩张也大都在一线城市。大多数的星巴克都开设在一线城市最方便消费者的繁华地段，如写字楼、商场的一层，书店及停车场的周边，目的是最大化地方便自己的目标客户群。

（2）重点考虑顾客流量。只有足够的顾客流量，才能保证星巴克的利润。因此，星巴克选址首先考虑的是诸如商场、办公楼、高档住宅区此类汇集人气、聚集人流的地方，而且是能让消费者显而易见的、方便进入的场所。无论是商场，还是办公楼，星巴克总是出现在最醒目的位置，让人一目了然。购物的人们累了，可以在商场的休息区域发现星巴克的标志。办公楼里的白领们在上班的路上，也能顺路带上一杯星巴克的咖啡，开始一天繁忙的工作。作为一个靠客流量生存的咖啡馆，客流量是星巴克选址所要考虑的核心要素。

（3）要求一流的物业、设施和融洽的周边环境。星巴克面对的是较高档次的消费阶层，所以对业主的主体建筑层高、楼板承重、排污排水、公共配电负荷、外观、停车场、交通条件等都有硬性的标准，必须是一流的基础设施和物业配备。此外，星巴克选址还特别注重门店周围的环境是否融洽，是否能保证稳定的客流量。因此，书店、服饰店、办公楼、机场、饭店及大学，都是星巴克的好邻居代表。

（4）慎重甄别不同文化的差异。星巴克选址时十分关注不同地域的人对于咖啡文化的认识、接受程度、喜爱程度，以及在这块地域是否存在一种咖啡文化难以取代的饮食文化。如广东茶文化十分盛行，且广州餐饮竞争极为激烈，纯正的咖啡文化要融入本地的饮食文化并非一件容易的事情，在广东这类地区的选址不得不慎重考虑文化差异。

4.1.2　星巴克的选址步骤

星巴克选址流程分两步：

第一阶段：根据各地区的特色选择店铺。首先，当地的星巴克公司根据各地区的特色选择店铺。这些选择主要来自三个方面：公司自己搜寻、中介介绍、各大房产公司建楼时的主动预留。其次，星巴克开发部对包括人流、客流、客源定位、客层分析、消费取向及单价的调查和比较研究。

第二阶段：总部的审核。一般来讲，星巴克的中国公司将店面资料送至亚太区总部由他们协助评估。星巴克全球公司会提供一些标准化的数据和表格，来作为衡量店面的主要标准。这些标准化数据往往是从各地的选店数据建立的数据库中分析而来的。事实上，审核阶段的重要性并不十分突出，主要决定权还是掌握在当地公司手中。如果一味等待亚太区测评结束，很可能因为时间而错失商机。因此往往在待批的过程中，地方店面已经开始动手装修。

中国市场是星巴克海外发展的重点，星巴克除了继续以独特的选址眼光来把握区位优势外，还会依据形势适当改变选址准则。如：不再局限于一线城市，而不断发掘二三线城市的市场潜力；目标客户不局限于城市白领，而是向有消费能力的学生和中老年阶层延伸；选址不局限于商场和办公楼，而向学校、景区等客流量大的区域发展，努力扩大市场份额。

4.2
奥特莱斯的选址特点

奥特莱斯作为一种新兴业态，对选址及布局规划、品牌合作资源、运营管理能力都有很高的要求。选址对一家奥特莱斯的成功具有至关重要的作用。奥特莱斯购物中心建设之前，首先要对所在城市进行考察，包括对该城市的经济总量、人均收入水平、私车拥有量、零售业发展状况、城市人口密度、城市商圈辐射范围等内容，这些因素决定了是否有适应奥特莱斯的生存土壤。确定了所在城市后，就要对奥特莱斯所在区域进行考察，一般要选择位于距城市中心 30～40 分钟车程，风景优美，交通便利，土地价格相对低廉，市政建设相对完善的区域进行建设。

国内大型奥特莱斯在选址上各有千秋，我们以其中几家特点鲜明、独树一帜的奥特莱斯为例，介绍奥特莱斯选址的主要特点。

4.2.1 北京燕莎奥特莱斯—交通的便利性和土地的廉价性

北京燕莎奥特莱斯（以下简称燕莎奥莱）是中国奥特莱斯的开山之作。

2002年12月18日，北京燕莎奥特莱斯购物中心A座开业，宣布这一盛行于欧美的商业业态正式在中国落地。如今，燕莎奥特莱斯由A、B、C三座构成，经营面积近10万平方米，采取"仓储式"布局模式，经营布局主题鲜明、特色突出，消费者仿佛置身于一个巨大的超市，推着设计独特的购物车在"大车间"里选购心仪的商品。

北京是我国超级一线城市，城市经济发达，人均收入水平位居全国城市前列，私车拥有数量和城市人口密度都远远超过其他城市；同时北京处在京津冀都市经济圈之中，对天津、石家庄、唐山、张家口等城市具有较强的经济辐射能力。综合以上因素，第一家奥特莱斯在北京落成，显得顺理成章。就区域位置而言，燕莎奥莱选择了北京东四环工大桥西侧，这里交通便捷，紧邻东四环路，四通八达的公路构成紧密便捷的交通网络。从购物中心至亚运村方向、郡王府方向或至中央商务区（CBD）方向以及北京市中心等方向都畅通无阻，离首都机场也只有25公里的距离，庞大客流通行无碍。燕莎奥莱的消费者中超过30%来自外地①，选址体现出的便利性功不可没。同时，考虑到奥特莱斯的营业特点，需要较大的营业面积并为消费者提供大量的停车位，这就要求考虑土地价格的低廉性。燕莎奥莱选址东四环，就充分考虑到了北京的未来城市规划和东四环相对低廉的土地价格。当然，选在城市边缘地带的原因还有就是要吸引一些大品牌的入驻。

4.2.2 北京赛特奥特莱斯—靠近高端消费群体居住区和艺术云集区

北京赛特奥特莱斯（以下简称：赛特奥莱）是中国巴黎春天百货集团有限公司投资，北京赛特百货有限公司经营管理的大型精品折扣店，是一家纯欧美式的奥特莱斯。位于朝阳区东五环外香江北路（崔各庄乡马泉营村），总占地面积400亩，总开发面积15万平方米，其中一期占地面积150亩，开发面积4万平方米，2009年9月正式营业。②

赛特奥特莱斯距北京市区约20公里，行车30~40分钟，距首都机场

---

① 燕莎奥特莱斯再次尝试组织异地团购，赢商网.
② 北京赛特奥特莱斯.中国商业展示网，2015–11.

仅 10 公里,[①] 毗邻京承高速黄港出口,交通相当便利,地铁 15 号线马泉营站出站即达,为没有私家车或不愿意驱车前往的消费者提供了选择。与燕莎奥莱最大不同在于赛特奥莱周边环境优美,并拥有北京地区最具规模和档次的别墅群以及数万名高端消费群体。同时,赛特奥莱还标榜自己是最具有艺术气息的奥特莱斯,周边的佐特陶瓷艺术活动中心、一号地艺术区、草场地艺术区以及 798 艺术区的环绕,使得购物外的那一份惬意和放松扑面而来。

赛特奥莱以欧美小镇建筑风格打造出了最纯正的美式奥莱商业街道,各个商铺之间紧密相连,形成了一个集购物、文化、娱乐、休闲于一体的超大型的商业空间。

4.2.3　上海青浦百联奥特莱斯——位于多条高速路网中央地带

上海青浦百联奥特莱斯(以下简称青浦奥莱)是百联集团于 2006 年投资建设的,与燕莎的"仓储式"布局相比,青浦奥特莱斯更像是一个度假村,以商业街道的形式将各个品牌店依次排开。整体建筑呈现出现代时尚的欧美风情,如同花园别墅般,喷泉、流水、小桥都被设计得十分精致,打造出了轻松愉悦的购物环境和清新俊雅的休闲氛围。

上海同北京一样是我国的超级大城市,奥特莱斯关于城市选择方面的各项选址指标都十分适合建设完备的、大型的、有良好货源供应及运营能力的奥特莱斯。同时沿海的区位优势和对江苏、浙江的辐射能力,都奠定了青浦奥莱的成功的基础。

青浦奥莱坐落于上海市青浦赵巷,总占地面积达 16 万平方米,总建筑面积 11 万平方米,入驻品牌 240 余家,按照经营功能不同分为 A、B、C 三区。[②] 交通环境优越,紧邻沪青平高速公路赵巷出口,南靠佘山国家旅游度假区,西临淀山湖、朱家角、周庄等著名江南水乡风景区。距上海市中心人民广场约 26 公里,车程仅需 30~40 分钟,处于同三高速、沪青平高速、嘉金

①　北京赛特奥特莱斯. 北京商报,2015-03.

②　"赢商品鉴"之上海青浦奥特莱斯. 赢商网.

高速、沪宁高速和沪杭高速路网中央，优越的交通位置极大地方便了消费者的购物。青浦奥莱拥有能停放2800余辆机动车的大型停车场，可容纳600辆车的地下车库及旅游巴士专属停车位①，在总体布局上，采用了环状连续空间布置的形式，预留前区广场集中停车，解决了大量车流密集的问题。

4.2.4 重庆西部奥特莱斯—坐落在世界500强企业落户区

重庆西部奥特莱斯广场（以下简称西奥）是2008年由台湾太平洋房屋建设集团与重庆砂之船苏格服饰股份有限公司联合打造的中国西部最大的奥特莱斯品牌直销主题形象广场，是一家摩尔街形式的奥特莱斯。广场外观由意大利知名建筑师设计，是古典欧式与经典现代的完美结合。塔柏、喷泉、鲜花之间的动静组合是整个景观设计中最具代表性的元素，主广场的地面铺设看上去就像一块巨幅的布幔，其上镶嵌着状如纽扣的小花池、形似皮带的林荫道、黑珍珠般的镜面水池等。西奥号称是世界上"环境最优美、硬件最奢华"的奥特莱斯。

重庆作为中国西部最早的工业城市，经过一个多世纪的浑厚积淀，正以中国西南"时尚之都"的崭新面貌闻名海内，这为奥特莱斯的建设和发展提供了肥沃的土壤。

西奥坐落于拥有400余家外资企业，美国福特和可口可乐、德国麦德龙日本本田、意大利菲亚特等22家世界500强企业落户的北部新区。② 所处位置交通网络发达，位于重庆经济技术开发区机场高速金渝立交处，距重庆主流商业购物中心解放碑20公里，约30分钟车程；距江北观音桥商圈仅10分钟车程；距江北国际机场10公里；距重庆东环交通交会点——童家院子立交仅5公里，是七条城市高速路交汇处。同时西奥还毗邻重庆汽车博览中心，长安马自达、克莱斯勒、别克、长安福特、长安轿车、东风日产6大汽车品牌4S店都已正式入驻，吸引大量具有消费能力的消费者前往。周边高档小区云集，包括"龙湖"、"奥林匹克花园"、"爱家丽都"、"复地上层"、"绿地翠谷"、"融科蔚城"、"保利高尔夫花园"等十五个占地20000

---

① 百联奥特莱斯广场（上海·青浦）基本介绍，百联股份网。
② 重庆西部奥特莱斯概况，重庆奥特莱斯信息网。

余亩，总规划入住 60 万人口的高档住宅小区，为西奥提供了稳定的消费群体。[①]

以上四家奥特莱斯在选址上各具特色，充分考虑到了选址与自身经营主题的配合，在满足奥特莱斯基本选址要求的前提下，突出项目整体诉求，摆脱同质化经营困局。国内奥特莱斯数目众多，在选址上应多参考这些主题鲜明的行业领导者的成功经验，走好奥特莱斯建设的第一步。

4.3
国外购物中心选址的主要模式

4.3.1 选址郊区

美国是郊区购物中心发展模式的代表。购物中心起源于美国，主要是得益于美国城市郊区化和家庭轿车的发展，所以美国的购物中心选址都在地广人稀的郊区，那里是多条高速公路的交会点，一般紧邻机场。这种主要依托市郊高速公路建立起来的封闭式大型购物中心，对位置的要求不是很讲究，只要交通方便就可以了。因为在美国，光顾购物中心的顾客 90% 是自己开车前往，交通便利的重要程度可见一斑。

美国最大的购物中心 Mall of America，位于明尼苏达州的伯明顿，距离双子城国际机场不足两公里，并坐落于拥有 7000 间房间的酒店附近，对于本地及外地游客来说，地理位置均十分便利。每年有超过 3500 万 ~ 4200 万人次到访，其中一大部分的到访者是居住于离此购物中心 150 公里以外的范围。[②]

4.3.2 选址市中心

英国：英国是城市中心购物中心发展模式的主要代表，购物中心多位于

[①] "赢商品鉴" 之重庆太平洋西部奥特莱斯. 赢商网.
[②] 美国：购物中心组合优化专业管理. 赢商网，2006 – 07.

市区。而英国购物中心项目的开发也是一个非常谨慎的过程：要建成一个大型商场，从出主意、订计划、报审批、征土地、搞听证、筹投资、招客户，到施工建设、开门营业，平均需要10年时间，有的长达16年，其中需获得国家和地方两级政府批准，一般需要4年多时间，① 其过程十分漫长。因此，英国多数的大型商场在选址方面都十分强调前瞻性，至少适应未来10多年以后的经济状况和消费趋势。

勃兰特—克劳斯购物商场于1976年建成营业，总共花了16年时间，它的选址相当成功：地处伦敦西北交通要冲，每年有6000万辆汽车经过此地；周围5公里内有12.9万户家庭。② 商场建在交通枢纽，顾客自然就很多，还有收入颇丰的固定消费群体，加上地铁和十几路公交车的终点站，顾客源源不断。

由于人多地少，人口密度高，聚集式的购物中心商圈在东南亚的菲律宾、马来西亚、新加坡、泰国非常普遍，且形成了错位竞争，经营效果不错。其中菲律宾马尼拉市中心ORTIGAS地区就集合了33万平方米的SMM-WGAMALL、20多万平方米的香格里拉购物广场、20多万平方米的ROBIN-SONS广场、STAR MALL、EVER MALL等六家大型购物中心，且家家生意兴隆。

日本传统的购物中心大多建在都会中心；新加坡的购物中心原先大多建在市中心。

4.3.3 选址交通要道

马来西亚：Mid—Vallcy Mega Mall 是马来西亚吉隆坡最新、最具规模的购物中心，它位于数条高速公路的交会处，其中包括一条直接通往市中心的主要交通干道；在距商场30分钟车程范围内，居住人口达200万人，而商场配有约7600个车位，是吸引人流的主要设施。③

此外，在亚洲国家和地区里，郊区型、市区型购物中心都比较普遍。现

---

① 严平. 英国购物中心考察随笔：不是电商太厉害，而是我们太 low. 中购联，2016 – 08.
② 国外购物中心面面观，学乐汇，2015 – 04.
③ 吉隆坡 Mid – Valley Megamall，赢商网。

在城郊居民聚居区的购物中心也不少。

日本地少人多，土地资源昂贵，因此土地利用率较高，购物中心也以多层为主，停车场配置率低。但相对而言，日本公共交通便利，到购物中心的消费者也以乘坐公共交通工具为主。从购物中心的地理位置分布分析，日本有超过一半的购物中心分布在郊外地域，此外还有 26% 的购物中心集中在中心地域，即市、区等商业机构比较集中的中心市、街地，包括大都市、中都市、小都市等，还有 23% 的购物中心分布在与中心区域相邻接的周边区域。[①]

从上述各国购物中心的区位选择经验不难看出，大型购物中心的区位选择要求具备两点：交通便利，停车方便；拥有相当数量的中高收入消费群体。

4.4
国外选址的经验对我国的启示

4.4.1 不宜过多发展郊区型购物中心

美国郊区大型购物中心得以盛行，是因为他们的汽车普及率较高，消费者的消费行为也变成了一种习惯。而国内情况与美国有着很大区别，我国私家车保有量虽然快速上升，但远比不上欧美国家，而且中国城市化进程尚不完备，普遍交通阻塞。加上近年来，国内开发的大型购物中心炒作风愈演愈烈，往往不是全国最大，就是亚洲之最，甚至世界之冠，截至目前，世界上最大的 10 个购物中心，中国就占有 5 个。如此一来，势必给国内当前不堪重负的交通和能源造成更大压力，直接制约购物中心不能在国内快速发展。与此同时，郊区购物中心周边客流缺乏，商业氛围不成熟，商场培育期较长，存在不少经营风险。例如，沃尔玛也曾经在北京的一个城乡结合部开过一个超市，但最终是以失败告终。因此，我国购物中心的操作不能照搬国外的成功经验，而必须依据当地的具体情况，具体分析、具体操作，对症下药。

---

① 日本购物中心的事实和特征：超过一半分布在郊外区域. 赢商网, 2014 - 04.

4.4.2　选址要依据城市规划

购物中心选址一方面要引导和适应综合消费发展，充分考虑市场环境和消费增长的因素；另一方面要努力拓展新兴经营空间，避免盲目扎堆、恶性竞争。作为一个长线投资的大型商业项目，开发商需要对未来的不确定风险因素有较为充分的评估，而影响项目选址主要的不确定因素是城市规划。因此，充分了解城市规划，是预防未来不确定风险因素的有效途径。了解城市规划，包括市政府对整个城市未来的发展规划的整体思路，对商业区、住宅区、文教区、工业区等等功能的划分，以及该区点的交通、市政、绿化、公共设施、住宅建设或改造项目的近期和远期规划，如街道开发计划，道路拓宽计划，高速、高架公路建设计划等。

这些都会对未来商业环境产生巨大的影响，应该及时捕捉，准确把握发展动态。城市规划可能给一个地段带来好的发展前景，也可能暗含不利，开发商在了解城市规划的基础上制定一个合理的、科学的商业规划，可以规避很多风险。比如，使项目选址与城市拓展延伸的轨迹相吻合，这样由于城市的发展会给购物中心带来大量客流，可以降低投资风险。

4.4.3　重视前期的市场调研

"兵马未动，粮草先行"，引用于房地产开发便成为"项目未动，调研先行"，在房地产市场竞争越来越激烈的今天，众多发展商越来越意识到项目前期调查和策划的重要性。可以说，一个成功的项目，前期市场调研必不可少，一些发展商及房地产专业人士认为项目的前期调查是避免决策失误的一个最有效的方式。正所谓"一方水土养一方人"，任何项目的成功开发都必须与当地的开发条件以及市场状况相适应。购物中心投资巨大，投资回收期长，风险与机遇并存，发展商开发大型购物中心决策时必须对当地市场进行透彻、科学、全面的市场调研，这也是购物中心项目准确定位、后期顺利招商和推广必不可少的准备工作。在这方面，麦当劳与肯德基的选址极具代表性。它们的选址首先考虑的是整个城市的经济情况与经济活力，在选择城市的时候，往往会考察上一年半载的时间，并不是随意选择进驻、扩张。因为它们有非常系统的市场调查方法，会通过一系列详细的数据去印证该城市的发展潜力与承受力，最终决定是否要进入该城市。

4.4.4　采用科学的选址方法

对于大多数国内开发商来说，商业地产项目选址在很大程度上还是一门艺术。他们在选址上大多依赖直觉和经验来进行判断，很少进行定量的分析。实际上，零售选址技术在国外已经发展了50多年，而且随着近年来计算机技术的发展普及和零售相关数据采集的逐渐增多，零售选址技术已经日臻完善，中国地产商完全可以借鉴这些方法在选址方面做出更理性的选择。而且随着国内商业的不断发展、竞争的加剧，开发商也很有必要对选址进行更科学的分析，借鉴西方先进的零售选址技术，结合定量分析与定性分析，将定量分析法作为传统经验法的补充和修订，采取科学的选址程序，并根据实际情况灵活运用选址技术，无疑会取得更好的效果。比如，零售巨头沃尔玛在商圈确定上的做法就很值得国内地产商借鉴。沃尔玛公司以4种零售形式在全球分布着11600多家零售店，[①] 它的每一家分店的选址都是经过了严格分析而最终确定的。沃尔玛对商圈的确定有自己的一套方法。如果打算在某个城市开设新店，沃尔玛会参照这个城市已有的零售商店的商圈大小。为了尽量接近实际情况，沃尔玛还会根据两个城市在居民分布、城市规划、交通状况、商业布局、流动人口等方面情况的差异以及仓储式零售店在经营规模、经营特色上的不同，进行合理的修正，以取得该商圈的各种参数。

---

① 沃尔玛全球美店真相：运营优化2016年还有更大扩张计划. 赢商网，2016 – 01.

5

聚焦商业地产的"定制"开发

近年来，以写字楼和商铺为代表的商业地产开发及销售迎来了新一轮旺势。一方面，城市综合体等商业地产项目的出现，在一定程度上改造提升了传统商业业态格局；另一方面，大量同质化商业地产项目被闲置的现象还在上演，一哄而上导致的投资泡沫还在持续发酵。很多企业抱怨，花了很多钱买不到心仪的商业物业，比如独幢的办公空间的位置，外墙的材质，门窗的位置，内部结构的大小、卫生间、品牌形象、通信、保密、专用餐厅、荷载等方面的特殊需求不能满足等。商业地产定制开发模式的出现与普及有望使以上问题得到彻底解决。

5.1
万达首创商业地产"定制"开发

万达集团很早就提出了"定制"开发的概念。在商业地产项目开发建设之初，首先进行商业定位，并根据业态、业种确定要招商的内容，在商业规划完成后，把每一个招商单位视为一个单独的细分市场，根据承租人的特定需求来进行市场组合，以满足每个承租户的特定需求，并在后期服务上实施跟踪到位的服务。万达和17家跨国企业签订了战略合作协议，其中有10家世界500强企业。[①] 战略合作协议中大致有四个方面的权利与义务：一是共同选址，对每一个店址大家提出意见，书面确认；二是技术对接，每个战略合作伙伴出专业人员与万达的规划设计部进行技术对接，明确具体店铺对

---

① 揭秘"万达模式"，中华合作时报。

面积、高度、出入口、交通体系等方面的特殊需求后，再书面确认；三是平均租金，万达与所有合作伙伴都提前约定，全国的城市，除北京上海以外分三等租金，每个店的租金不用再具体谈判，以缩短谈判时间，实现快速扩张；四是先租后建，签了租约之后，万达再行投建。总体说来，万达的"定制"开发模式是在一般的招商不能满足承租户多样化、个性化需求的情况下提出来的，其最突出的特点是变"传统工业化"为"现代服务观念"，将"个性化"服务与营销用在商业地产项目上，相比于原来简单的提供场地和维护租户关系，有了很大进步。

5.2
各开发商相继尝试"定制"开发

随着商业地产自持率逐渐回升，各开发商相继开始尝试商业地产的"定制"开发。但是，"定制"开发对业态的要求很严格，如必须是品牌形象店、旗舰店、主题式高端商业等业态。据了解，成都不少高端住宅的商铺均已打出"独立商铺，主题定制"的牌子，以成都中海国际购物公园为例，许多客户因为其经营业态的不同，对商铺的形态要求也各异。由于该项目是集中式商业，为了在园区内形成一个相对统一的形态，中海国际在C区尝试了"定制"路线。其中独栋预约"定制"式商业群"雅尚坊"单铺面积在70~1000平方米，其1000平方米的商铺层高达6米，投资者可根据自己的需要设定外墙立面的材质、门窗位置等，甚至内部结构也可做细微调整，开发商则最大限度满足商家的个性化要求。荣美控股也于2012年成为浙江首家写字楼定制开发商，为此付出了大量的人力和财力来打造完善的专门业务体系。它不仅花费几年时间系统组建全省优秀代理人网络体系，还依靠这支训练有素的团队搜集了广泛的真实需求信息，同时专门拥有优质的商业土地资源。

5.3
"定制"开发的特殊要求

早期的商业地产开发商常按照自己的意愿进行规划，结果在后期的招商中发现设计本身不符合商业使用的要求，对招商营运效果产生了很大影响，"定制"开发模式在商业地产的运用意味着一种进步，从而使商铺的灵活性和适应性更强，更加契合市场需求。但是，这种"个性化"开发模式也具有特定的要求。一般而言，只有持有型的商业项目才有可能采用"定制"开发模式，销售型的项目做不了，也就是说必须只能是"只租不卖"的商业地产项目才能定制；另外，为了吸引主力店进驻，开发商对一些大型娱乐场所、大卖场和高档品牌专卖店往往采取前几年租金降低的方式，这就意味着大量流动资金被占据，资金回笼缓慢，所以要求实行"定制"开发的商业地产商须具备雄厚的资金储备和较强的抗风险能力；再者，"定制"开发要求招商先行，规划设计、手续报批、工程施工、行政财务几大体系跟进，整个过程需要保持很好的节奏，因此对开发商的运作实力、开发能力、人员执行力均有极高的要求。而国内做商业地产的开发商，90%以上是由住宅地产商转换而来，[①] 包括万达本身，在早期不可避免地带着住宅开发的思维定式，采取的做法一般是先选址，然后定位、设计、建造，之后才是招商，等建成之后才发现项目选址、动线规划、仓储设施等方面，与实际经营要求相距甚远，形成大量无效的供给。

---

① 万达定制式商业地产模式分析及启示. 豆丁网.

6

商业街成功开发应遵循的原则

城市商业街（区）是城市商业发展、城市风貌、城市综合竞争力的代表，也是城市改革开放成果的展示和城市经济繁荣的象征。随着消费理念的转变和商业模式的多样化，商业街在全国各地迅速发展起来，已成为打造"城市名片"的形象工程，如北京的王府井大街，黄山的屯溪老街等，出现了一城一街，甚至一城多街的现象，形成了文化特色街、旅游休闲街等各类商业街发展的模式。

6.1
城市商业街开发不成功的原因

目前，中国商业街有一半是旺丁不旺财的，有的甚至只是在开街的时候热闹了一阵子就冷落下来了。那么，为什么在中国中小城市建设的商业街效果不理想？归纳原因如下：

第一，没有市场只有市长。这类商业街多是政府进行所谓的城市运营，照搬照抄大城市的做法建成的。这种决策很少建立在以市场为导向的基础上，从而导致在大城市中兴旺的项目在中小城市并不一定旺，这是一个不争的事实。

第二，没有策划只有规划，许多商业街是在政府一手指挥之下由一些著名规划设计院完成规划设计的。这些美观漂亮、风格各异的建筑，或是仿古的，抑或是现代的，但是从使用上看，却很难同一些商业业态相容，因为它并不是根据当地的市场生态和商业需求先策划后设计的。

第三，没有定位只有"品位"。商业街要根据当地商圈和城市特点、人文特点、消费能力和目标人群的情况来进行定位。有的商业街的设计只一味地追求品位，向高档次靠拢，而忽略了自身准确的定位。

商业街的开发，一般有两种形式：一是通过对原有商业街硬件的改造、提升，重塑商业街的形象。这类商业街的改造成功率一般为80%[1]；二是随着城市城区的不断向外扩展，逐渐形成新的商业街区。

对于第一类改造的商业街，首先要保留统一的建筑风格；其次，要突出个性化的管理风格。如北京西单商业街，自1981年西单商场提出"中档品牌、大众服务"的经营方针后，西单商业街的客流中，本地人口占74%，而外来人口只占26%[2]；而北京秀水服装一条街，由于管理委员会制定了一整套理念鲜明特色突出的管理和服务条款，使之成为北京专业性商业街中经久不衰的特色商业街。

对于第二类新开发的商业街，首先，必须理解商业街始终是城市本身魅力的反映，同时要明白在西方国家最初出现商业街，是因为城市膨胀，尤其是汽车的飞速发展使人们在郊区居住成为可能，随着城市中心的拥挤不堪和生态环境的恶化，人们搬到郊区去居住。政府为了复活城市中心的活力和魅力以及商业物态，因此建了商业街，使得人们在城市中心生活也一样拥有安静、繁荣而方便购物、娱乐的场地。其次，商业街最后的魅力表现依然是城市的核心竞争力和城市的吸引力。如果城市的核心竞争力不够，也就是说城市消费物态的引擎不够力，外包装做得再花哨也没有用。

6.2
商业街成功开发应遵循的主要原则

（1）适时的进入。任何一种商业流通形式的出现与发展，均存在进入市场的时机选择是否得当的问题。1999年，新中国成立50年国庆庆典前夕，北京王府井、上海南京路两个大型商业街先后亮相，当时正值发展中心城市经济、扩大国内市场需求、拉动经济向前发展的良好时期。而北京市宣武区广安门内商业街的开发，则选错了时间。因为1996年北京交通干线改

---

① 我国商业街的类型以及运作研究. 豆丁网.
② 麦肯锡出品——商业街研究，三亿文库。

造工程完成后，城市商业规模总量已超过了市场需求总量，整体效益指标下滑，投资商纷纷撤离，广安门内商业街至今也未形成商业氛围。

（2）科学的规划。一个城市商业开发是城市规划的重要组成部分，商业街是一个城市商业规划的点睛之笔，一条商业街在进行整体的规划之后，具体业态规划也显得非常重要。有些商业街由于在前期产品的规划、设计阶段，没有注意或重视商业街开发规律，特别是一些商业以外的投资主体进入商业街开发领域，导致了房地产开发和商业运作的严重脱节。

（3）明确的目标人群。我们必须搞清楚谁来商业街，如何来商业街，以及为什么来商业街这三个问题。谁来商业街就是研究我们的目标人群，即消费者是谁。如果是为本地人服务，那就必须同本地人的消费水准相一致。为什么来商业街，是解决商业街的游历和观感问题。人们必须在商业街中寻找到快乐。例如，对于儿童和没钱人的娱乐场所的建设，就是让人们能够产生反复来商业街的快乐和向往。怎么样来商业街则是科学规划区域的问题。商业街的一般长度是 650 米左右，① 超过这一长度，人们游乐的时候就会有疲劳感。对南北向的商业街来说，东边的街铺就会比西边的街铺生意好一些；对于东西向的商业街来说，南面的商铺就会比北面的消费情况好一些。那么，在商业街设计中我们必须考虑在那些人流相对少的地方，设置一些可供游人休闲，如喝咖啡和饮食的地方，这样可以调节整个街区的氛围。

（4）准确的定位。商业街的定位是决定商业街生存与发展的前提条件。当今各大中城市都在建商业街之际，应根据规范商业街的量化标准、人文环境、地位比重和可塑性四点定位准则，分析商业街单体，寻找一个城市商业街功能定位的规律，进而设计城市商业街发展的总框架。首先，商业街要根据城市的基本职能和城市功能，确定自己的定位，如北京作为全国的政治中心和文化中心是举世闻名的历史文化名城，前门大栅栏商业街正是这座有深厚文化底蕴的国际大都市的缩影。大栅栏商业街一是业态齐全、商品种类繁多；二是老字号店多、带有浓厚的历史文化色彩；三是光顾的客流特殊，购物者多以购物、休闲、观光、娱乐为一体的复合型消费为主。故此，大栅栏商业街定位在"商业、文化、旅游"一体化上。

---

① 商业街研究报告 . MBC 智库，2012 – 06.

其次，商业街要根据城市或城市内的不同区域，及近期和中远期经济发展的趋势，确定自己的定位。

6.3
商业街成功开发应注意的其他事项

（1）商魂的培育。一条商业街应该有魂，这个魂可能是历史上形成的生活资源，可能是文化品牌，也可能是特色服务。所以对一条商业街商魂的培育和树立是非常重要的。

（2）氛围的营造。一条商业街的氛围也是非常重要的，有些商业街建设得像兵营一样，非常整齐，道路非常宽阔。结果，大理石上去了，客流下来了；不锈钢上去了，效益下来了。

（3）招商先行。目前国内一些城市的开发商，在整个商业街建设前期，没有明确商家的需求，开发带有一定的盲目性，导致和后期招商脱节。大连万达的订单模式，就是在前期和主力商家达成联盟，使日后的招商与经营过程的成功率大大提升。

（4）以人为本。商业街的发展大致经历了三个阶段，第一个阶段是单纯以购物为主；第二个阶段则适当考虑了一些对人的关怀；第三阶段遵循以人为本的原则。现在一些发达国家，包括非常成功的商业街、步行街，更多地体现了社会活动中心的功能。

如果我们不能够站在先策划再规划的原则上认识商业街，商业街最后衰落成一条普通的街道，就在所难免。这同前几年主题公园盲目跟风建设，最后大部分销声匿迹的情况几乎同出一辙，这是房地产投资中的一个陷阱。因此，重视策划、重视优生优育、重视市场导向以及目标市场的研究，在定位和规划上按科学的原则做好安排，对商业街的建设来说是至关重要的。

7

中外商业地产项目开发的
差异及案例解析

商业地产开发，是一个非常广阔的领域。从地产概念上来看，商业地产泛指土地上建筑居住以外的功能建筑集合，比如购物中心、厂房、写字楼等具有盈利性质的商业建筑；而狭义上的商业地产，指以零售业为主要开发和经营形态的不动产，如商业街、便利店、百货、连锁店、shopping mall 等，本文将以狭义上的商业地产作为探讨的基础。国内的商业地产项目开发，发展时间不长，专业度上仍有相当的欠缺。同时，以美国为首的欧美国家和以日本为首的亚洲发达国家地区的商业地产项目却有着悠久的历史和成熟的模式，有着许多经验值得我们借鉴。

7.1
开发理念的差异

国外大型商业地产项目的开发理念通常是先做好商业，再做地产；而国内的开发商则是先卖出地产，再补救商业，这通常导致招商难的困难产生。国外的商业地产开发商，尤其是那些大型商业地产的开发商通常都有非常强烈的社会使命感，他们的经营宗旨可用"创造和谐社会"来形容，而在国内较少听到这样的理念。国外开发商业地产时，开发商通常做好了先亏损几年的准备，而国内的开发商则要求执行团队在短期内收回投资。

7.2
开发模式的差异

国外的商业地产项目，所有权、开发权、经营权是分离的，即开发商负责从政府买地并投资开发，运营商负责定位、策划、规划、设计、招商、运营等开发后的环节，这样就可以使开发和运营分别在不同的专业团队手中实现，从而获得最大的收益。而在国内，所有权、开发权和经营权是统一的，这导致开发和运营都不专业。国内的开发商大多以住宅业务为主流，对于商业地产和商业物业的研究不够专业和深入，甚至以商业住宅开发的思路来开发商业地产，这造成了国内商业地产1/3的死铺的出现。①

7.3
开发流程的差异

国外的商业地产的开发流程一般是"先招商再建设"，在建设之前已经做好了完备的项目定位、布局规划、主力招商等前期工作，力求使项目的布局等符合投资者和商户的要求，具体的流程一般是"选址—考察定位—选择管理团队—招商—寻找投资基金—投资基金评审—建设—运营"。而在我国，开发流程一般是"先建设再招商"，项目定位不清晰、空间布局规划不合理，导致建筑设计上存在许多无法逆转的硬伤，如商铺的进深、层高、柱距等不符合品牌商家的需求导致招商难的产生，内外部动线、主入口设置不合理导致难以导入人流。

对开发商来说，前期规划确实费时费力，但这样可以尽可能保证最终确定的规划方案是最优的。国内的很多地产开发商通过"拍脑袋"来确定规划方案，缺少调查数据的支撑，缺少与品牌商家的沟通，盲目进行项目开发，往往导致项目的失败。

当然，国外的模式也不可完全照搬，毕竟我们有中国的特定环境。有

---

① 陈倍麟. 中外商业地产项目开发的差异 [J]. 上海商业, 2010 (6).

专家结合中国城市的实际，提出了调整的开发流程，为"可行性论证—定性定位—确定开发模式—选择管理团队—主力招商—规划设计—建设—运营"。前期做好充分的调研，定位和主力招商先行，然后在规划设计环节，根据实际情况适当调整设计和布局，这才能保证商业项目的成功实施。

7.4
运营管理的差异

国外大多数的开发商会选择对物业进行长期持有，通过铺面进行租赁来获得收益，缓慢的回笼资金，这是其应当承担的责任和以此来增强投资者信心的目的决定的。开发商持有物业并聘请专业的公司作为项目的运营商会在很大程度上减少投资者的风险。如果开发商随意将项目进行销售，一方面，由于产权的分散，会加大后期项目运营管理的难度，降低项目的投资潜力；另一方面，开发与商业经营完全脱节将会在很大程度上降低投资者的投资信心。然而，我国商业地产开发的主流模式就是全部或大部分产权拆散进行出售，难以统一管理，限制了物业升值，同时也难以打造良好的商业气氛，如香水店旁开出五金店的情况时有发生。

7.5
融资渠道的差异

商业地产投资额大，尤其是购物中心，动辄上亿美元，超级购物中心的投资甚至达到了十几亿美元，因此商业地产的融资是开工前必须解决的难题。中外商业地产融资驱动的差异导致了上述运营管理差异的产生。中国商业地产的融资驱动相对单一，自有资本比例高，其余则为从银行贷来的短期贷款，为减少资金的压力，开发商只能通过卖铺来迅速回笼资金。然而，美国商业地产的自有资本比例很低，来自银行的贷款也很低，其余的开发资金中全都来自市场基金的投资，最为普遍的是房地产信托投资基金，即REITs。低比例的银行贷款和高比例的社会投资，使得地产开发商具有较高的自主性和较低的风险。

REITs 是一种可以公开募集上市的不动产证券化产品，主要收益来自于不动产租金，是由专门投资机构进行房地产投资经营管理，并将投资综合收益按比例分配给投资者的信托基金。REITs 典型的运作方式有两种，其一是特殊目的载体公司（SPV）向投资者发行收益凭证，将所募集资金集中投资于写字楼、商场等经营性物业，并将这些物业所产生的经营现金流向投资者还本归息；其二是原物业发展商将旗下部分或全部经营性物业资产打包设立专业的 REITs，以其收益如每年的租金作为标的，均等地分割成若干份出售给投资者，然后定期派发红利，实际上给投资者提供的是一种类似债券的投资方式。全球 REITs 市场主要集中于美国、澳大利亚、日本、新加坡等地，美国占据了其中 60% 以上的比例。[①] 作为一种风险资产，成熟市场 REITs 的风险和收益的比率一般介于股票和债券之间，这样的风险结构很具有吸引力。据统计，美国 REITs 的平均股息收益率为 7.3%，澳大利亚 REITs 的平均股息收益率为 7.6%；新加坡 REITs 平均收益率则在 5% ~6% 。[②]

7.6
建筑设计理念的差异

据专家称，国内和国外的商业地产项目在建筑设计理念上的差异主要体现在缺乏前期调研就着手建筑设计，外部设计缺乏商业元素、建筑设计不专业，不注重物业使用功能、人性化配置缺失，内外部动线及主、次入口设计不当等。

以外部设计为例，国外比较成功的商业项目的外部设计都非常吸引人的眼球。如英国伯明翰的塞尔福里奇（Selfridges）及布林（Bulling）购物中心，其独特的不规则的外形吸引了无数人慕名而来，在开业第一年就有 3650 万人次来访，成为伦敦西部最值得参观的购物中心。再如日本千叶的区域商业综合体，在外墙涂有大片的暖色，十分温馨与活跃。这吸引了无数"走过路过"的消费者进入。

---

① 美国商业地产标杆学习体会 . MBA 智库文档，2015 – 04.
② 评房地产投资信托基金发行时机优劣，证券之星。

以物业使用为例，国外成功的商业项目，设计理念都是围绕如何聚集更多人流和延长逗留时间，注重物业的使用功能。如聚集人气的中庭，顶部通常用透明玻璃来增加通透感，一方面增加了室内亮度；另一方面让消费者感觉舒适。再比如及其完善的卫生间，等待室、化妆室、存包柜、自动贩纸机、母婴间、尿布板、自动音乐、双桶纸巾、自动清洗烘干机、立式镜等一应俱全。

8

商业地产发展新思路——
携手互联网

随着万科联姻百度、恒大携手阿里的消息在行业内传开，商业地产和互联网的合作以及线上线下的融合再次成为热议的话题。商业地产联姻互联网可以有多种方式，如建立网上商城，利用线下资源开展 O2O 电商，利用大数据进行商家管理和精准营销，利用互联网金融实现融资，利用互联网思维再造商业地产开发流程等。毋庸置疑，通过一个个商业地产公司与互联网联姻的实践，互联网已经从多个方面改变了这个行业，并且这种影响还将继续深入下去。

8.1
商业地产与互联网相结合

8.1.1　万科联姻百度

2014 年 6 月 5 日，万科举办首届商业合作方大会，在会上正式确立了与百度的战略合作伙伴关系。[①] 双方将在万科商用旗下的社区商业、生活广场、购物中心等业态中，尝试引入百度的 LBS 技术服务（即基于位置的服务），结合移动互联网的数据挖掘和人工智能等，应用各种营销工具，实现良性的"运营商、商户、消费者"生态系统，为提升顾客体验、创造商户

---

① 　万科首届商业合作方大会隆重举办，搜狐焦点，2014 – 06 – 05.

价值、精细商业运营提供有力支持。

万科和百度的合作，并不是简单停留在开设网上商城的模式上，而是要借助大数据和移动互联网，实施精准营销和精细化运营，从而实现商业地产的跨越式增长。这主要通过三个步骤展开：第一步，万科借助百度已经成熟的 LBS 技术，获取商场内每一位消费者移动轨迹的信息。这项技术可通过三个渠道实现，一是手机自带的 GPS 或其他定位芯片；二是调用各种使用 LBS 的手机软件的位置信息；三是使用手机与所处最近的三个基站之间的位置关系。第二步，百度可利用数据挖掘和人工智能等技术，对消费者的移动轨迹进行分析，从而获知商场内分时段、分区域的客流量和消费者的逗留时间等信息，进一步可获知店面受欢迎程度、店面回头客多少、人流大小的时间段和位置，以及这些现象之间的关联，从而总结出趋势和规律。第三步，万科利用分析得出的结论进行营销推广以及商家管理。比如在客流量大的地方开展活动，收取更高的租金；对客流量大而进店率低的商家进行调整等，甚至可以有针对性地对消费者推送优惠折扣信息等。

对于消费者而言，二者的合作将使购物的过程更加便捷和愉悦。如消费者通过百度地图的导航到达万科商场，再通过 App 获知商场内商家、人流、折扣等实时的信息，就餐、看电影之前都可以用 App 等位或者买票，结账时使用手机支付等。

万科和百度正联手对万科首个商业地产项目，2014 年 12 月开业的北京金隅·万科广场进行智能化武装。该广场位于北京昌平核心区，15 万平方米的占地分为地下 4 层，地上 8 层，包括百货、餐饮、娱乐等多种业态，能够满足全龄客层的消费需求。[①] 除了购物中心基本的业态配置外，金隅·万科广场在五层设置了两个各 100 平方米的展厅，一个用来展示项目的工程背景、施工过程、价值、大事记，万科团队、企业文化、宣传视频等；另一个用于万科广场艺术展览。这是京城商业地产中的首创，在给消费者艺术享受的同时也潜移默化地宣传万科广场与万科商业地产的品牌，对提升消费者的购物体验、增强其对万科商业地产的认同度、促进企业的长远可持续发展无疑具有重大战略意义。

---

① 深度解密万科百度合作内容：大数据、O2O、全面整合，赢商网。

8.1.2 恒大携手阿里

2014 年 6 月 5 日，恒大集团和阿里巴巴集团宣布达成战略合作协议，恒大俱乐部以引入战略投资者的方式增资扩股，阿里巴巴集团出资 12 亿元入股，与恒大集团分别持有广州恒大足球俱乐部 50% 的股份，恒大足球队也将更名为"恒大淘宝队"。①

阿里是中国电商领域当之无愧的老大，恒大更是连续 7 年荣获前十强的中国房地产企业，强强联合，双方的事业将平步青云。虽然目前双方的合作只限于足球，但是不难看出，足球只是两位强者之间的一座桥梁，恒大与阿里将获得足球之外的更大的经济效益。在商业地产领域，阿里将为恒大地产不遗余力地提供互联网支持平台，包括打通电商、支付、线下体验的环路，以及互联网金融对房地产的支持等。也许，在不久的将来，恒大和阿里联合推出了智能商场，或者恒大的商业地产与阿里的天猫合作实现了 O2O 的环路，甚至恒大地产推出的房地产信托投资基金（REITs）在淘宝上发行。恒大和阿里的合作确实充满了无限可能，值得期待。

2015 年 11 月，恒大酒店集团正式与阿里巴巴旗下旅行品牌"去啊"针对"未来酒店"计划开展战略合作，打造一个基于信用体系之上的酒店用户体验服务平台，推动酒店业与互联网的深度融合。合作的第一阶段就是联合"芝麻信用"上线"信用住"服务，信用良好的用户在"阿里旅行"预订恒大酒店集团旗下酒店，就可体验"零押金无担保急速退房"服务。这种依托信用记录可体验的"先入住后付款免排队"信用住服务，是对当下中国客人支付习惯所作出的积极改变，恒大酒店借此服务与科技创新手段为住店客人特别是始终在路上的商旅客们提供更加便捷高效的入住体验，这无疑将逐步与"未来酒店"无缝衔接。②

8.1.3 万达打造 O2O 电商平台

万达进军电商由一场豪赌开始。2012 年中国经济年度人物颁奖盛典现

---

① 数说营销：阿里巴巴 12 亿元入股恒大，梅花网。
② 恒大携手阿里展开"未来酒店"计划　力推酒店信用住．赢商网，2015 – 11 – 03.

场，万达王健林与阿里巴巴马云展开了关于电商是否取代传统店铺的辩论。马云认为"21世纪要么电子商务要么无商可务"，而王健林则持"双方都能活"的观点，最终以王健林向马云发出的10年后电商在中国零售市场占比是否超过50%的1亿豪赌结束，即到2020年，如果电商在中国零售市场份额占比达到50%，王健林给马云一个亿，如果没到则马云给王健林一个亿。这场豪赌谁将是赢家现在还很难断定。但是电子商务来势汹汹已是不争的事实，是拭目以待还是试水电商，万达很快就给出了答案。①

2012年初，万达电商被宣布继商业地产、酒店、电影院线、连锁百货、旅游地产后成为万达集团第六大主营业务后，各种概念、设想和规划都在形而上地徘徊着。5月底，"智能广场"借万达广场大连新项目落地被明确提出，并有了具体的"下一步发展计划"时，万达电商终于落地为安。

2013年12月，万达旗下的万汇网正式上线，截至2014年4月已经有11座城市20个万达广场接入了万汇网②。万汇网完全不同于淘宝、腾讯和京东，而自成一派。它专注于O2O电商，相当于是一个融商业地产、酒店、旅游、电影院线和连锁百货于一体的虚拟"线上商业综合体"，用户可以在该网站上了解到线下万达广场的最新活动、商家折扣、美食团购等资讯，会员还可享受积分查询、礼品兑换等服务。

万汇网通过建立会员体系，在线下和线上共同发展会员，利用移动互联网技术搜集会员的消费次数、额度、喜好等信息，再对这些数据进行分析，从而有针对性地调整商家布局和营销策略。万汇网吸引会员最主要的方法是线上线下的消费积分返点，会员持万汇卡在万达广场或电商平台购买商品和服务时，每消费100元就能获得1个积分，积分可以直接当钱使用，1积分等于1元钱，可在万达电商所有签约商家间通积通兑，也可以直接在电商平台兑换优惠券或礼品。2015年4月，"飞凡网"悄然开始了上线测试，在万汇网失败后，万达的O2O转型梦想仍在继续。

这个项目投资了50亿元，由万达集团、百度公司和腾讯公司共同出资创立，采用了最新的移动端技术和智能技术，重新整合了万达集团丰富的线下资源，实现线上与线下业务的完全融合、力图打造全球最大的高科技智慧

---

① 马云回应王健林豪赌：亿万观众面前赌一个亿好土. 凤凰网.
② 20座万达广场正式接入电商体系 预计今年将覆盖全国. 赢商网，2014－04.

生活 O2O 开放式平台。

截至 2016 年 7 月底, 飞凡开放平台合作商业项目超过 3000 个, 飞凡商业联盟拥有商户超 40000 家; 飞凡会员总数超过 1.2 亿, 其中活跃会员达 4718 万, 飞凡 APP 下载量达 1350 万。[①]

8.1.4 新浪甘当商业地产项目与品牌招商的"红娘"

2011 年 9 月 21 日, 商业地产电商迎来历史性的一刻, 由新浪商业地产举办的商业地产找铺招商会北京首站隆重举行。新浪商业地产招商中心首度亮相, 直接将商业地产招商工作"搬上"电商平台, 使商业地产与电商有了第一次的亲密接触。

商业地产招商难已是普遍存在的问题。有的商业项目地段颇佳, 却难吸引知名品牌入驻; 有的品牌急需扩张拓展, 却找不到对口商业地产项目; 有的商业地产项目引来众多品牌关注洽谈, 却始终未能选到如意商家。一方面是商业地产项目难以找到"情投意合"的商家或品牌入驻; 另一方面是经历数轮疯狂投资热潮之后, 全国各地商业地产项目雨后春笋般出现, 市场供应量急剧飙升, 不断加大招商难度。在此背景下, 新浪商业地产招商中心应运而生, 为商业地产与品牌牵线搭桥, 有意填补"红娘"的空缺。

新浪商业地产招商中心将线上、线中、线下相结合, 即 O2O 的模式。线上, 借助新浪商业地产网的优势媒体平台, 通过 360 度区位全景地图、电子沙盘、电子楼书、视频、3D 选铺等多种形式全面展示商业项目的优势和特色, 实现开发商、品牌商家和投资客之间的在线推广、在线招商、在线沟通、下单交易等功能; 线中, 以中国乐商会品牌商家联盟整合捆绑逾 4000 家知名品牌商家作为资源支持, 通过 400 客服热线无缝对接商业地产项目招商中心,[②] 及时进行招商与找铺信息的专业匹配, 将大量品牌商家资源有效推荐给处于推广和招商期的商业项目; 线下通过招商专业团队的项目带看服务, 以及专业策划的找铺招商会、商家品鉴团等线下活动, 实现商业地产项目与品牌商家面对面交流, 直至促成招商合作。截至目前, 新浪商业地产招

---

① 为实体 + 互联网代言 飞凡一周年交出了怎样的成绩单?. 百度百家, 2016 – 07.
② 商业地产疯狂"嫁接"电商市场大步迈进新纪元. 野蜂网, 2011 – 10.

商中心已经吸引南方商务中心、泰华龙旗购物中心、星乐汇馆、香河京汉生活广场、江阴御香山等众多商业地产项目签约合作。

中国房产信息集团执行总裁丁祖昱表示，新浪商业地产招商中心突破传统模式的跨区招商"瓶颈"，无障碍进行全天候跨领域跨区域招商，大大提升招商效率。除此以外，电商平台能够有效统筹媒体、渠道、行业、专业数据库资源，并合理高效运用稀缺资源。更加重要的是，电商平台还能打通咨询顾问、宣传推广、营销环节，精简招商组织，减少沟通层次，提高行政效率。

8.1.5　保利地产的定制化的立体商业模式

2014 年 3 月 22 日，保利地产在珠江新城举办"保利 ECO 商业模式发布会"，首次公布了其 ECO 万能定制商业模式。这种商业模式是一种追求经济适用、企业效益、低碳环保三位一体的商业生态系统，其核心是把办公、生活中所必需的元素组合打包，为不同定位的目标人群量身订造最合适其企业发展、生活所需的良性商业生态圈。[①]

保利 ECO 商业模式突破了传统的办公、购物模式，利用互联网、移动终端应用技术，结合保利地产的业主"大客户群"，实现一种定制化的、线上线下的立体商业模式。具体包括三个核心部分：第一部分是 Business-Box，即为写字楼商务客户准备的万能硬件宝盒。根据不同写字楼的不同定位搭配出各种最适合其需求的配套，既能充分满足员工们的物质和精神需求，调节员工的工作状态，又能为企业展示、商务交往等需求提供良好的条件。如保利克洛维在预留的空间中设置了健身区和国际标准的多功能会议室，在裙楼打造了美食广场，不仅实现了企业的人性关怀，更通过配套提升了项目价值；第二部分是 Live-Box，是为保利业主准备的智能生活系统。如保利大都汇拥有 MINI 精装公寓，为打造智能生活社区，引进了全国首个"秀宴"主题魔幻剧场，还与乐视进行深度合作，为业主营造智能家居和智能办公云平台。第三部分是 Theme-Box，是利用网站和手机 App 打造的主题智能商城。保利的业主可以在此挑选自己喜欢的商品，接着去所属的实体

---

① 保利 ECO 万能定制商业模式发布会. 腾讯网，2014.

商场体验，满意后再通过"保利支付通"埋单，还可享受积分和折扣，整个过程实现了O2O的环路。

8.2
用互联网思维对房地产业进行改造

8.2.1 改造房地产开发模式——众筹模式和标准件模式

在传统的房地产开发模式中，开发商花重金从政府购得一块土地后，再设计房屋的结构和户型等，最后由建筑公司承包建造出来。其中，土地成本占了40%，建安成本占30%，融资、管理和营销等成本占10%，税费占10%，开发商利润占10%。[①] 我们可以用互联网思维大胆想象，假设建安成本降低20%，融资、营销等成本降低5%，开发商利润降低5%，那么房屋的售价将下降30%，而这些都将可以通过众筹模式和标准件模式实现。

众筹模式是互联网金融的一种模式，是指项目发起人通过基于互联网的众筹平台寻找多个志同道合的人共同出资并开展项目的融资模式，用在房地产开发中可以表现为：开发商通过众筹平台组织一批想以低价买房的人，每个人出资一定数额，在根据众筹者的需求设计出户型和小区外观后，将施工环节外包给建筑企业，建设完成后众筹者根据合同分得相应房产，这样不仅减少了开发商的资金成本和财务风险，而且降低了买房者的成本。平安好房网此前就推出了一款和房屋众筹模式相近的金融产品，年化收益率可达14%，通过锁定意向购房者的需求和资金，让开发商实现以销定产，从而确保开发商能够很好地规划资金投入和收回周期。不过，众筹模式理论上叫好，现实中暂时无法实现，主要是因为现行法律规定开发商不能在建房前收取意向客户的保证金。等到将来法律放开了这一限制，众筹模式将能得到普及，房地产开发模式将会被颠覆。

标准件模式指通过开发商用工厂集中生产的标准的"零部件"组装成房子，在出售时可以像手机厂商那样宣传房子的"配置"。通过工厂集中生

---

① 房地产项目成本大揭秘 土地税收成本占房价一半多，马可资讯。

产标准件，可以大幅度地节水、节能、节材、节地、减少环境污染等；通过将标准件运至工地快速安装，可以节约建造时间和资金成本，也可以避免偷工减料，消除不同开发商质量标准的差异。不过，标准件模式在目前还无法推广，主要是由于用标准件来组装钢筋混凝土结构的建筑，其强度远远达不到现浇的效果。虽然纯钢结构的建筑适合用标准件模式来开发，但是由于其造价高、防火性能差等缺点，要普及起来还很难。等将来技术更加成熟之后，标准件模式将被广泛应用于房地产开发。

8.2.2　改造房地产营销模式——房地产电商和移动互联网营销

在传统的房地产营销模式中，开发商在线下和线上打出各种吸引人眼球的广告，利用信息不对称的原理"忽悠"购房者前往售楼处看房和买房。在互联网和移动互联网的时代，这种传统的营销模式将被取代。

2014 年 8 月 25 日，淘宝与万科联合宣布，淘宝用户可在全国 12 个城市购买万科的 23 个楼盘时直接用最近一年内的消费额冲抵购房款，最高可抵扣 200 万元。针对全年消费未满 5 万元却要买房的用户，淘宝将直接发放 5 万元的房款补贴。万科的这种开发商与电商平台合作的行为并非首例。万科就与天猫合作开展了万科业主家装 O2O 项目；多个楼盘在搜房网、腾讯房产和新浪乐居等网站上掀起团购买房的活动，如红星国际广场就曾在新浪乐居推出了"1 万抵 5 万"的电商团购的活动。由于房地产具有价高值大的特点，就目前而言，房地产电商只是一种噱头，一种市场营销的手段而已。只有基于互联网的互动体验技术成熟、相关的法律法规得到完善之后，房地产电商才能真正实现。[①]

2015 年 12 月，淘宝网旗下淘宝拍卖与万科宣布达成战略合作，将旗下百余套房源进驻淘宝拍卖，房源覆盖全周期包括新项目开盘房源、持续销售房源和尾盘房源，其定价和成交均在拍卖过程中实现。借助淘宝拍卖的平台，万科华东品牌馆也将正式上线成为万科华东房地产线上销售平台。对于户型较佳的边户，这些好房源可以通过拍卖，以公开、透明的方

---

① 万科牵手淘宝　噱头 OR 优惠，网易财经。

式进行成交，购房者通过竞价来获得心仪的房源。对于尾房，站在开发商角度来讲，尾盘的去化是一个难题，而这种方式可使尾房尽快得到销售，回笼资金。①

随着移动互联网的飞速发展，消费者出现了上网移动化、时间碎片化等特点，这些促使开发商在移动营销上做出了积极的探索。比如在微信、微博等新媒体中用公众账号推送融合了二维码、链接、图片等内容的楼盘信息，让广告变成有价值的信息；房产销售人员利用朋友圈等移动社交工具与业主、准业主互动；应用 LBS（定位技术）、AR（增强现实技术）等为消费者带来前所未有的虚拟看房体验，实现本地化、社会化传播。总之，移动互联网营销以其低成本性、高效性、社会性等特点迅速在各大开发商得到应用，随着相关硬件和技术的成熟，未来将取得更好的效果。

8.2.3　改造房地产盈利模式——拓展产业链下游

对于传统的房地产开发商而言，核心环节只有开发和营销，产业链下游的环节都是交由第三方公司来做，主要原因是单靠"拿地—建房—卖房"的简单模式，开发商就能有巨大的利润。产业链下游的环节不仅复杂、分散精力，而且利润较低。随着房地产市场走入逐渐下行，部分开发商开始注重向产业链下游的延伸发展。

房地产开发商不能按照"硬件免费、服务收费"的互联网思维来免费送房子，但是可以免收物业费，通过整合产业链下游的物业服务、社区商业服务、社区金融服务、家居装修服务等产业，把住户变成用户，最终形成闭环的社区服务，依靠增值服务而实现盈利。以万科为例，它已经入股了微商银行，正在从事从前期融资到中期按揭再到后期的社区金融服务等一系列活动，其中的社区金融服务主要包括各种涉及缴费的便民服务、各种理财产品的推介、带有信用卡性质的社区一卡通、扶持小微企业的社区小额贷款等，还可能衍生到社区 O2O 电商平台。万科目前管理着全国的 362 个社区、40万住户、约 300 万的社区人口，未来 5 年将可能增加到 500～1000 个社区，100 万住户，约 800 万的人口规模，假设平均每人每月在社区内的消费为

---

① 万科联合淘宝网上拍卖房子，网易新闻，2015 – 12 – 10.

500 元，万科的社区金融平台平均收取 3% 的服务费，则仅靠社区金融服务这一项的月收入就可达到 1.2 亿元。[①] 再假设万科成功建立了业主的商品消费习惯、金融消费习惯的大数据库，就可以提供有针对性的服务，比如定时推送购买日用品的提醒，精准推销房地产基金产品、小额贷款等，从而产生更高的收益。绿城在其开发的"翡翠城"中，业主被悬赏 50 元加入该小区的扎堆群，短时间内聚集了小区的大量业主。业主在扎堆群中可以实现基本的社交功能，如娱乐活动的组织、地下车位的租售等、社区公共议题的讨论等，这是一个基于地理位置的信息服务的雏形。绿城的下一步将发展社区增值服务，比如为业主提供送货上门、送餐上门等商业服务，水电费代缴、快递代收等便民服务等。随着移动互联网和物联网的发展，产业链下游的这些增值服务也许都能通过一部手机完成：每个业主的智能手机都会安装一个 APP，通过刷手机进入小区和单元楼，可以用手机在网上缴纳物业费、水电费、燃气费等，可以用手机控制智能电视、空调等家电，可以用手机在小区超市购物、在小区餐馆点餐、在小区的休闲场所预约等。诚然，以上的很多设想目前还没有完全实现，但是随着技术的发展和开发商的觉醒，这些设想变成现实指日可待。

马云说："没有传统的企业，只有传统的思维"。在笔者看来，传统的思维只有一个，即"捍卫基于信息不对称的既得利益"。互联网来势汹汹，房地产开发商应该张开双臂拥抱互联网，逐步放弃原来基于信息不对称而获得的利益，通过对行业的洞察，以用户为本，借助互联网思维进行全流程改造，使自身的产品与服务成为一个有机的生命体，以满足购房者的多样化、个性化的需要。

8.3
电商来袭，商业地产是否"商"得起

与实体商业相比，商业地产进军电商，不仅跨越的行业和专业门类多，而且复合性更高，投资金额大、周期长、见效慢，前期开发和后期的经营对企业都是严峻考验，这意味着商业地产需要更强的资源整合和把控能力。

---

① 万科的社区生意，和讯网。

　　万达试水电商，此前有业内人士预测，其百货业务将与银泰网类似，聘请单独团队进行独立 B2C 运作；而旅游及酒店将模仿艺龙、携程模式。银泰网最大的优势在于银泰集团的会员资源。资料显示，银泰百货地面销售100 亿元以上，其中60% 都是由 VIP 客户贡献，完全借助自营模式，直接从品牌商拿货；而携程模式就是中介，主要服务是订酒店、客房、机票，发展会员让散客享受团购价格。这种模式一方面发展庞大的会员卡用户"圈地"；另一方面借助庞大的用户群向酒店、航空公司等索取折扣，赚取佣金，反过来吸引更多的用户群，形成一个良性循环。

　　商业地产涉足电子商务毕竟刚刚开始，不同的商业地产项目有着不同的战略设想，终极目标是使商业地产产业链更加完整、完善，但没人敢预料其前途将是如何。北京迈尔时代商业顾问有限公司策划总监李克让认为，拥有几千家线下门店的美国加普（Gap）公司，同样拥有线上商城，东西是卖自家的，顾客怎么方便怎么来，然而，体验、服务连锁、价格、商品一致，靠的是 Gap 自身的能力与规模。

　　线上线下孰重孰轻并不重要。线上的价格战，来源于商品的同质化，没有谁更强，只有谁更不怕死，这里是风投的角逐。而商业地产商进军电商，房地产的资本同商业资本诉求不同，能进去，出来出不来，只有实践过，才知道。

参 考 文 献

　　[1] 彭亚. 基于价值行为的商业地产项目定位评价研究 [D]. 重庆：重庆大学，2014 – 05 – 01.

　　[2] 郝熙红. 我国商业地产开发运作的策略研究 [D]. 成都：电子科技大学，2015 – 04 – 30.

　　[3] 郭增利. 商业地产如何构建互联网思维 [C]. 观点商业地产年会，2014，11：11 – 12.

　　[4] 李修刚. 基于价值最大化的商业地产项目策划研究——以 XX 广场 A 座为例 [D]. 山东建筑大学，2014 – 04 – 01.

　　[5] 李健. 商业地产开发运营全流程 [J]. 商业地产决策参考，2013，11 (5).

[6] 赵平.房地产开发项目市场定位中的价值提升方法研究 [D].北京：首都经济贸易大学，2006 - 03 - 01.

[7] 尚少琳.YG商业地产项目开发运营模式优化研究 [D].青岛：中国海洋大学，2015 - 06 - 10.

[8] 吕波.商业地产赢家的探秘 [M].北京：机械工业出版社，2008.

[9] 夏联喜.商业地产项目操盘攻略 [M].北京：中国建筑工业出版社，2009.

[10] 决策资源集团.大型商业地产项目全程解决方案 [M].广州：广东经济出版社，2005.

[11] 张海清.中国知名房地产开发企业发展趋势 [M].上海：上海交通大学出版社，2009.

[12] 王鹏.万达商业地产发展历程 [M].北京：中国房地产教育网，2008.

[13] 穆杰住宅地产与商业地产差异分析现代商贸工业，2010.

[14] 王学东.商业房地产投融资与运营管理 [M].北京：清华大学出版社，2010.

[15] 郑华.房地产市场分析方法 [M].北京：北京电子工业出版社，2012.

[16] 梁培.商业房地产投资经济学 [M].北京，中国统计出版社，2009.

[17] 赵阳.我国商业地产发展的问题与对策 [J].建筑经济，2009.

[18] 程庆山.商业物业的供求与商圈理论 [J].中国房地产，2011.

[19] 王志刚.城市化浪潮下的商业房地产 [N].北京青年报，2012.

[20] 谢晓琳.奥特莱斯地产的市场空间 [J].新营销，2013.

[21] 文捷.万科联姻百度：营造健康的地产生态系统 [J].中国品牌，2014.

[22] 张绪旺，马骏昊.恒大阿里能擦出多少商业火花 [N].北京商报，2014.

[23] 项敏，王学英.大型商业地产全程解决方案 [M].上海：上海远东山版社，2007.

[24] 王唐雄，胡祥.商业地产利益主体及作用关系 [J].现代商贸工

业，2013，（11）：25 – 26.

　　[25] 关莉莉. 商业地产投资风险分析与评价 [D]. 西安建筑科技大学，2013.

　　[26] 楚永刚. 商业地产百科全书 [M]. 大连：海外出版社，2003.

　　[27] 张飙. 商业地产的全面风险管理应用研究 [D]. 东南大学，2005.

　　[28] 郑彤，秦博，陈元，许博. 商业地产投资产品差异化设计研究 [J]. 财经界（学术版），2016，21：169 – 170.

　　[29] 本报记者　陈淑亚，邹毅：商业地产进入差异化时代 [N]. 中国房地产报，2014 – 09 – 29B03.

　　[30] 杨婷婷. 商业地产竞争升级差异化运营唱主角 [N]. 商务时报，2012 – 03 – 3/024.

　　[31] 刘佳. 特色商业街以差异化破解商业地产困局 [N]. 中国联合商报，2013 – 09 – 23E04.

　　[32] 赵章对. 完善商业地产开发与运营模式探析 [J]. 现代经济信息，2013，02：200 + 221.

　　[33] 吴红. 基于定位祝融商业地产项目运营模式研究 [J]. 金融经济，2014，22：76 – 78.

　　[34] 李向华. 基于城市运营的商业地产项目投资决策研究 [J]. 中国经贸导刊，2014，20：9 – 10.

专题二　投融资篇

1

商业地产资产证券化的坎坷之路

商业地产企业传统的融资模式有：银行借款、股权融资、债券、地产信托计划和 REITs。但是我国资本市场股权融资已被叫停，也没有真正意义上的 REITs；银行贷款始终是地产行业融资的核心渠道，但用于开发的贷款仅能占总贷款额的 6%~7%，地产信托占开发贷款的比例也不到 20%；受制于发行和使用条件的制约，公司债券规模近些年基本保持稳定但占比较小。因此，商业地产企业的融资模式亟须创新。

我国企业的资产证券化自 2005 年试点以来，经历了两轮发展。第一轮是 2005~2006 年，共有 9 家企业发行了资产证券化产品。但在 2007 年美国次贷危机爆发后，国内的资产证券化路径也由此中断。2009 年，证监会出台《证券公司企业资产证券化试点业务指引（试行）》，并于 2010 年发布正式文件。企业资产证券化的再度开闸，给券商提供了一条新的业务途径。第二轮是自 2011 年起，原 9 家企业中有 2 家企业发行了第二期资产证券化产品，另有 2 家上市公司也通过发行资产证券化产品进行融资。纵观我国商业地产企业的资产证券化之路，可谓艰辛坎坷。

经过近十年的试点和论证的不断深入，中国证监会于 2013 年 3 月 15 日颁布了《证券公司资产证券化业务管理规定》，并将业务名称确定为证券公司资产证券化业务，删除"企业"字样，同时也不再把专项计划作为唯一特殊目的载体。

国务院 2014 年 5 月 9 日发布《国务院关于进一步促进资本市场健康发展的若干意见》已提出：推进符合条件的资产证券化发展，提高直接融资比重。具有极大优势的"资产证券化业务"已然成为市场关注的热点之一。

1.1
万达——商业抵押担保证券（CMBS）第一案

2005 年中国人民银行、中国银行业监督管理委员会公布的《信贷资产证券化试点管理办法》，以及银监会公布的《金融机构信贷资产证券化监督管理办法》，意味着 CMBS（商业抵押担保证券）作为信贷资产证券化产品在中国的发行已具备了初步的法律框架。

2006 年 9 月 6 日，万达集团宣布，携手澳大利亚最大的投资银行——麦格理银行发行 1.45 亿美元，约为 11.6 亿人民币的 2006 – 1 系列 CMBS，开创了国内 CMBS 成功筹资的先例，也被称为中国第一 CMBS。[①]

万达集团向国外投资者发行债券，变相融资用于项目开发或偿还贷款，开辟了商业地产企业融资的一个新渠道。交易涵盖了长沙、大连、哈尔滨、沈阳、南京、南宁、济南、天津和武汉 9 个城市的大型商业零售地产项目。这些地产项目的承租人均为国际著名零售企业，如沃尔玛、百盛等。该项证券的预定期限为 2.75 年，法定最终期限为 5.75 年。而此前的 2005 年 7 月，麦格理银行曾以 5500 万美元和 3800 万美元优先贷款的方式持有万达 9 家商业广场的 24% 股权。[②]

回顾麦格理—万达的 CMBS 操作过程，复杂的交易结构安排使麦格理得到了尽可能多的获利点。在这个过程中，持有物业项目的公司做到了与负责筹资公司的分离，可以最大程度上规避法律风险和相关的担保束缚。

万达集团的这一举措震动了当时的内地地产界，这种新的融资模式，让对 REITs 失去信心，又急于融到大额资金的地产商看到了契机。与其他融资方式相比，CMBS 的优势在于发行价格低、流动性强、放贷人多元化、对母公司无追索权、释放商业地产价值的同时保持资产控制权和未来增长潜力，以及资产负债表表外融资等。CMBS 可以使投资人和融资方获得"双赢"，不仅使得融资方获得较低成本的贷款，同时还能使得投资人获得心仪的回报。

---

① 付孟青. CMBS 蓄势待发. 中国科技财富，2007.
② 国内首单商业地产证券化产品麦格理——万达问世. 赢商网.

遗憾的是，2006 年下半年内地出台的限制外资的相关条例，使得这一模式已经没有复制的可能性。

1.2
华侨城 A——第一款以入园凭证现金流为基础资产的专项计划

2012 年 12 月 4 日，深圳上市公司华侨城 A 公告，将实施"欢乐谷主题公园入园凭证专项资产管理计划"，拟通过此次资产证券化（ABS）募资18.5 亿元人民币。[①] 这是国内第一款以入园凭证现金流为基础资产的专项计划项目，也是 2009 年券商公司资产证券化业务重启以来，首次有上市公司通过该渠道获得融资。

该专项资产管理计划以自成立之日起五年内特定期间华侨城及下属两家子公司拥有的欢乐谷主题公园入园凭证为基础资产，设有优先级受益凭证和次级受益凭证两种。募集资金专门用于欢乐谷主题公园游乐设备和辅助设备维护、修理和更新，以及用于欢乐谷主题公园配套设施建设和补充日常运营流动资金。

该计划的核心在于将北京、上海、深圳三座欢乐谷主题公园未来 5 年的入园凭证打包作为基础资产，将其产生的现金流用于向投资者支付收益。计划发行后，上述三家公司的门票收入收款账户被作为监管账户，相关监管银行把现金流汇入专项计划账户，由中信证券按照约定的分配顺序向投资者分配。

华侨城 A 资产证券化融资解决了企业的一部分资金需求，同时也打开了新的融资渠道。旅游地产企业，一方面作为旅游产业受到政策的扶持；另一方面作为地产业受到政策的压制。公司在高速发展中需要大量资金，但由于房地产调控政策的实施，压制了华侨城地产业务的周转和盈利能力。在"地产 + 旅游"这种商业模式的快速扩张阶段，企业的旅游业务前期投资较大，但回收资金周期较长，地产调控又令公司地产业务资金回升速度减慢，抑制着公司的发展，令公司在资金周转方面存在一定压力。此次资产证券化

---

① 资产证券化　盛宴很诱人．深圳商报，2013.

的顺利实施，能有效解决公司一部分资金需求，对公司的发展非常有利，也打开了公司的再融资渠道。

相比银行的信贷资产证券化，证券公司资产证券化更为简便，只需获得证监会的批准即可；其较为灵活的操作期限、低于同期贷款利率的融资成本也受到企业的欢迎。

1.3

海印股份——首例商业物业资产证券化

2013 年 3 月 15 日，证监会公布《证券公司资产证券化业务管理规定》，指出商业物业等不动产财产可作为基础资产进行资产证券化。商业物业要求有可预测的现金流，不得附带抵押等权利限制，资产支持证券可转让。新业务将为商业物业所有者提供一种新的融资模式，特别是拥有大量商业物业的房地产公司。广东海印集团股份有限公司商业物业资产证券化的推出恰逢其时。

海印股份信托受益权专项资产管理计划（下称"专项计划"）于 2014 年 4 月 17 日获得中国证监会批准。截至 2014 年 8 月 14 日，经验资，专项计划各档资产支持证券认购人的认购资金总额均达到该档资产支持证券目标募集规模。至此，专项计划符合成立条件，正式成立。9 月 19 日，正式在深交所挂牌交易，这是中国商业物业租金资产证券化的第一单，也是国内登陆深交所的第一只资产证券化产品。其创新点有二，一是计划管理人通过银行和信托公司架设了"专项资产管理计划＋信托"的双层架构。二是优先级和次级分化设计以及控股股东海印集团担保等多种增信措施实现了产品风险的最小化，有效地降低了融资成本，增强了产品的流动性。

大公国际资信评估有限公司给予优先级资产支持证券海印 1 至海印 5 的评级均为 AA＋级。优先级资产支持证券的目标募集总规模为 14 亿元，向符合标准的机构投资者发行；次级资产支持证券目标募集规模为 1 亿元，由海印股份全额认购。资产支持证券面值均为 100 元/每份。

海印股份的资产支持证券计划由两个链条铰合而成：关键节点分别是大业信托成立资产信托受益权信托即"大业——海印股份信托贷款单——资金信托"和中信建设证券设立资产管理计划即"海印股份专项资产管理计

划"。在此资产信托受益权信托的各交易方中，委托人并不是海印股份，而是作为第三方的浦发银行。这样做的目的是海印股份可以快速从银行获得资金，而如果由信托公司直接对公众募资，则无法做到这样。

在资产管理计划这一链条上，中信建设证券充当计划管理人这个重要角色。计划管理人设立专项计划的目的是接受认购人的委托，按照专项计划文件的规定，将认购资金用于购买基础资产，并以该基础资产及其管理、运用和处分形成的属于专项计划的全部资产和收益，按专项计划文件的约定向资产支持证券持有人支付。计划管理人还负责资产支持证券的推广、销售工作。

另一个链条上，根据海印股份的需求，中信建设证券作为计划管理人设立海印股份专项资产管理计划。同时，由中信建设证券作为推广机构，负责向公众推广该计划并招募投资者。由中信建设证券向投资者说明："海印股份信托受益权专项资产管理计划资产支持证券"以"大业——海印股份信托贷款单——资金信托"的信托受益权产生的现金流作为还款来源。投资者认购资产管理计划后，成为该资产支持证券的所有人。

在这场交易中，浦发银行成为加快贷款发放的"时间之桥"。在将信托受益权转让给海印股份专项资产管理计划，并获得转让款后，浦发银行全身而退。专项计划存续期间，海印股份获得信托贷款后，按月偿还贷款本息给大业信托；大业信托在每月收到海印股份支付的贷款本息后（不含该日）的第一个工作日，扣除当期必要的费用后全部分配给信托受益人，即海印股份专项资产管理计划。中信建设证券向资金托管银行平安银行发出分配指令，平安银行根据分配指令，将相应资金划拨至登记托管机构中国证券登记结算有限责任公司深圳分公司的指定账户，用于支付投资者所有的资产支持证券本金和预期收益。①

此次资产证券化方案有利于海印股份有效筹措、安排资金，用于当前业务发展。只要公司具有能产生未来可预测现金流的资产，就可利用资产证券化进行融资。和传统债务融资方式相比，资产证券化不受公司净资产规模、盈利指标的影响，可以成为一条新的直接融资途径。

另外，资产证券化在发行场所及发行方式两方面也拓宽了公司未来的融

---

① 海印股份玩转资产证券化　借商业地产板块打开新局面．赢商网，2013．

资渠道。企业资产证券化产品，主要面向基金、券商、财务公司、企业等交易所的机构投资者发行，并在沪、深证券交易所的固定收益证券综合电子平台（综合协议交易平台）挂牌转让，可通过券商做市、协议回购等途径增加二级市场流动性；且资产证券化通过非公开方式发行，可以针对公司和投资者的具体情况，设计更加贴合双方需求的证券品种。

　　鉴于我国资本市场的股权融资被长期关闭的现状，出于信贷调整，银行对于商业物业的抵押贷款也并不热情，开始逐步压缩商业项目的贷款年限与抵押率，收益权信托成本动辄 12% 以上。在 REITs 缺位的情况下，倘若能够发行证券化产品，将能很好地盘活物业持有者的沉淀资金，改善开发商的财务状况。

2

REITs 在海内外的发展及
对我国的启示

 REITs（Real Estate Investment Trusts）即房地产投资信托基金，是一种以发行收益凭证的方式汇集特定多数投资者的资金，由专门投资机构进行房地产投资经营管理，并将投资综合收益按比例分配给投资者的一种信托基金。它实质上是一种证券化的产业投资基金。

 REITs 最早起源于美国，1961 年首只 REITs 在纽约证券交易所上市交易，与此同时，REITs 也出现在了欧洲市场上，荷兰于 1969 年上市了第一只 REITs。在立法方面，欧洲各国直到 20 世纪 90 年代才颁布法律法规规范 REITs 的发展。2000 年起，REITs 在亚洲也取得突破性的发展，2001和 2002 年，韩国、新加坡和日本相继上市 REITs；2003 年，我国香港证监会颁布了《房地产投资信托基金守则》，意味着 REITs 正式进入香港地区。

2.1
境外有代表性的几种 REITs

 根据标准普尔公司的统计，美国房地产投资信托基金已占全球同类产品的 90%，其运行模式对全球房地产证券化产生了深刻的影响。近年来，欧洲、亚洲、美洲等 18 个国家和地区都制定了专门的立法加入到 REITs发展的行列中。因此，借鉴国际经验，对发展我国的房地产投资信托基金具有重要意义。

2.1.1　以基金形式出现的美国 REITs

在美国，REITs 起源于 19 世纪中叶在马萨诸塞州波士顿市设立的商业信托。1960 年 9 月颁布的《房地产投资信托法案》，标志着美国 REITs 的正式设立。截止到 2015 年 3 月末，美国共有 257 只 REITs 公募基金，资产规模高达 9846 亿美元，约占全球市值的 60%。[①] REITs 不仅仅是一个投融资工具，它还以实实在在的产业经营回报，赋予物业新的价值；同时，也使得房地产的开发与经营，乃至投资的范围以及模式多样化，造就了众多的市场传奇。

美国的 REITs 结构设计提供了与股票市场上的共同基金类似的房地产投资架构。其典型的运作方式有两种：其一是特殊目的载体公司 SPV（Special Purpose Vehicle），向投资者发行收益凭证，将所募集资金集中投资于写字楼、商场等商业地产，并将这些经营性物业所产生的现金流向投资者还本归息；其二是原物业发展商将旗下部分或全部经营性物业资产打包设立专业的 REITs，以其收益如每年的租金、按揭利息等作为标的，均等地分割成若干份出售给投资者，然后定期派发红利。前者类似于私募，后者类似于股票。对应地，REITs 可以公开或私募发行。绝大多数公开发行的 REITs 都在证券交易所上市。

按资产的性质划分，美国的 REITs 可以划分为权益型、抵押型和混合型。其中，权益型 REITs 占了总量的 90% 以上。无论哪种形式的 REITs，其核心都是将房地产从不动产转变成为可以流动的证券资产，实现了房地产从不动到流动的转变，使产权单位的转移变成简单的证券交易。像其他普通股票一样，具有高度的流动性。而这种流动性也增加了投资的安全性。投资者随时可以利用证券市场套现避险，同时集中的房地产投资变成分散的公众投资，分散了投资风险。加上稳定的投资收益，REITs 成为特别适合做长线投资的金融产品。

REITs 不同于一般的上市企业之处，还在于享有一种针对房地产投资公司法人实体的独特税务安排。取得 REITs 资格的公司可以从应纳税收入扣除

---

① 海外 REITs 发展迅猛全球产品规模约达 1.8 万亿美元. 新浪财经，2015 – 06.

股息，而股东则按照收到的股息和资本收益纳税，避免一般房地产企业持有物业所面临的双重征税，政府让利提高物业回报率。

这种安排大大刺激了美国 REITs 的发展，也造就了许多企业的财富传奇。比如，全球连锁商业巨头沃尔玛取得成功的利器之一是充分利用 REITs 的免税政策及美国州的免税规则，实现店铺的"零租金运营"。

美国 REITs 自产生之日起，几十年来为投资人创造了不菲的收益。1989 年至 2013 年 11 月权益型 REITs 市场的收益率、标准普尔 500 指数的收益率和罗素 2000 指数的收益率显示，权益型 REITs 的期间累计回报率高达 1016.24%，远远超过标准普尔 500 指数的累积超额收益率 752.30% 和罗素 2000 指数的累积超额收益率 856.43%。① 基金不仅为投资人带来了稳定的现金流，也为投资人赢取了高于其他市场的整体收益。

2.1.2　以税收机制为特征的荷兰 REITs

1969 年，荷兰确立了类似于 REITs 的 "BI"（Fiscale Beleggings Instelling）制度，从而成为欧洲最早发行 REITs 的国家。在荷兰，BI 是一个纯粹的税收机制，为了得到过境税的优惠对待，BI 必须符合荷兰中央银行提出的一系列要求，具体包括最低股份资本数额、公司设立地点等。而依据 BI 的组织结构是否为上市公司这一标准，不同类型的 BI 还分别适用于不同的法律限制。属于上市公司形态的 BI，其受益凭证必须在荷兰规定的股票交易所交易，作为股东的荷兰公司直接或间接持有股份总额最多不得超过上市 BI 总份额的 45%；单个投资者持有的上市 BI 的股份不得超过其总额的 25%。而对于非上市公司组织形态的 BI，公司股东（本国或外国）持有股份比例最高不得超过总额的 25%。②

投资收益方面，荷兰法律对 BI 并没有设定严格限制，只要是来自投资活动的收益均可用于分配。在收益分配标准上，如果应纳税收益在公司的财政年度最后八个月内进行分配，BI 在公司层面上就可免缴企业税。在投资规制上，可以用于任何形式的被动投资，但不能进行主动的投资开发活动。

---

① 黄世达. 美国 REITs 市场的发展状况及对中国的启示 [J]. 东北财经大学学报, 2015.
② 何正荣, 张红. 欧洲房地产投资信托的发展及未来展望 [J]. 中国房地产金融, 2006.

在融资比例上，BI 最多能借入的资金不得超过其不动产账面价值的 60%，以及其他投资的 20%。[①] BI 在管理方式上相对自由，一个合格的 REITs 可以使用内部管理方式，也可使用外部管理方式。由此可见，BI 比美国 REITs 工具受到更多限制，具体体现在公司住所、最低资本要求、融资比例、开发限制以及转化成本等方面。

虽然存在上述限制，BI 在荷兰还是取得了巨大的成功。从 1990~2002 年的年度平均回报率达到了 8%。有学者认为，BI 在荷兰的成功不能全部归结于荷兰的税收透明机制，而应归功于所有 BI 投资几乎都集中于国内财产这一事实。实际上，作为一种以房地产产品为投资对象的投资工具，BI 的成功在很大程度上与这一时期荷兰房地产市场本身的发展不可分割。[②]

2.1.3 受专项立项规制的亚洲 REITs

自 2000 年起，REITs 在亚洲有了突破性的发展。1999 年 5 月，新加坡颁布了《财产基金要则》并在 2001 年的《证券和期货法则》对上市 REITs 作出相关规定。2000 年 11 月，日本修改了投资信托法，准许投资信托资金进入房地产业，2001 年 3 月，东京证券交易所建立了 REITs 上市系统。2005 年 6 月，我国香港证监会正式发布了《房地产信托投资基金守则》修订的相关总则，撤销了香港房地产投资信托基金（REITs）投资海外房地产的限制，从而促进了香港地区 REITs 的迅速发展。

相比欧美市场，亚洲 REITs 出现的时间较晚，与美国 REITs 发展初期一样，管理模式为外部管理，对股息分配的要求较高，对 REITs 参与房地产开发的管制也相对比较严格，但在立法机制、税收制度和管理模式上，亚洲 REITs 与欧美国家存在差异。

在立法机制上，欧美国家均从税法角度对 REITs 进行了界定和监管，而亚洲主要是从专项法规的角度来监管这个行业的发展。如新加坡 1999 年颁布《集合投资计划守则》；日本 2000 年颁布《投资信托法》；韩国 2001 年颁布《房地产投资法》；马来西亚 2002 年颁布《地产信托准则》；我国的台

① 施建刚，严华鸣. REITs 发展的国际比较及对我国的借鉴意义 [J]. 建筑经济，2007.
② 许巧玲. 借鉴国际经验发展我国房地产投资信托基金 [J]. 金融发展研究，2009.

湾 2003 年颁布《房地产证券条例》；中国香港地区 2003 年颁布《房地产投资信托基金守则》)。

在税收制度上，亚洲各国家/地区设立的 REITs 没有明显的税收优惠驱动的特征，对 REITs 规范不是通过体现在税法中的税收优惠的杠杆实现的，而是通过专项的立法（修改投资、信托等有关法律或新建法令），对 RETIs 的结构、投资目标、收入分配等方面制定了硬性的规定。

在管理模式上，亚洲国家/地区的 REITs 大多采用外部管理模式，即 REITs 上市后以信托形式由专业管理机构负责运营，以保证更为专业和独立的管理服务。在日本，公司型 REITs 最为典型，凡上市交易的 REITs 都属于公司型，它首先成立一个 SPV 公司，发行投资凭证募集投资者的资金，然后购买并管理房地产，SPV 公司必须自己负责房地产的管理和经营，但在现实中很多公司都将管理和经营职能外包给第三方。新加坡和我国香港地区的 REITs 则带有更多的信托特征，REITs 向投资者发行信托单位，然后用所融资金购买房地产或者相关资产；REITs 没有独立的法人资格，因此必须聘任信托管理人管理 REITs，同时聘任房地产管理公司管理所购房地产及相关资产。

2.2
我国发展 REITs 应解决的三个关键问题

我国房地产投资信托基金的发展还处于尝试阶段。结合各国 REITs 的发展经验及我国国情，我国发展 REITs 所亟待解决的关键性问题主要有以下三方面。

2.2.1 选择适合在中国发展的 REITs 组织形式和产品类型

发展房地产投资信托基金大致有两种组织形式：信托型和基金型。两者的主要区别在于发行主体不同。前者是由信托机构发行信托计划，后者是由基金管理公司来募集资金。因为我国并没有专门的《产业投资基金法》，如果采用基金型的方式，基金公司在资金募集和使用上都缺乏法律保护，且容易有非法集资之嫌。所以，不宜采用基金型的方式。而我国采用信托型的组织形式则有两个明显的好处：一是信托财产具有相对独立性，其收益不受其他资产或者管理公司业绩的影响，这就从根本上保证了投资者资产和收益的安全性；二是我国信托机构已有多年发行和管理房地产信托的经验。产品类型方面，在最初发展 REITs 的阶段，应选择收益比较稳定、受股票市场影响较小、更容易保护投资者利益的类型，随后再逐步丰富 REITs 的种类。通过对 REITs 各种类型的对比分析，中国初期应选择的 REITs 类型是直接经营房地产的股权类信托基金，并且规定信托基金的清算时间，以使投资者更好地将信托基金价格与基础资产价值相匹配。

2.2.2　完善相应的法律法规制度，为 REITs 的引入扫除障碍

纵观国外房地产投资信托基金的发展经验可看出，完善的法律制度是保证 REITs 健康发展的重要条件。在我国，阻碍信托机构发行 REITs 的因素中，有很大部分是来源于相关法律制度的不健全。这主要体现在：一是未对信托收益的纳税做出明确规定。在美国，满足一定条件的房地产投资信托基金不交公司所得税，以避免双重税收，从而提高了投资者收益。而我国目前未对此做出明确规定。二是信托凭证及信托受益权缺少明确的法律定位，给投资者公开交易信托凭证造成困难。正因为此，我国现有的信托产品基本无法在二级市场流动。三是我国现有的"资金信托管理办法"中，对资金信托计划有 200 份的限制。该限制使每份计划的投资额较大，不利于中小投资者的参与。四是在信息披露方面，我国对信托计划的披露颇为简单，只有该项目非常简短的描述，仅依靠我国现阶段的《信托法》、《投资基金法》试图发展 REITs 是远远不够的，必须建立更加完备、更加细化的法律体系。

2.2.3　建立保障投资者利益的运作机制

亚洲和欧洲各国，在 REITs 的运作机制上大多借鉴了美国经验，即贯彻投资方向明确、业务清晰、运作规范的原则，从资产构成、收入结构、收益分配三个方面规范 REITs 的运作，保障投资者利益不受到损害。

结合我国情况，REITs 在我国构建保障投资者利益运作机制方面应做

到：一是规定 REITs 的资产构成比例，保证 REITs 的主营业务为房地产。二是规定 REITs 的收入结构，保障募集资金的正确投向和使用。三是为防止基金管理者出于满足自身利益最大化的目的，将收益再投资于那些无法达到投资者要求的项目，各国几乎都做出必须将每年 90％ 的应税收入作为股利分配给股东的规定，中国未来 REITs 的收益分配也不应例外。

3

众筹模式打破美国商业
地产个人投资的高门槛

美国商业地产有着很大的魅力，具体表现为：首先，美国商业地产拥有高效的现金流收益，收益主要来自于租金，位置和管理良好的商铺回报率一般不低于10%；其次，美国商业地产长期稳定的现金流收益能够得到保障，投资风险降低，租约一般是5~10年的中长期租约；最后，美国商业地产管理简单，商业地产租约一般是"3N"租约，规定了由租户承担地产税、保险和物业维护，而业主收到的是净租金，所以租户更上心，业主更省心。①

但是，商业地产是一个需要大量投入且资金回收较慢的行业，尤其是写字楼、酒店等大型的项目，在美国一直都是大佬投资的专属领域。纵使在金融市场发达的今天，即便是很小的商业地产开发项目，都需要通过富豪或者私募基金完成筹资。这就相当于一道高高的栅栏，使得很多普通人甚至中小投资者只能远观而不能参与。这也正是美国商业地产无法摆脱机构资金主导的现状。众筹模式的出现，为普通人投资商业地产打开了一扇窗。

3.1
众筹模式成为互联网融资新模式

众筹模式源自美国网站基柯斯达特（Kickstarter）允许创业者通过互联网平台和SNS传播特性面对公众筹资，它突破了创业项目融资人与投资人

---

① 美房产投资的现金回报．东方财富网，2014．

传统融资渠道的障碍，让"草根"大众成为创业项目的资金提供者。目前，众筹模式正在演变为一个新型互联网融资模式，"你的梦想大家帮忙出钱，人人都是天使投资人"的众筹思维迅速在市场上蔓延。

一般而言，众筹的构成需要发起者、投资人以及众筹网站三类主体，而在国内特殊的法律环境下，有时可能还需要设置有限合伙这类中间企业作为投资代表。按照众筹的规则，筹资项目必须在发起人预设的时间内达到目标金额，才能筹资成功，支持众筹项目的投资人往往通过各种形式得到相应的回报。

目前，市场上正在涌现各类细分领域的互联网众筹平台，已经出现以电子产品硬件生产、教育学费、自媒体平台、独立研究基金、作家出版书籍、社交网络、第三方支付平台、房地产开发等项目为服务对象的平台。主要包括债券众筹、股权众筹、回报众筹和捐赠众筹四类主流模式。

世界银行最新发布的《发展中国家众筹发展潜力报告》显示，众筹模式已在全球45个国家成为数十亿美元的产业；预计到2025年，中国众筹规模将达到460亿~500亿美元。

3.2
美国商业地产众筹的主要网站

2013年，一个互联网和房地产行业完美结合的产物——"Realty Mogul"（"地产大亨"）网站，震撼了整个美国投资界。它是通过互联网"众筹"的方式集合众多小投资人共同投资房地产，特别是高现金流回报的商业地产项目的网站，从而使只有几千美元的美国小投资人也可以参与到一个高收益的大型购物中心的投资当中，投资门槛最低只需100美元。房地产众筹在美国日渐流行，供投资者购买商业地产股份的网站不断涌现。

3.2.1 Realty Mogul 网站

RealtyMogul.com在2015年获得爆发式增长，截至目前，通过该平台获得众筹资金的房地产项目已经超过265个，总筹集资金超过1.5亿美元，所投资的房地产总价值超过6亿美元。目前平台已经接受超过19000名"合格投资人"对项目的投资,其中 74% 的投资由"重复投资者"完成。[①] 该平台具有以下特点。

(1)使房地产投资变得更容易。Realty Mogul 网站注册会员通过平台浏览潜在投资交易市场的相关信息,以确定投资哪个房地产项目,当该项目资金完全到位后,资金会被打入指定账户,投资者自此开始将会经常收到有关投资项目进展情况的最新消息,并且获得投资收益的现金分红,比如租金。该平台上 67% 的投资都是由重复投资者完成,55% 的投资者同时投资了多个项目;零售房产项目占到总投资额的 35%,住宅项目以 22% 的占比紧随其后。

(2)收益率有保障,投资风险小,门槛低,对普通个人投资者吸引力大。虽然 Realty Mogul 网站各类投资的回报不尽相同,但是它一直努力将投资人的收益维持在 14% ~ 15%。此外,它对投资者参与投资的金额要求相对较低。由于投资门槛低,投资者可以用少量资金投资大量项目,投资资金只占全部财产的小部分。比如,梅德利(Medley)是一位工程师和地质学家,2014 年靠众筹投资房地产领域。他用较小的金额来投资了 15 个地产项目,目前已经是一家商场、一个停车场和一栋公寓大楼的联合拥有者,这些项目的最低投资额为 5000 美元。[②]

3.2.2 Fundrise 网站

方追斯(Fundrise)由本·米勒于 2010 年创办,是一家通过向个人投资者募集资金投资商业地产的网站,正致力于将自己打造成"地产 + 科技"的跨界公司。其主营业务是房地产众筹,创立之初,就旨在为个人投资者提供直接投资周边商业房地产的机遇,从而将闲散社会资金整合进入地产投资领域。

(1)收益率高,风险小,众筹股分档发行。Fundrise 运作模式和大多众筹相似,即投资者向项目提供投资,然后在项目开始营运后获得分成,地产出售时也可以获得收益。其参与的地产投资项目年化收益率通常在 6% ~

---

① Realty Mogul 强劲的美国房地产众筹平台. 搜狐, 2015.
② 房地产众筹:中国行不行?. 网易财经, 2014.

10%，远高于银行存款利率，风险也远远小于理财产品。目前，通过 Fundrise 进行投资的用户尚未赚取大笔利润，不过参与的首个众筹项目杜邦环岛（Dupont Circle）公寓，已经被一扫而光，到了一房难求的地步，预计投资者能从中赚取 12% 的利润。同时，Fundrise 2014 年夏天还将参与零售店项目。此外，Fundrise 对外发行的众筹股分为两个档次：A 档能够享有管理权，对项目的发展方向拥有决定权和投票权；B 档即为没有投票权的普通股东。如果一个项目没有达到筹资标准，筹集到的款项将会如数退回到投资者手里。

（2）扩展投资通道，投资吸引力大。目前，Fundrise 已经成功通过互联网众筹，在全美 24 个城市进行包括住宅、商铺、酒店和混合业态在内的地产开发项目投资，满足了一些社区居民的实际需求，同时也在稳健收益的基础上扩展了他们的投资通道。网站上的平均投资额不到 1 万美元，个人可通过该公司的服务向商业地产项目最少投资 100 美元。此外，它已吸引多家地产行业公司的注意，其中就包括纽约新世贸中心开发商西尔弗斯坦地产公司（Silverstein Properties），它已在华盛顿特区、旧金山以及西雅图等地房产项目投资超过 1500 万美元。现在，已经有近 300 个商业地产开发商在其网站注册，越来越多投资者开始关注这一融资模式。2014 年，Fundrise 获得了 3100 万美元的 A 轮融资，投资方包括中国社交网络巨头人人公司，西尔弗斯坦地产公司的高层管理人员——首席执行官马蒂·博格（Marty Burger）和首席投资官塔尔·克拉特（Tal Kerret），以及联合基金（Collaborative Fund）。

（3）监管注册耗时耗资。Fundrise 必须为所有参与投资的投资者在监管部门进行注册，这一过程耗时且耗成本。在 Fundrise 的 36 个项目中，仅有 3 个对小型投资者开放，来自机构的资金仍然占据项目融资的大头。此外，参与众筹的小型投资者应当了解"退出战略"，因为有些资产可能需要很长时间才能销售。即使能够实现承诺的收益率，最终能否变现也仍然面临风险。[①]

3.2.3 Prodigy Network 和 Carlton 网站

Prodigy Network（天才网络公司）成立于 2003 年，专门致力于将具有

---

① 美国商业地产投资玩众筹. 智房网，2014.

资质的个人投资者网络与投资机会联系到一起，让这些投资者参与曼哈顿的顶级商业房地产投资。凭借经过实践检验的群众集资模式和对第三方基金管理公司的使用，Prodigy Network 已经让具有资质的较小型投资者也能享受到房地产投资的机会和收益，而之前只有大型投资者才能享受到这些机会和收益。作为世界最大型群众集资建设的摩天大厦 BD·巴卡塔（BD Bacata）背后的领导者，Prodigy Network 已经从全球 6200 位投资者手中募资逾 3 亿美元，目前正在开发的项目预计价值逾 8.5 亿美元。Prodigy Network 总部位于纽约州纽约市。[①]

卡尔顿（Carlton）已经拟定了 10 亿美元的众筹计划，筹措对象面向全球投资者。但是，Carlton 的筹资模式仍然没有摆脱传统的限制。比如，Carlton 必须对个人投资者的风险承受力进行审查，投资规模则需在 100 万～2000 万美元。[②]

3.3
立法促进美国众筹资金规模的增长

2012 年 4 月，奥巴马签署《2012 年促进创业企业融资法案》（*Jumpstart Our Business Startups Act*，简称 JOBS 法案，由民主共和两党提出），其中规定了股权众筹可以使创业者能够通过互联网把未经注册的股份直接出售给各种投资者。该方法已于 2013 年初开始实施，促进了众筹业务的发展。未来美国证券交易委员会（SEC）将最终确定该法案应包含的所有相关规则。

JOBS 法案规定，初创公司不需要通过传统的向 SEC 注册登记上市筹资，而是能够每年向投资者（人数不受限制）出售总额最高达 100 万美元的股票。年收入低于 10 万美元的个人每年可以向每家公司最多投资 2000 美元，而较为富裕的个人每年可以向每家公司最多投资其个人收入的 10%（最多不得超过 10 万美元）。如果一家公司正在设法筹集不超过 10 万美元的资金，那么该公司高管必须证明公司财务报表的真实性，并提供上一年度

---

① Prodigy Network 和 Korman Communities 就 AKA United Nations 达成合资协议. 文传商讯，2014.

② 如何众筹商业地产？. 第一商业网，2014.

的企业所得税纳税申报表。那些筹集 10 万~50 万美元资金的公司必须采取额外步骤——聘请一位独立的注册会计师审查其财务报表。如果一家公司的筹资总额超过 50 万美元，那么该公司将需要提供经审计后的财务报表。

法案的出台规范了众筹市场，营造了良好的发展环境。相信在将来 SEC 发布了该法案所包含的相关规则之后，众筹资金规模还会成倍增长。[①]

3.4
商业地产众筹模式下，投资人应当做好功课

地产众筹，是一个相对较新的概念，从其本质来说，是一项高风险投资，投资人应该在投资之前做好自己的功课。

（1）谨慎投资，时刻追踪。投资人应当从小额投资开始尝试，并且多和其他投资人进行交流，了解其他投资人投资成功与失败的经验和教训，不能看到了投资项目就盲目参与，应该确定他们所投资的资金，是由第三方机构进行监管的。并且，在投资项目获得全部目标金额之前，投资人应该时刻注意资金的安全和动向。

（2）知己知彼，专注投资。投资人还应该了解众筹项目的人员构成，另外，投资人还应该确保自己拥有和筹资方同等的权利，即一旦筹资方获得了收益，那么他们就应该为投资人提供收益。此外，刚刚起步的投资人应该仔细研究各种投资类型，找到最适合自己的投资类型，专注于一种投资类型。

（3）适时退出，规避风险。鉴于许多地产项目都是长期的，投资人还应该了解该项目的退出战略。当急着用钱的时候，就应该退出投资。即使投资项目到了最后的阶段，仍然存在资金收不回的风险。

总之，虽然商业地产众筹还不规范，还需不断出台相关法规进行规范，而且投资者也需要提高自身的投资能力，但是，在互联网对传统行业进行变革的大背景下，众筹这一互联网金融的新模式打破商业地产投资的高门槛，吸引了众多普通个人投资者的参与，同时也为商业地产的发展找到了一条新的融资渠道。

---

① 众筹投资事前须知：看准五大评估要素. 网易财经，2012.

4

商业地产外部融资主渠道及特点

随着融资成本上升和各类融资需求增长，关于商业地产的金融产品不断增加，融资渠道日趋逐渐多元，渗透到开发、建设、经营等各个阶段。由于很多融资渠道存在各种各样的限制，加上资金需求方对融资市场的不甚了解，导致很多融资渠道无用武之地。中国目前商业地产的融资方式除自有资金、关联工程垫资、预售款项等和银行贷款这一最主流的方式以外，还有上市融资、信托融资、私募基金融资、典当融资和融资租赁等途径。不同的渠道要求不同，融资的效果也不一致。

4.1
银行贷款融资——最主要的间接债务融资渠道，条件越来越苛刻

境内商业银行与外资商业银行除了为商业地产企业提供抵押贷款外，也在不断地出台新的融资产品。其中，委托贷款曾一度成为许多商业地产企业解决资金链压力的活跃渠道之一。由于大量国有资金和社保基金等均变相流向房地产市场，银监会随即要求申请委托贷款的房地产企业自有资本金必须达到35%及以上，开发商必须"四证"齐全（土地使用权证、规划许可证、开工许可证和预售许可证）①，许多企业不得不重新寻找资金来源。租约现金流抵押贷款和经营性物业抵押贷款也是后续出台的新的融资产品。近来，不动产证券化融资日渐火热，其中商业不动产抵押贷款支持证券（CMBS）

---

① 地产商"曲线"筹钱 银监会"点名"委托贷款. 网易财经, 2008.

尤为活跃。CMBS 是指商业地产公司的债权银行将多种商业不动产的抵押贷款重新包装，透过证券化过程，以债券形式向投资者发行。具有发行价格低、流动性强、充分利用不动产价值等优点，因此在全球不动产金融市场中迅速成长，成为传统银行贷款之外，商业地产开发商筹资的新选择。

4.2

上市融资——最为看好的主动性融资渠道，路途艰难坎坷

境内公司直接上市，必须满足以下条件：连续三年盈利、净资产收益率每年不得低于10%、累计对外投资额不超过净资产的50%、总资产负债率低于70%，所有者权益至少5000万等。目前大部分商业项目的建设都是一家项目公司完成，其目的主要是定向管理、专业分工、财务分开和运作自主。直接上市门槛高、耗时长、要求企业实力雄厚，近年房地产公司实现上市的寥寥无几。

内地企业境外上市。内地房地产公司大多选择在香港地区上市，主要是考虑到投资人的构成和偏好，华裔和亚洲投资者比欧美投资者更认同中国的房地产行业，更容易对中国内地房地产市场报以乐观的期望。首先是买壳，即收购或受让那些经营业绩不佳、筹资能力弱化的上市公司的股权，剥离其资产，注入自己的资产，从而实现间接上市的目的；其次是借壳，母公司（集团公司）通过将主要资产注入已上市的子公司中，来实现母公司的上市；再次是换壳，将壳公司原有的不良资产剥离出来，卖给关联公司，再将优质资产注入壳公司，提高壳公司的业绩，从而达到配股资格，实现融资目的；最后还有分拆上市，即已上市公司或者未上市公司将部分业务或者某个子公司从母公司独立出来另行招股上市。境外上市要求企业有一定的资金实力，是短期内难以实现的目标，不是近期的最佳选择。

4.3

信托融资——相对简单易行的融资渠道，高风险与高收益并存

不满足商业银行贷款要求的地产企业可向信托投资公司申请债务性直接

融资，形式和商业银行贷款基本相同，也可向信托公司申请债务性间接融资，通过为消费者提供资金，达到间接融资目的。如果开发商的实力雄厚，具有品牌优势，项目质量高，能够取得投资者信任，可向信托投资公司增资扩股，或者直接向信托投资公司出售房地产项目的产权进行股权信托融资，信托投资公司成为房地产企业的股东或房地产项目的所有者。若信托投资公司不选择持续经营房地产企业或房地产项目，而是与企业签订协议，约定在一定时间由企业按照约定价格（溢价部分为信托投资收益）回购信托投资公司的股权和所有权，则为优先股权融资。例如深国投商用置业公司业务发展迅速，主要模式为在商用土地收购期发行股权信托，在项目建设和经营期，发行贷款信托或股权信托，同时，与沃尔玛、凯德置地、摩根士丹利、西蒙公司、时代华纳等跨国公司合作，实现建设项目股权退出，获得巨额的建设资金。凭借深国投和合作伙伴的各种优势，既有效地分散和规避了投资风险，又形成了"商业地产＋金融投资＋经营管理"的独特发展模式。由于这些信托产品将金融系统风险分散到了各个投资者，并为股权投资资金设置了相应的退出方式，所以在一定的范围内，信托融资方式仍然具有比较大的发展空间。

4.4
基金融资——逐渐活跃的融资渠道，稳健的专家投资与管理

房地产投资基金。操作模式是对已经谈定的项目进行融资，而不是在没有项目的情况下预先募集基金，主要分为民间私募基金和海外私募基金。PE 私募股权投资基金是近年来逐渐活跃的民间私募基金，是以资本长期增值为投资目标的商业地产成长型基金，通过减少分红，将投资所得的股息、红利和盈利进行再投资，以实现资本增值。海外私募基金近年来在国内表现也异常活跃，根据以往经验，摩根士丹利、美林银行、荷兰国际投资基金（ING）、新加坡凯德置地、高盛公司白厅基金等海外私募基金的投放主要集中在三个方面：收购成熟物业、与国内开发商股权方式合作、独立开发房地产项目。海外私募基金的最主要特点是融资金额巨大，偏好位置良好的内地成熟物业。对于规模、地理位置俱佳的成熟商业物业来说海外私募基金是很

好的融资渠道。

房地产投资信托基金（REITs）。国际上的 REITs 在性质上等同于基金，少数属于私募，绝大多数属于公募。指通过发行股票，集合公众投资者资金，由专门机构经营管理，通过多元化的投资，选择不同地区、不同类型的房地产项目进行投资组合，在有效降低风险的同时通过将房地产经营活动中所产生的收入以派息的方式分配给股东，从而使投资人获取长期稳定的投资收益。一般而言，任何可以产生稳定收益的房地产均可采用 REITs 融资。其资金来源丰富，可融资额度较大，对同一物业的估价相对银行抵押贷款、金融租赁等较高；此外，节税优势、分散风险、运作灵活，以及操作过程中对企业影响力的宣传和完善经营管理的促进等优势使其成为国际上热门的融资渠道。通过 REITs 方式融资，商业地产开发商有稳定收益的房地产均可采用 REITs 融资，包括商业零售业、酒店、写字楼、工业厂房等，融资总额相对较高。如越秀房地产信托投资基金，该基金于 2005 年 12 月 21 日在香港地区上市，为全球首只投资于内地物业的上市房地产投资信托基金。越秀房产基金专注于主要作办公楼、零售及其他商业用途的物业，并争取收购可带来可观现金流及回报的物业。该基金上市之后取得了不俗的业绩。[①]

4.5
典当融资——快速、便捷的小额融资渠道，拾遗补阙

典当融资以其快速、短期、便捷的特性，成为开发商短期小额的融资渠道之一。一些手中已经有新项目开工的发展商，由于前期资金尚未回笼，银行贷款又迟迟未到位，因此短期资金压力对地产来讲也很难度过，便可利用手上包括不动产在内的不易变现资产来换取企业所急需的后续发展资金。典当行业作为银行信贷融资的拾遗补阙，已开始显现出其灵活便捷的特性，为房地产个人投资和中小企业融资提供了全新途径。但是，由于受到典当行业自身发展条件的限制，以及《典当管理办法》中"房地产抵押典当余额不得超过注册资本。注册资本不足 1000 万元的，房地产抵押典当单笔当金数额不得超过 100 万元。注册资本在 1000 万元以上的，房地产抵押典当单笔

---

① 马威. 新形势下商业地产融资模式分析. 中国商论，2015.

当金数额不得超过注册资本的 10%" 的限定，使得典当融资难以满足资金需求量巨大的商业地产行业。

华夏典当行的房产典当融资业务，它是华夏典当行于 2001 年在行业内首先推出的融资业务。个人、企业名下的已经取得房产证的住宅、经济适用房、商品房、别墅、写字间、商铺和经营性用房、厂房等都可以办理典当融资，借款额度最高可达房产评估价值的 75%。现在，随着典当行业及房地产行业的不断发展，房产典当已经成为典当行业内常规的经营业务。

4. 6

租赁融资——限制条件少、实施速度快的周转融资渠道，利息高

售后回租。通常指企业将现有的资产出售给其他投资者后，又随即租回的融资方式。这个方法被广泛地使用在现有的产权型商铺的销售上。直接租赁。即不作销售，直接通过收取租金的方式得到资本利益。杠杆式租赁。企业可将资产的 30% 自留，作为自己的投资，再以该资产作为担保向投资方借入其余 70% 资金。企业既是出租人，又是借款人，既拥有资产的所有权，又须收租金偿还债务，若出租人不能按期偿还，那么资产转归借款人所有，目前在国内尚少使用。融资租赁方式拥有实施速度快、投资周期短、财务风险小、税收负担轻、限制条件少等优势，但是，相对于贷款和债券而言，利息较高，容易在企业财务困难时构成资金压力。

对于中国的商业地产开发企业来讲，每种融资方式都有其利弊，也有不同的操作手法，因此，不能笼统地认为哪一种融资方式好，在具体操作过程中，企业要根据自己的实际情况进行选择，可采用单一方式，也可以多种方式并用，并且需要不断地进行借鉴和创新，从而使商业地产开发融资体系逐渐完善，融资渠道与方式呈现多元化，融资决策更趋合理化。当然，随着人们对 REITs 了解不断深入、房地产市场的发展以及金融市场的全面放开和改革的不断深化，REITs 将凭借自身的种种优势，成为商业地产市场融资的主流渠道。

5

购物中心投资分析

在中国，Shopping Mall（大型购物中心）的概念越来越时髦，如果对目前的商业地产做一个评价的话，Shopping Mall无疑是最热门的业态。购物中心在欧美的成功与这类项目高附加值的连带效应让投资商怦然心动，于是，购物中心也渐成为一种新的投资风向，受到投资者的追捧。在国内已掀起了一股购物中心的投资热潮，诸如北京中关村、望京、金融街等地一批大型购物中心遍地开花。

购物中心作为在商业流通领域中与人们日常生活联系紧密的建筑类型，其选址、定位和商业规划等环节之间也存在着不可分割的关联。在这些环节中，无不随时随地映射着对市场经济千变万化的反馈。可以说，动态的市场环境决定了对上述各个环节的动态化要求。作为开发环节的重要角色，如何应对这种动态化要求，是开发商面临的一个亟待思考的问题。

5.1
选址——成功起航的法则

如某选址大师所言："一个商业项目的成功与否，在选定了地点的那一刻就已经注定，地点选得好，该项目就成功了80%；反之，我们只有20%的把握。"商业地产是有局限的，是特殊的。它们很难用后天的努力去弥补太多的先天不足，这是商业地产的特性。商业地产的选址直接影响到经营者的利益，也侧面影响到了商业地产投资者的收租利益，所以说好的商业地产一铺养几代，不好的商业地产一铺悔一代，丝毫不为过。[①]

每个人都认为北京的王府井大街、广州的体育中心、上海的南京路是商业选址的最佳地点。但是，这是一厢情愿的事情，没有地方让你选。所以，商业地面资源的不可再生，加之大型购物中心动辄数以十亿计的投资规模，让购物中心的选址变得神圣而又谨慎。因为特定开设地点决定了购物中心可以吸引有限距离或地区内的潜在顾客的多少，这也就决定了商业物业未来的盈利能力，从而反映出开设地点作为一种资源的价值大小。

5.2
购物中心的区位原则

购物中心的选址不是盲目的，要遵循五个原则，即：聚客点原则，最短时间原则，区位易达性原则，聚焦原则，接近购买力原则。

（1）聚客点原则。聚客点是指最主要的聚集客人的位置。在很多商业繁华的路上，虽然每天都人来人往，但聚客点往往只有那么几个，大多数路段上的客流并不会停留下来。这就需要根据马路的宽窄测算单位时间的人流量，通过人流量数据判断聚客点。

（2）最短时间原则。购物中心应当位于人流集散最方便的区位。传统商业建筑都混杂在居民区中间，但随着交通改善，购物者的活动范围大大增加，因此距离已经不是决定购物者行为的主要因素了，而更多的要考虑购物过程所花费的行车时间。

（3）区位易达性原则。购物中心用地一般分布于交通便捷、易达性好的位置。易达性取决于交通工具和道路状况。在以地铁交通为主的大都市里，购物中心呈现地铁商圈的特点。据统计无论处于哪类区域的购物中心，只要与地铁接壤，都能呈现区域商业中心的繁荣景象。地铁带动商业地产发展已经成为不争的事实。

（4）聚集原则。商业活动都具有集聚效应，集中布置能够相互促进，以提高整体吸引力。从目前一线城市购物中心的分布来看，在城市较为发达的商圈往往集中一个以上的购物中心，这些购物中心并未因竞争激烈而影响

---

① 大型综合购物中心投资选址分析：成功与否八成取决于选址. 赢商网，2011.

经营，反而共同将商圈的商业气氛推向高潮。可见，购物中心扎堆经营能共同做大市场，吸引更多消费者。因而，城市人流、物流和城市社会经济活动的焦点常常成为优先选择的地点。

（5）接近购买力原则。商业用地要接近人口稠密区，又要接近高收入或高消费人口分布区。在人口密度比较高的地区开发购物中心，可以借助周边庞大的基础消费群体支撑，要取得成功相对比较容易，这样就大大降低购物中心开发和运营的风险。由于我国目前正处在快速城市化的进程之中，城市的中心区域人口密度相对比较高，收入水平和消费需求也较为可观，一项统计数据表明，全国城市中心型购物中心占到购物中心总数的将近80%，如广州的天河城、深圳的万象城、上海的新天地等，这些项目都是典型代表。

5.3
购物中心的自我定位

在一座座购物中心拔地而起的同时，同质化的经营定位也成为其发展的一大症结。奢华的装修风格、时尚的空间布局、顶级的国际品牌入驻、高端的消费档次——如今的购物中心似乎越来越陷入了高档化的陷阱。那么，高档一定好吗？

购物中心好，当然是经营好，品牌形象好，但并不是指卖的东西越贵越好。事实上，购物中心高档化正是我们现在购物中心同质化的一个重要原因，特别在零售品牌上。因而，找准定位是购物中心要考虑的又一关键问题。主要的购物中心定位可归纳为：休闲娱乐型、主题购物型、生活邻里型三种。

（1）休闲娱乐型定位。随着生活品质的提高，现代人越来越重视休闲，许多人把在大型购物中心逛街作为一种生活方式。基于这种需求，全球大量的被称为 Shopping Mall 的大型购物中心被兴建，这类购物中心虽名为"购物中心"，但其传统的购物设施所占比重正趋于下降，而休闲娱乐设施所占比重日趋上升。

北京的西单大悦城正是休闲型购物中心的代表。在西单商圈，看到精品商机的不仅仅美美百货一家，中粮集团出巨资打造的大悦城，也把眼光投向了中高档商业。项目总建筑面积 20.5 万平方米，其中商业面积达到 10 万平方米。扎拉（ZARA）、贝斯特萨拉（BESTSELLER）、化妆品超市丝芙兰（SEPHORA）等 20 家主力品牌与大悦城共同签署了入驻协议，还有超过 300 个品牌进驻；大悦城还拥有全世界跨度最长的飞天扶梯从一层直达六层；亚洲最大的幕墙；全国最大的电影院；西单商圈最大的餐饮区和北京最大的化妆品超市等。

大悦城的经验告诉我们，休闲娱乐型购物中心一般有以下特征：休闲娱乐比重高；规模较大；选址通常远离大都市中心区；拥有非常庞大的停车场。

（2）主题购物型定位。以购物为中心的主题购物型定位是多数购物中心的模式。这类购物中心以都市综合购物型为主，一般设在都市中心，由众多中小店铺组成，有的还有 1～2 家较大的百货店、超级市场，经营多元化。

总面积 17.3 万平方米、汇聚全球知名品牌阵容的新光天地为北京的奢华享受提供了新领域，成为京城高端潮流时尚的集中地之一。90 个国际顶级品牌、938 个全球知名品牌。包括 10 家顶级品牌旗舰店，24 家首次在中国开设专柜的知名品牌店，42 家国际名品新概念店。其中，普拉达（PRADA）、香奈儿（CHANEL）、古奇（GUCCI）、菲拉格慕（S. FREEAGAMO）、雨果博斯（HUGOBOSS）、蔻驰（COACH）等均在新光天地设置旗舰店，这些旗舰店将首次同时做到货品"零时差"，每一季新品与其在巴黎店或纽约店中展示的毫无二致。[①]

主题购物型定位的购物中心还可表现为郊外大盒子中心型和专业中心型形态。郊外大盒子中心型一般设在城乡接合部，由众多以大盒子形态出现的大型综合超市、名品折扣中心、大型专业店构成。专业中心型则由经营同一类商品的各种店铺集合而成，常见的有家居购物中心、玩具购物中心等。

（3）生活邻里型定位。生活邻里型购物中心一般是设在社区的商业中心，其不仅仅是社区的商业中心，同时也是社区居民的生活中心、休闲中心和交往中心。生活邻里型购物中心应当是现代都市生活方式的载体，除了以一站式满足社区居民生活消费的功能为核心，还应补以满足现代生活方式的

---

① 北京十大购物中心　东方新天地最奢侈．赢商网，2009.

各类商业、餐饮、健身、娱乐、休闲设施以及门类众多、配套较全的生活服务设施。以上海联洋社区商业中心为例，该商业中心包括商铺、酒店式公寓、文娱影视小厅、游艺宫、室内溜冰、并配建机动车泊位，总建筑面积达到142600平方米。这种多中心合一的形态既有利于城市空间利用效率的提高，还将有限的社区购买力集中起来，给所驻商家带来强大的人气。

5.4
购物中心业态配比的三大技巧

（1）利用商圈升级，优化业态组合。对购物中心来说，处于传统商圈，还是CBD商务区，或是城市郊区，主流顾客群是不同的，业态组合自然也不应该相同。每个购物中心都应该对自己所在的商圈进行深度分析，不断尝试、探索、完善适合自己的业态组合。

西单大悦城位于北京最繁华的商圈，零售、餐饮、娱乐三大业态原本可以按照6∶2∶2布局的，但是西单原来的中友、君太都是纯百货，餐饮比例很小，所以大悦城走了一条差异化路线，按5∶3∶2配比，与其他企业形成互补，从而让整个商圈的购物环境得到了提升。

（2）兼顾业态的共享和相容。业态组合是购物中心的核心内容，而购物中心成功的特征就是：在各种业态、各种品牌的客流之间产生横向联系。你的定位是什么，你的客群是谁，需要搭配什么样的业态组合，这是有规律可循的。服务于某一客户群的百货，需要搭配这个客群的餐饮与休闲方式，品类要相同才行。任何一个商业物业，都不可避免的处于一个大的生活圈子里，无论是购物还是餐饮、休闲、娱乐功能，都是一个大的生态群。只有业种、业态"相生"而不"相克"，整体功能分区和规划布局能够相互支持、配套、补充，才有可能使整个物业生态群良性发展。

（3）差异化、特色化业态配备。对于一个成熟的商业地产而言，今后的发展趋势将必然是在结合区域特色和商圈属性的基础上，完善其差异化、特色化业态配备。

北京东方新天地位于北京的中心地带，借助王府井的商业中心区地位，东方广场被定位为国际性经贸中心。其酒店物业每年要召开很多国际性会议，公寓住户也多为外企员工，因此，东方新天地的定位标准就是东方广场的配套服务商业。鉴于此，新天地采取只租不售的方式入市，经过管理层的精心运作，租金连年上涨。同时增加了特色化的业态配备，如招进高档幼儿园和外资口腔诊所等，这些特色调整，均取得了非常强烈的市场反应。[1]

购物中心之所以能够在中国乃至全球得到普遍重视，很大程度上就是因为购物中心与城市建设、社会发展、商业完善、生活水平提高紧密联系。好的购物中心不仅将成为城市名片、社会和社区交流中心，更能够成为城市生活的具体承担者和直接推动者，成为生活方式的倡导者和引导者。

---

[1] 分析：购物中心业态配比四大技巧. 第一商业网，2014.

6

商铺投资的"蛋糕"与"陷阱"

2013 年，在股市低迷、金市震荡，住宅投资在地王不断涌现、宏观调控加码的情况下，苦于国内投资渠道狭窄，富裕阶层把投资焦点转向了"可出租、可出售、可经营"的在售商铺上。

商铺形式多种多样，在各种商业区、住宅区、专业市场以及大型购物中心等商业地产里，随处可见。尽管都是商铺，但不同地方、不同类型的商铺，其商业环境、运营特点、投资特点都有所不同。商铺按照开发形式可以分为：商业街商铺，指的是商业街沿街两侧的铺面及商业楼里面的铺位；市场类商铺，指各种用于某类或综合商品批发、零售、经营的商业楼宇；社区商铺，指的主要是针对住宅社区居民开设的商铺；住宅底商商铺，指位于住宅底层的商用铺位；以及百货商场、购物中心的独立商铺；写字楼的裙楼商铺；交通设施的地下商铺等。

6.1
商铺投资，四大优势要看清

商铺与写字楼、商住两用公寓等产品相比，其投资的优势具体表现在以下几方面。

（1）稳定性。住宅的租约期限一般为半年至一年，相对较短，而商铺的租约通常为 3~5 年或更长。承租户对商铺的装修投资、盈利预期及长期规划，决定了商铺租约的稳定性。此外，租金的递增保证了商铺长期收益增长。租金预付的付款方式使租金收取比较有保障。

（2）增值性。商铺投资是一个长期过程，它不会因房龄增长而降低其投资价值。相反，好的商铺因其稀有性或特定供应条件，会随着商圈的发展成熟不断升值，价值提升的同时，租金增长是必然的。

（3）回报优势明显。与人们传统的资本增值方式比起来，投资商铺利润率高。前几年，北京等大城市涉外公寓、别墅的投资回报率曾经达到15%～20%，可是目前，住宅用房的投资回报率下降到6%～8%，但商铺的投资回报率单租金收益依然能可能达到10%～15%，有的甚至达到20%以上。购买社区商铺的业主，随着业主入住，人气上升，商铺价值提升成为必然。

（4）潜力巨大。目前，商铺投资的概念还未全面普及，一般商铺与住宅的价格之比还远不到成熟市场情况的几分之一，可见商铺价格还有较大的上涨空间。[①]

6.2
商铺投资，四大陷阱不能碰

尽管商铺投资与投资商品房、炒股票和买保险等投资方式相比，具备稳定、增值、回报率高等诸多优势，但是投资者在乐开怀的同时，又心生困惑：在如今的市场环境下，该如何选择上等商铺，买到一间"潜力股"商铺进行投资？与住宅相比，商铺投资是个更有技术含量的活，应该如何鉴别哪些是"美味蛋糕"？哪些是"定时炸弹"？投资者一定要具备相关的购铺常识，以免掉进陷阱。

陷阱一：包租——银行担保≠零风险

售后包租对于大家来说并非新鲜话题，但是开发商最终无法兑现承诺卷款而逃的事件时常发生。如今出现了专门的担保公司，有些甚至直接由银行提供担保，毫无疑问银行担保最吸引投资者的眼球。不少投资者认为银行都出面担保了，有问题也会有银行"兜着"。然而，投资者要注意，一般愿意为项目做担保的银行机构不会多，投资者一定要让开发商拿出承诺银行出具的担保函。

---

① 商铺投资四条"生金"定律．都市时报，2009．

陷阱二：黄金地段——有规划也要算时间成本

如今，开发商都喜欢打擦边球，广告上"黄金地段的旺铺"往往并不是真正的"黄金旺铺"，而是傍规划和预期，借机把商铺价格提前透支。众所周知，城市发展规划是影响商铺价值的重要因素，一个本来位置较偏的商铺会因为附近新建了高铁、轻轨而价值倍增。如今很多开发商提早透支了很多交通规划，比如五年后才开始修建的轨道交通，开发商已早早地以此为招揽，就算有规划，投资者也应早早地算时间成本以防被"忽悠"。

陷阱三：超低总价——买商铺不能只看低价

很多楼盘将商铺分割成若干个几乎小得不能再小的小块，这样总价当然高不到哪里去，大大降低了投资门槛，足以吸引打拼的中小投资者。其实，其销售单价可能是同类地段同类物业的数倍。所谓的超低单价，多数情况不过是把日后较难出手的物业先以"绝对低价"拿来开盘，以引发"低价入市"的轰动效果。例如，先卖半地下室或二三楼的商铺，并将其价格与同类物业一楼的商铺单价相比较，让买方觉得确实是低。

陷阱四：高档定位——高档并非购买力强

人们总是觉得有钱人的钱好赚，把顾客群定位于高收入人群的物业也必然是最赚钱的物业，于是很多投资者对"铂金效应"、"精美装潢"、"白领属地"等的广告语尤其敏感，以至做投资评判时容易产生额外的好感。但物业的高档次不仅与其所处地段密切相关，还与经营者的品牌引起能力、经营能力等错综复杂的东西相关，这些都很难受投资者的控制。真正成功商铺的定位应该是"适当的"而并非是"最好的"。

6.3

商铺投资，五大要素应考虑

了解商铺投资中哪些"定时炸弹"不能碰之后，投资者在选择投资时，须"五"思而后行。

（1）欲购买商铺的类型。一般来说，社区商铺的消费者比较固定，地段、交通对商铺经营的影响较小；而大型商铺或者商业街的商铺就与地理位置、交通状况紧密相关。客户确定了自己购买商铺的形态后，就要潜心分析商铺的优劣势，不能什么都想要。

（2）欲购买商铺的经营项目。经营项目不同，所属业态自然不同。业态有聚集效应，如果一个地块某一个业态非常成规模，则客户的投资收益也会成比例提高。而"规模效应"对于初投资者比较有利。

（3）相关政策的出台。如交通、道路的改善，旧区改造，市政动迁等对商铺会产生影响。经营商铺是长线投资，对政策的依赖性强。客户必须对所购商铺未来的处境有深入的了解，以保证商铺本身价值的提升。

（4）想购买商铺的升值空间。所购买商铺地处成熟的商业地带，还是正在成长的商业地段，会带来不同的升值空间。成熟地带的商铺价格很贵，成长地带的商铺价格不是很高，几年之后可能翻升的很高。两种地带的商铺都有各自的投资价值，也都有各自的投资风险，种种情况客户应该引起足够的重视。

（5）要购买商铺的后期经营管理。作为商用物业，商铺更多的风险来自于后期的经营管理。如果经营管理不善，不仅不会出现大家常说的"一铺养三代"的旺景，反而会出现"三代养一铺"的悲剧。这里的经营管理，也不仅仅是单个商户的经营管理，更多的是整个商场的经营管理。所以，在购买商铺前，除了对商铺所在的商场周边的商业配套和区位优势的考虑之外，应该更多地了解一下这个商铺所在商场后期的经营管理状况，有没有专业的经营管理公司来经营管理。如果没有，再好的商铺也有可能被荒废掉。

俗话说："跟着狮子吃肉，跟着羊吃草。"商铺投资除了考虑以上因素外，最重要的一点是要"跟对王者"。拿万达来说，在全国万达已入驻的城市，只要提到万达的名字，几乎无人不晓。[①] 因此，在每一座城市，万达商铺都备受追捧，成为每一座城市的财富核心。万达广场就像是一个"大股东"，客户就像是一个"小股东"，只要保证其经营项目的成功，才能保障"小股东坐享其成"。只有具有一定雄厚资金实力和强大品牌影响力的房地产运营商才是商铺投资的首要选择。

---

① 商业地产投资定律　投资要跟对王．和讯网，2013.

参 考 文 献

[1] 刘艳. 商业地产资产证券化的坎坷之路 [J]. 今日财富, 2013 (8): 60 - 63.

[2] 万芳. 商业抵押担保证券——地产金融融资新方式 [J]. 大众商务, 2010.8.

[3] 付孟青. CMBS 蓄势待发 [J]. 中国科技财富, 2007 (06).

[4] 李彦之. 企业资产证券化在旅游产业中的发展机遇与实践研究——以华侨城资产证券化为例 [J]. 征信, 2016 (02).

[5] 赖晓晖. 浅谈国内企业资产证券化——以华侨城 A "欢乐谷主题公园入园凭证专项资产管理计划" 为例 [J]. 现代商业, 2014, 2.

[6] 王天平. 浅析资产证券化的应用——以隧道股份和华侨城 A 为例 [J]. 中国总会计师, 2014, 11.

[7] 黄世达. 美国 REITs 市场的发展状况及对中国的启示 [J]. 东北财经大学学报, 2015 (05).

[8] 陈磊. 美国 REITs 制度及其启示 [J]. 国际经济合作, 2011 (12).

[9] 施建刚, 严华鸣. REITs 发展的国际比较及对我国的借鉴意义 [J]. 建筑经济, 2007, 7.

[10] 许巧玲. 借鉴国际经验发展我国房地产投资信托基金 [J]. 金融发展研究, 2009 (01).

[11] 何正荣, 张红. 欧洲房地产投资信托的发展及未来展望 [J]. 中国房地产金融, 2006 (03).

[12] 何正荣. 美国和欧洲不动产投资信托的现代发展及展望 [J]. 国际商务——对外经济贸易大学学报, 2006 (04).

[13] 刘运宏, 赵磊. REITs 运行模式研究：国际经验与制度选择 [J]. 首都师范大学学报 (社会科学版), 2010 (05).

[14] 马威. 新形势下商业地产融资模式分析 [J]. 中国商论, 2015 (31).

[15] 沈哲新, 贺婷婷. 商业地产融资渠道比较分析 [J]. 城市开发 (综合版), 2007, 4.

［16］李倍，任建平．购物中心选址分析［J］．机械管理开发，2010（04）．

［17］欧小卫．购物中心的选址要素［J］．百年建筑，2007（05）．

［18］刘季．剖析商铺投资［J］．现代物业（上旬刊），2011（03）．

［19］商铺投资四原则［J］．中国市场，2008（43）．

［20］潘好龙．商铺投资找准"馅饼"［J］．中国市场，2008（34）．

［21］王宜锦．商铺投资五大原则［J］．投资与营销，2004（08）．

专题三　旅游地产篇

1

旅游地产的主要开发模式

　　中国旅游地产正步入一个快速发展期，旅游地产作为旅游业和地产业两个黄金产业的交叉型产业，是一个巨大的"金矿"。同时，假日经济已经成为中国经济的重要增长点，绝大多数旅游目的地均需要建设大量包括酒店、公寓、旅游购物中心等项目，旅游业对地产项目的需求巨大。因此，根据各项目在往年旅游总收入中的比例以及未来发展的潜力，旅游购物、餐饮、住宿、娱乐等各分项目收入之和占旅游总收入的比例在 60% 以上，即有 60% 以上的差额需要商业旅游地产来填补[①]。可以预计未来的中国旅游地产将是地产商开发、投资的另一个"重头戏"。

　　旅游地产本身是一个比较宽泛的概念，从某种意义上说，它是一种经济综合体，覆盖了地产、度假、生活、休闲娱乐等各方面。其开发模式根据不同的依托资源大致可以分为五类：自然资源旅游地产开发模式、主题公园旅游地产开发模式、商业旅游地产开发模式、高尔夫旅游地产开发模式以及历史街区旅游地产开发模式。

1.1
自然资源旅游地产开发模式

　　自然资源旅游地产是指旅游地产开发区域位于自然山水、田园风光等旅游资源覆盖范围内的或紧邻著名旅游资源的地产发展模式。良好的自然资源为旅游地产的发展提供了坚实的基础，是吸引旅游者或投资者的基本条件，

---

① 旅游地产前期定位策划——不同资源下的旅游地产开发模式. 高缘网，2012 – 07 – 15.

更是旅游地产持续发展的根本前提。

自然资源旅游地产的基本特点是：资源依托有一定的不可复制性，是旅游地产发展独一无二的基础条件；可以有效地利用资源的差别进行差异化经营，为旅游地产提供多渠道的发展；优良的自然环境具有核心吸引力。

自然资源旅游地产最常见的形式是滨水滨海类旅游地产。现代滨水滨海地区的重建和开发可追溯到 20 世纪 50 年代末和 60 年代初，随着世界上许多城市旧港口和滨水滨海工业地区的衰退，重建在北美首先发起，随后蔓延至欧洲地区，20 世纪 80 年代后遍及全球。这类项目的特征主要为依托湖景资源开发，旅游配套项目所占比重大，呈现出阶段性发展，并且具有资源的可再生性和复制性。

在选址方面，滨水滨海旅游地产一般会考虑三点：一是对区域经济发达的城市周边的滨湖资源进行开发，如长三角、珠三角等；二是铁道、公路、高架、航空可以直达的城市；三是属于明显的依托自然资源为核心的项目开发，气候适宜，风景秀丽，室外娱乐资源丰富，有文化旅游资源的地区。

在定位方面，客户定位主要是以项目所在地周边城市的区域客户为主，客源结构往往从不同城市、同类项目中总结现有客源情况，再结合本项目的规划和开发归纳出将来属于该项目的客户。而取得客户青睐的核心竞争力一般包括开发别墅、酒店、高尔夫、温泉等产品，以及潜水基地、游艇俱乐部等多样的度假设施。

滨水滨海类旅游地产项目的实质是营销创新，它强调的是"借旅游促地产，先旅游后地产，虚旅游实地产，最后再由地产推动旅游和城市的发展"。

1.2
主题公园旅游地产开发模式

主题公园是具有特定的主题、由人创造而成的舞台化休闲娱乐活动空间，是一种休闲娱乐产业。从 1955 年美国人沃尔特·迪士尼（Walt Disney）在加州建成的第一个迪士尼乐园开始，主题公园在世界旅游地产领域掀起了一股热潮。

我国真正意义上的主题公园是 1989 年在深圳成功开业的"锦绣中华"，

它开创了我国现代主题公园建设的先河，使得主题公园在全国快速发展。进入 20 世纪 90 年代以后，国内旅游热的兴起，使庞大的国内旅游市场被"唤醒"，诞生了一批非常成功的主题公园，如深圳华侨城的欢乐谷、锦绣中华、中华民俗村、世界之窗等。在层出不穷的主题公园里，文化创意成为景区的灵魂所在，极为契合文化主题的景点名称则会成为游览体验中的点睛之笔。

主题公园旅游地产发展模式是在前期单纯建设主题公园旅游项目，集聚大量人气，保持一定利润的基础上，而后再推出相关的房地产项目，在前期规划与后期经营中最后形成一个高级的复合型社区，为投资者、置业者提供良好的选择机会。其主要特点是：首先，跳出了单一的主题公园经营模式，充分发挥其经济效益；其次，项目前期开发商有较大优势拿到比较优惠的土地，能够凭借雄厚的资金持续为地产项目投入；最后，主题公园的成功为地产开发开拓了广阔的市场，对旅游区的成功建设起到了至关重要的作用。主题公园旅游地产项目的成功必须拥有完善的前期规划，在整个建设规划过程中主题公园对城市旅游功能有一定的充实作用。

主题公园要求选址在经济发达、人口流动多的大城市和特大城市，外部区域条件优越，交通网络发达，可进入性强，便于游客自由进入。

主题公园的盈利模式有四种：第一种是通过门票盈利，这是最基本的盈利模式；第二种是游憩产品服务盈利模式，提供有助于丰富体验的游憩服务来实现盈利，这是核心盈利模式；第三种是综合盈利模式，主要是通过旅游者的餐饮、住宿、购物等实现；第四种是公园商业盈利模式，通过自身的节庆活动和对外招商以及其他会展、广告等对外服务而达到盈利模式，这是深度开发盈利模式。

主题公园旅游地产的发展受主客观两方面因素的影响。客观方面，主要是客源市场和交通条件，保证公园的客源量以及游客的"来去自由"；主观方面是城市旅游感知形象和空间集聚与竞争。城市感知形象是指城市旅游者在游览城市的过程中通过对城市环境形体的观赏和市民素质、民风民俗、服务态度等的体验所产生的城市总体形象；而空间集聚是为了更好地增加地区的总体吸引力，产生的空间竞争是游客分流。

1.3

商业旅游地产开发模式

商业旅游地产主要依托文物、景点，在旅游区内或旅游区旁边开发的，为旅游、休闲提供服务的商店、餐饮、娱乐等建筑物和相关设施。其开发要素除了包括旅游餐饮、旅游购物之外，还包括"住"、"游"、"娱"等要素。

商业旅游地产与一般商业地产的差异体现在：一是服务范围的差异。商业旅游地产的范围更加广泛，入境客源占有一定的份额，而一般商业地产仅仅针对居住区、城镇行政辖区。二是功能的差异。商业旅游地产承担的是旅游游憩功能，满足人民享受生活的需求，而一般商业地产主要承担城市的功能，满足日常的生活需求。三是选址的差异。商业旅游地产的选址主要依托于景区景点，为景区景点的游客服务，而一般商业地产选址主要在城市、居住区等靠近人们生活、工作的区域进行布局。四是定位的差异。商业旅游地产的定位，主要是从文化挖掘和游客行为特征的角度，进行特色化定位，而一般商业地产的定位则是满足居民生活的需求，进行大众化、高档化、专业化或一站式服务定位。五是投资的差异。商业旅游地产投资风险更高、难度更大、对投资强度以及投资回报周期的要求更高，因而需要更加专业的开发水平和管理公平，有实力的成熟开发商才会涉足这个行业，而一般商业地产投资风险和难度相对旅游地产要小。

对于进行商业旅游地产开发的投资商来说，需要给自己一个明确的定位，只有定位准确了，才能使商业旅游地产开发成为旅游的一种吸引物，起到吸客、引客、滞客的作用，而不仅仅是一种简单的商业服务。对于独立型的商业旅游地产，定位要求反应自身的特色，而对于依附型的商业旅游地产，定位要求与景区的主题相统一，和景区的游览观光娱乐项目形成统一的形象，共同推向市场。

目前，中国的商业旅游地产项目整体开发水平较低，处于发展初级阶段。粗制滥造的粗放型模式还很普遍，少量成功的项目基本都依托于城市人群消费，更像是一般商业地产项目，而远离城市的商业旅游地产项目成功案例较少。全面开发商业旅游地产，需要的是科学的业态组合与规划布局、创意的营销活动策划、成功的经营管理模式等，只有这样才能规避投资风险，确保开发的成功。

1.4

高尔夫旅游地产开发模式

高尔夫旅游地产是高尔夫运动延伸至地产界的产物，其主要特点是高尔夫球场建设与房地产物业开发高度结合、密切联系，二者在功能上配套补充，在价值上互相促进。旅游地产项目在缺乏自然环境等先天资源的情况下，以高尔夫作为开发的核心与支点，最容易实现整体项目的价值飞跃与业绩提升。

高尔夫运动天生就和高档物业密不可分，两者开发经营的共同性都体现出最舒适、最休闲的生活方式。高尔夫地产不是简单的"高尔夫球场＋房地产"的形式，其开发成败不仅取决于高尔夫球场和房地产各自产品做得如何，更关键的在于两者是否高度配合，形成良性的互动发展关系，各种资源条件能否互相促进达到整体开发"共赢"的效果。

该项目的特征是缺乏足够的常住人口支持，需要强大的外部潜在消费市场、便捷的交通服务体系以及全年大部分时间的全程接待能力；球场远离城市人口密集地区，有独特的人文景观、自然资源和气候条件。目前国内主流模式是高尔夫旅游度假基地模式，典型的组合形式是"高尔夫球场＋会议中心＋度假酒店＋会所"的复合开发形式。

国际经验表明，高尔夫是当社会经济发展到一定阶段，中等群体、自由职业者和白领达到一定的比例后，才有可能获得快速发展。

1.5

历史街区旅游地产开发模式

作为城市重要的遗产区域，历史街区无论对城市历史的保护，还是对城市未来的发展都有着重要意义。随着历史城市旅游的兴起，历史街区遗产旅游也逐步成为我国重要的旅游产品和游客重要的旅游方向。

历史街区旅游地产开发的基本特点是：深厚的文化底蕴与名人效应为旅游地产的开发提供了厚重的基础，同时历史街区也是一种不可复制的资源，构建了一个良好的核心吸引机制。在著名人文资源的基础上开发建设旅游地产相关项目，建成一个有文化特色的旅游地产。

开发历史街区遗产旅游的关键在于积极探索"整旧如新"与"焕然一新"的关系，正确认识古建筑、历史街区及民俗风情，保护与开发其中的真实性和处理好"仿照与模拟"的关系。

历史街区遗产旅游开发有两大侧重点：一是要实现历史街区的功能转化，也就是必须从物质环境的保护进化到历史街区社会经济架构与功能的全面振兴之上，想方设法使具有很高文化价值的历史空间成为能够容纳某些现代和未来城市功能的容器，并通过合理而必要的保护、修复与整治措施，适当提高这个容器的适应能力。这是历史街区获得重生之路，也是其全面振兴的关键所在。二是历史街区遗产旅游还应注意地方精神的保留以及附加价值的提升。地方精神创造了人与地域的交流，并将地域文化以多种多样的表现形式传达给外来的游客，这要依赖于社区的参与和政府及相关机构的协调和整合。而附加价值是历史街区新时代的内涵，是地方艺术的生命力所在，必须与时俱进。

随着 2013 年 4 月《旅游法》的颁布，一系列政策助力旅游及相关产业发展，无形中为旅游地产的发展提供了一个广阔的平台，也为旅游地产可持续发展提供了坚实基础和动力保证。鉴于目前旅游业的蓬勃发展，以及相关产业对基础地产建设、公共设施等方面支持的正面推动效应，旅游地产在受到地方政府支持，特别是在十八大"生态文明"与"美丽中国"的建设目标下，将进入一个崭新的发展阶段，并将持续走强。

2

RBD——旅游休闲购物的好去处

RBD 是什么？没听过！没关系，也许你没有听过 RBD，但你一定听过上海城隍庙、南京夫子庙、广州天河城或者深圳华侨城。早上进去时钱袋鼓鼓的，晚上出来时购物袋满满的，并且让你流连忘返，这就是 RBD 的魅力所在。现在，让我们开始奇妙的 RBD 探索之旅吧。

2.1
RBD 是什么

RBD 是英文 Recreational Business District 的缩写，可译为"旅游商业区"、"休闲商务区"等，具体可定义为"建立在城镇与城市里，由各类纪念品商店、旅游吸引物、餐馆、小吃摊等高度集中组成的，吸引了大量旅游者的一个特定零售商业区"。说通俗些，就是吸引本地人和外地人前往旅游、休闲、购物的地方。

RBD 不同于 CBD，CBD 是 Central Business District 的缩写，译为中央商务区，是指在一个大城市内集中了大量的商务、金融、文化、服务机构和商务酒店、公寓等配套设施，具备完善便捷的交通、通信等现代化基础设施，便于开展大规模商务活动的中心区域。一方面，在区位选择上，CBD 一般位于城市的中心地段，而 RBD 的位置却可能位于城郊；另一方面，在功能上，CBD 以商务办公为主，兼有会议展览、餐饮住宿、文化娱乐、高端零售等，而 RBD 则主要为本地居民和外地游客提供旅游、休闲、购物等服务。

2.2
RBD 的形成原因

RBD 的形成发展受多种因素影响，但归根到底是由于需求驱动的。需求有主观的和客观的，包括消费者的需求、商业发展的需求和城市旅游发展的需求等。

2.2.1 消费者休闲购物需求

随着人们生活条件的改善，在满足了基本的生存、生理需求之后，人们开始寻求高端的生活品质和更高层次的精神需求，人们渴望在有限的闲暇时间内获得更多的快乐和满足。此外，随着物质条件的丰富，人们不再像过去那样单纯地购物，更多的是为了休闲娱乐或者社会交往而走进商场。这就需要新时代的商场能够提供一条龙服务，全面满足消费者休闲、娱乐、购物、社交等需求。

2.2.2 城市商业发展的需求

随着社会和商业的发展，消费品供应已经呈现供求平衡甚至供大于求的状态，零售业态逐渐丰富，市场竞争日益激烈，"买方市场"已经形成。商业的进一步发展必须突破传统商业区的内容，把握不断变化的消费者需求，寻求与休闲相结合的商业模式，具体体现在商业设施综合化、商业发展娱乐化、商业活动主体化、商业环境宜人化等方面。通过在大型的购物中心内融入电影院、特色餐饮、展览中心、溜冰场、电子游戏等娱乐设施，同时有计划地开展各类特色主题活动，让消费者在人性化的舒适的商业空间内得到休闲放松的同时"情不自禁"地消费是商业发展的目标，也就是 RBD 模式。

2.3
RBD 的分类及典型案例

中外很多国家和地区都有 RBD，虽然各自有不同的形式，但主要可分为四大类型：大型购物中心型、特色购物步行街型、旧城历史文化改造型和新城文化旅游型。

2.3.1　大型购物中心型

最典型的案例是广州天河城和加拿大西埃德蒙顿购物中心。

西埃德蒙顿购物中心（West Edmonton Mall，WEM）是世界上最大的购物中心，也是世界级的室内主题商业公园。WEM 是融旅游、娱乐和购物功能为一体且不受季节气候影响的"恒温"购物中心，它拥有超过 800间的商铺、110 家餐饮店、21 个电影院和 9 个世界级旅游景点，可以满足不同年龄层次顾客的各种需求①。WEM 还有 7 项吉尼斯世界纪录：世界上最大的室内游乐场、世界上最大的室内三环过山车、世界上最大的室内人工湖、世界上最大的室内人工造浪池、世界上最大的停车场、世界上最高的室内蹦极台等。WEM 的主题区将世界上著名的旅游景点浓缩在一个区域内，让游客可以轻松地领略到浪漫的法国、阳光的美国西海岸、神秘的欧洲等著名景点。

2.3.2　特色购物步行街型

设计巧妙的购物步行街，从功能上讲，本身就是一种游憩设施，具备集购物、旅游、文化、休闲为一体的特征，满足了人们娱乐休闲与购物的需要。最典型的案例就是上海南京路步行街。

南京路步行街东起河南中路，西至西藏中路，全长 1033 米，是一条集购物、餐饮、旅游、商务、展示、文化为一体的步行商业街，在过去"十里洋场"声名远播。南京路步行街不仅是上海市民休闲购物的必选之地，还是来上海的必经之地，据统计，步行街平均日客流达 100 万人次以上。南京路步行街的业态组合很合理，专业店和专营店占 50%，餐饮占 25%，综合性商场占 15%，余下的 10% 是综合的娱乐业②。南京路步行街上有近百

---

① 出国去世界最大的购物中心旅游. 河池论坛，2010 – 12 – 28.
② 上海南京步行路. 道客巴巴，2013 – 05 – 14.

家的百年老店、特色店、专业店等，不仅极大地满足了购物的需求，还向消费者和游客展示了上海的特色文化。

2.3.3 旧城历史文化改造型

旧城的历史文化地段具有深厚的文化底蕴，吸引着来自各地的游客。在对旧城进行改造时，积极开发其独有的历史文化资源，发展旅游休闲业，不仅能传承旧城内的历史文化，还能同时吸引本地居民和外地游客前来休闲旅游购物。最典型的案例就是南京夫子庙和上海城隍庙。

上海城隍庙始建于明朝永乐年间，距今有 600 多年的历史，一直是上海的政治、经济、文化中心，是上海特有的名片。1991 年起，城隍庙被改建为具有民族传统的现代化大型旅游购物中心——豫园商城。商城的建筑面积达 14 万平方米，新建楼群建筑外型沿袭江南明清园林的风格，而仿古建筑外形的内部却是现代化的商场，其"外古内洋"的特色，能够与原有的景观和谐统一，相映生辉。整个商城内的小商店鳞次栉比，商品琳琅满目，是所有游客的必经之地，全年的客流量达到近 4000 万人①，成为上海的一座集购物、旅游、餐饮、娱乐为一体的旅游购物中心。

2.3.4 新城文化旅游型

新城的功能除了分散大城市的人口压力外，还包括调整中心城市的结构，成为新的经济增长点。新城以开展文化旅游为动力，以旅游效应带动商业发展，再逐步完善其他配套设施，从而逐步在新城区内形成 RBD，成为经济增长的新亮点。发展新城的旅游业，要充分挖掘新城特有的文化内涵，文化中的各要素——服饰、饮食、民居、习俗等都是上乘的旅游资源，只要充分挖掘，就能营造出独特的文化氛围，为文化旅游业打下基础。最典型的案例就是深圳的华侨城，它体现的是特区新文化。

深圳华侨城位于深圳湾畔，占地 4.8 平方公里，每年吸引国内外的游客

---

① 豫园商城：金价走低影响业绩，未来看点在迪士尼催化和快乐时尚产业布局. 财经新闻，2016 – 04 – 18.

数达 2000 多万人次，是深圳最繁华的城市休闲商业中心区。华侨城的模式是"旅游＋地产＋文化艺术＋休闲娱乐"。旅游产业包含了"锦绣中华"、"中国民俗文化村"、"世界之窗"、"欢乐谷"和"欢乐海岸"五个国内最具影响力的主题公园，是华侨城的核心产业。房地产业包含波托菲诺、锦绣花园等楼盘，是华侨城的主要盈利来源。文化艺术产业包含何香凝美术馆、华夏艺术中心、OCT 创业文化中心等，并与旅游、地产相结合，使华侨城具有浓厚的人文气息。休闲娱乐产业包括洲际大酒店、海景酒店、OCT 生态广场、美食街、纯水岸商业街、高尔夫俱乐部、雕塑走廊、铜锣湾广场等一大批休闲娱乐场所，形成了集旅游、购物、休闲、娱乐于一体的成熟消费区，是深圳市民休闲娱乐活动的首选之地，更是外地游客的必经之地。

2.4
RBD 的空间表现形式

旅游商业区的类型多样，不拘一格，因此其空间表现形式也呈现多元化的态势，常见的形式主要有点状、条带状和面状。

点状的 RBD 一般主题较为单一，规模可大可小，大型旅憩购物中心就是这种空间形式的典型。

条带状的 RBD 主要有两种，一种是步行街，如南京路步行街；另一种是景观道路，如重庆南滨路，它位于南岸区北端与渝中半岛相望的长江沿岸，因为美丽的景观吸引了众多游客，是集观光、休闲、娱乐为一体的滨江大道，许多本地居民和外地游客喜欢在这一边品尝重庆风味菜，一边观赏重庆沿江城市风貌。

面状的 RBD 也主要分为两种，一种是旧城历史文化改造后的旅游商业区，如上文提到的上海城隍庙；另一种是有多个点状、条带状的游憩商业区在空间上交错形成的连绵的状态，是发展较为成熟的 RBD，典型的例子就是广州天河城。广州天河区经过 20 世纪八九十年代的开发和高速增长，天河地段的 RBD 在空间上突破了单核的固定结构，变现为多核结构，分布上呈现出由单核心向外围不断扩散的态势，由最初的点状分布过渡到集中成片的面状分布。由最初点状的天河体育中心，结合后来的广州购书中心、天河城广场、宏城广场等休闲购物商业设施，以及再后来的正佳广场和广百百货大厦这两个大型购物娱乐中心，广州天河城逐步成为面状的 RBD。

2.5
展望 RBD 的未来

RBD 是未来商业的发展趋势，也是现代城市的发展目标。不同城市在开发 RBD 时，要充分考虑城市的定位和未来发展目标，结合自身的优势选择最合适的开发模式。

规模较小的城市，为了避免与周边的大城市相竞争，可以凭借自身的文化、生态、自然等优势，打造成为大城市的 RBD。如广州和佛山之间的桂城，积极改善城市环境，塑造了良好的城市形象，外加有效的品牌宣传，现在成为广州、佛山之间的旅游商业区。

大城市的商业较为发达，一方面可以在较为成熟的城市 CBD 中建设 RBD，强化 CBD 的商务功能，加强文化旅游休闲产业的综合服务功能，提升城市现代服务业的发展水平。如上海陆家嘴可由 CBD 向商、住、娱为一体的 RBD 转变。另一方面可以在新开辟的城区建设一个全新的 RBD，在形式上相当于大型主题公园。如杭州萧山的休博园是集"休闲王国、游乐世界、购物天堂、创意天地、会展中心、人居乐园"为一体的旅游休闲商务中心，成为中国新一轮城市建设的典范。

当大城市的 RBD 发展到一定程度时，城市内就会出现多个 RBD，如上海就包含南京路步行街、城隍庙、新天地、田子坊等。这需要政府规划与城市的空间布局相吻合的 RBD，既要在内部保留 RBD 各自的特色，发挥其在区域范围内特有的功能，又要在外部实现共同塑造城市的整体形象，促进整个系统的协调发展。

3

借旅游体验店的升级
换代全面提升服务

据统计，2013 年国内游客 32.6 亿人次，在线旅游市场交易规模 2204.6 亿元，同比增长 29.0%[①]。2016 年上半年国内旅游共计 22.36 亿人次，同比增长 10.5%[②]。随着旅游需求和在线旅游渗透率的提升，中国在线旅游市场释放出了巨大潜力。我国旅游业在过去十年经历了快速发展期，正在从旅游大国向旅游强国迈进。与制造业不同，旅游业不存在产能过剩的问题，缺乏的是赢得市场的能力。

3.1
旅游服务连锁门店的推陈出新

旅游商品是无形的，消费者的购买决策有一个相对复杂的过程。前期的信息收集和产品筛选，对目的地和产品的详细咨询沟通，购买时的支付、签约和证照材料交接等，这既需要线上的效率化和标准化服务体系，也需要面对面的人际体验服务。

旅游服务门店更像是一个集体验、休闲、线下活动于一体的开放场所。在设计布局上，体验店融入了更多的旅行元素，为游客预留了更多的休闲空间；软件服务上，店内的咨询人员更像是"旅游顾问"，而不是简单的销售

---

① 2013 年中国在线旅游交易规模 2204.6 亿元. 中商情报网，2014 - 01 - 15.
② 国家旅游局：2016 年上半年国内旅游共计 2236 亿人次，同比增长 10.5%. 中文互联网数据咨询中心，2016 - 09 - 05.

人员；在硬件设施上，店内通常配有电子查询工具，游客能同时获得线上线下信息，拥有更多出行选择。

（1）中青旅旅游体验店试水早，更新换代快。中青旅是国内最早开设旅游服务门店的旅行社之一，2000年开设了中国第一家旅游服务门店，将连锁经营模式引入到旅行社行业，实现了用户通过线上平台进行产品查询的功能。2011年5月26日，中青旅第二代旅游体验旗舰店——和平门连锁店正式开业，更注重线上线下渠道的互动，使中青旅再度走在行业创新的前端，成为国内体验式旅游连锁店的创新实践者。2014年6月6日，中青旅大北窑门店、花园路门店同日开业，标志着中青旅新一代基于O2O模式的"遨游网"连锁体验式门店正式推向市场。

（2）凯撒旅游体验店，多地开花，发展迅猛。凯撒旅游作为国内为数不多的完全直营门店旅行社，所有门店均实行统一形象、统一标准、统一管理的严格标准化服务。2013年7月，凯撒旅游在北京开设全国首家旅游体验店——五棵松店，之后，位于世界城的星美影院和天宝影城的体验店也随之建成开业。2013年年底前，凯撒旅游还在CBD、西单、王府井、中关村、望京等重要商圈陆续开设体验店。2014年"五一"前后新开六家旅游体验店，分别是未来广场店、比如世界店、当代商城店、国瑞城店、王府井店以及金源店①。截至目前，其在全国范围内开设了42家分公司，门店已突破200家，受到业内及游客的广泛关注，未来还将进一步向全国拓展。

（3）携程打造首家旅游体验店。位于北京银河SOHO中心的首家携程旅游体验店正式开业。这是携程创立15年来首次在线下开设旅游体验店，提供了北京两百多家旅行社的一万多条旅游产品，成为"全北京旅游产品最多的店"。携程的旅游体验店不仅展示自营的旅游产品，还推介与其合作关系紧密的境外旅游机构、国内同行的优质服务与产品，包括凯撒、众信、国旅、中旅总社等传统旅行社的精选线路。此外，还面向旅游者不定期举办旅游产品说明会、体验活动，以拉近与用户的距离。除了会员的体验服务，对于不方便上网或不熟悉网络的群体，线下实体店也提供相应的服务。

---

① 凯撒首家旅游体验店3月26日亮相武汉．荆楚网—楚天都市报（武汉），2016-03-23．

3.2
基于 O2O 模式的旅游体验店崭新亮相

在互联网影响之下，各大线下、线上旅游企业纷纷推出全新的基于 O2O 模式的旅游体验店，使得线上线下相结合，为游客提供更为便捷的服务，带来更好的体验感。

（1）中青旅遨游网体验店。中青旅新一代连锁店不是传统意义上的纯实体连锁店，而是互联网化的连锁店，它集成了线下的服务和线上的便利，能够实现对客户的全方位对接，这是中青旅 O2O 渠道战略的一个重要里程碑。如中青旅大北窑门店极具现代感，除了一对一的半开放接待区之外，还提供了自主查询的网上体验区、流畅的 WIFI 和等候区的沙发。

O2O 是旅游业的本质要求和发展方向。对于中青旅的 O2O 模式，一方面，线上进行产品选择和支付交易，线下进行消费体验服务，将线上的便捷和线下的服务结合，给消费者良好的购买体验，即将遨游网、连锁店、呼叫中心三个渠道进行协同，线上和线下结合共同服务于中青旅的广大旅游用户。简言之，消费者可以在遨游网查询筛选产品，就近前往连锁店进行线上签约、现金或刷卡支付，证照交接等服务；也可以在连锁店咨询旅游产品详细信息，在家通过遨游网进行在线签约、在线支付。

另一方面，中青旅遨游网 O2O 的模式也致力通过信息技术改造传统旅游行业，提升效率和价值，并发挥数据的作用准确掌握用户的消费行为，进一步改进旅游产品生产、销售、营销的方式。据统计，2014 年一季度，中青旅遨游网整体营收同比增长接近 100%，全国化策略稳步推进，新版手机 wap 网站上线，手机订单量增长迅速，O2O 战略的实施将为中青旅遨游网的发展提供更有力的支撑，也将为消费者提供更多的便利。

（2）携程旅行网旅游体验店。这是对线上产品服务的补充，游客到此能获得咨询—报名—提交材料—付款—售后一条龙服务，可以实现网络旅游互动体验、现场旅游咨询接待、线路预订报名下单、送交签证材料等一系列服务。线下体验店与携程网站、手机 APP、电话配合，形成线上、线下、无线融合的立体服务网络。有些游客可能不熟悉在线预订技巧，在海量信息中无法找到适合自己的产品，而在体验店，工作人员可以在携程网上百家供应商的上万条线路中找到适合咨询者个性化需求的产品，同时，游客也可以通过咨询专业领队获得一手资料。走进携程北京银河 SOHO 体验店，能感受到清新的度假气息：地板上镶嵌着贝壳、海星、白沙组成的微缩海景，天花板上装饰着蓝天白云图案的顶灯，游客和服务人员的洽谈区设计在爬满绿藤植物的木架下，背景是阳光明媚的海滩图……体验店内还摆放着 IPAD、大尺寸 LED 触屏，供游客随时查阅旅游目的地视频和图片资料等感兴趣的信息。

（3）凯撒旅游体验店。以白色和原木色为主色调的简约布局，大型 LED 视频墙的设置，色彩缤纷的各类旅游宣传品，丰富的旅游衍生品、旅游纪念品展示区以及独特的艺术画廊，颠覆了传统意义上的旅行社门店。游客可以通过 LED 视频墙获得线上信息，在线下进行充分体验，线上线下相结合，充分享受 O2O 带来的便利。

3.3
提升企业品牌形象，增强体验功能

旅游体验店为游客提供了与旅游相关的具体服务，无形之中也展示了整个企业的品牌形象，增强了游客的体验感。

（1）展示整个企业的品牌形象、传递文化理念。从中青旅北京大北窑、和平门等多个旅游体验店，可以看出中青旅标准化的品牌管理体系，如统一的"中青旅遨游网"LOGO、统一的橙色主题颜色、统一的咨询服务系统，对旅行社的品牌形象提升作用巨大。作为在线旅游企业的携程网，同样希望游客通过旅游体验店获得更立体的品牌体验。有了体验店，能让携程这一存在于网上的品牌落地，让大家看到实实在在的东西。尤其是在携程品牌覆盖不到的地方，开设旅游体验店更有必要。一些二三线城市对携程的品牌认知度不高，通过旅游体验店，能够让游客眼见为实，打消他们的种种顾虑。

（2）更多运用现代科技，凸显体验优势。旅游是一种无形产品，出发前游客很难获得深刻的产品体验。如何让"无形"产品化为"有形"体验，需要旅行社下一番功夫。携程旅游体验店计划引进一套 3D 仿真旅游体验设备，通过 360 度采集器拍摄旅游线路的核心景区实景，让游客戴上 3D 眼镜，如临其境地感受整个旅程。鉴于体验设备的技术不够成熟，暂时没有实现。若将来能引进类似设备，在体验二字上会更名副其实。台湾雄狮旅行社和很多旅游目的地合作，开展定期的主题活动宣传。如和湖北合作，体验店通过3D旅游地图、宽屏触摸屏、互动艺术表演等高科技手段，模拟出立体灵秀湖北的山水人文画卷，还不定期举办荆楚文化沙龙，免费向游客开放。从一种创新模式到逐步普及，旅游体验店在精耕细作的旅游市场中发挥的作用越来越大。

现阶段正是旅游体验店的发展机遇期，各线上线下旅游企业应当以增强游客体验为核心理念，不断提升旅游体验店的创新性，打造属于自己的别具一格的旅游体验店，这样才可以提供更好的旅游产品服务，彰显旅游体验店的魅力。但是对于游客而言，除了希望获得更好的旅游体验，他们最关注的还是旅游产品的质量和享受到的服务。大多游客喜欢更加个性化的产品线路设计。只有与游客体验更好挂钩，把产品做深做透，旅游体验店才可以走得更远。

4

"微度假"的兴起给旅游
地产开发带来新商机

有别于长途旅游度假，"微度假"是一种类似于传统周边游的度假方式。人们一般选择距离居住城市相对熟悉的地点，最好是 1～2 个小时车程距离，具有一定的景观和配套资源，来享受比较轻松、自在和便于自我把控的短途旅游。与舟车劳顿的辛苦，出行人群过于集中而拥挤不堪的长途旅游相比，微度假作为"离尘不离城"的载体，出行方式和时间更具有随意性，既远离了城市的喧嚣，又能享受到城市的一系列配套服务，还拥有退居山水畅想一段归心的旅程，是城市繁华与自然休闲两者间取其精粹的最佳结合，因而更受人们青睐。我国已进入全民休闲时代，旅游地产作为地产行业转型发展的发力点，将借"微度假"推动旅游方式向观光、休闲、度假并重转变，旅游服务质量也因此得以大大提升。

4.1

利好政策频出，旅游产业迎来发展的黄金时代

我国国内和出境旅游市场需求旺盛，旅游消费需求增长稳定。国际经验表明，人均年收入达到 3000 美元时，消费将逐步转变为情感消费，人们在追求物质消费的同时将更重视精神消费。中国东部地区沿海省份人均收入已超 5000 美元①，上海、广州等城市已达 8000 美元旅游，已经成为越来越多家庭休闲娱乐的必备品。

2014 年，国务院总理李克强在国务院常务会议上确定了促进旅游业改

---

① 微度假成新趋势　新型旅游地产投资价值渐现. 中国新闻网, 2014 – 07 – 31.

革发展，推动旅游产业转型的政策措施。此外，国内已有 30 个省区市将旅游业定位为战略性支柱产业或支柱产业①，充分说明旅游产业发展的黄金期已经到来，旅游业将成为推进我国社会经济发展的重要引擎。

4.2
海南旅游地产疯狂开发的经验教训

海南地处热带，旅游资源独特，吸引着世界各地游客前来休闲度假，自然也吸引了众多地产开发商的目光。伴随中国经济体制的重大变化，1984年以来，纷至沓来的地产开发商包揽了海南绵延千里的优质海岸线，建成了星罗棋布的海景别墅、星级酒店、高尔夫球场乃至私人飞机场。4000 亿资本"狂砸"海南，各大地产商的画地为牢，毫无节制地盲目投资给海南的生态带来了不可修复的伤害。而沿海岸线发展起来的社区，一年中九个月人迹罕至，空置率高，去化率低，造成了当地酒店、餐饮等第三产业发展停滞，医院等配套基础设施难以发挥作用。直至 1993 年，地产泡沫不断累积直至破裂，人走茶凉的海南留下空置房 455 万平方米，烂尾楼工程 1631 万平方米。不及千万人口的海南，烂尾楼占到全国的 1/10②，物产丰盈的海南成为"天涯、海角、烂尾楼"的代言词。大多开发商陷入"重地产，轻旅游"的泥潭。试想如果生态植被破坏，原始森林变为水泥大厦，海南将不再是"宝"岛，有谁还会花钱过来旅游消费甚至是投资买房？如果海南不控制房地产发展速度，发展高水平、高质量旅游产业，最后可能是既失去生态又错失发展机遇。海南地产"疯狂"时代的终结并非坏事，应借此教训调整发展方向，依托蕴藏价值，向旅游基础设施、公共服务设施、各类旅游主题公园等方面倾斜，真正认识旅游地产含义，理性开发旅游资源。

4.3
"微度假"的旅游地产供不应求

随着旅游日趋于散客化、休闲化、自助化，传统的观光旅游已经不能满

---

① 全国有 30 个省区市将旅游业定位为支柱产业 . 新华网，2012 - 04 - 16.
② 海南楼市 18 年：关于狂热与泡沫的回忆 . 新华网 .

足人们多元化的旅游需求。在网络化背景下，旅游市场细分更加明显，短时间、近距离的"微度假"逐渐成为都市人旅游的首选。但是"微度假"对旅游产品及服务提出了更高的要求，也给旅游产品的设计增加了难度。并不是每个城市周边都有条件开发相应的旅游产品，因此，具有优越地理条件和高品质客户体验的旅游产品已经成为旅游市场的稀缺资源。拿北京为例，北京市现有城镇人口数量1877.7万人①，私人汽车537.1万辆②，假设拥有汽车的家庭每年短途出游4次，没有汽车的家庭每年平均出游1次，则市内居民产生"微度假"消费需求为4500万人次/年；而北京市一年到访游客数量为2.1亿人次，其中观光、休闲度假游客约1亿人次，假设其中5%会参与周边旅游，则到访游客的"微度假"需求市场为500万人次/年。因此，北京市"微度假"市场需求约为5000万人次/年。但是北京周边的"微度假"旅游品供给不容乐观，北京周边的景点则人满为患。北京共有5A级旅游景区7个，4A级旅游景区36个，占北京A级景区总量的26%，其旅客接待量却占到北京A级景区游客接待总量的50%以上。2015年端午三天假期，北京160家景区接待游客高达400万人次③。整个河北省仅有5个5A级景区，承德市2015年接待游客人数已达到了3349.6万人次④。因此，满足微度假的旅游地产项目有很好的发展空间。

4.4
龙湖率先抢占"微度假"高地

作为传统旅游地产重镇的海南，为多年的粗暴圈地和过度开发所累，生态资源与市场供应均进入一段短时间难以回旋的恶性循环期。在旅游地产的"后海南时代"里，具备前瞻的开发商与投资群已将市场目光转向北方，尤其是以首都为核心的北中国经济圈。

龙湖地产有限公司率先抢占先机，与中青旅合作共同开发了位于司马台

---

① 北京城镇居民人均住房31.69平方米. 新华网, 2016 - 02 - 16.
② 2015中国汽车保有量前十的城市排名. 中商情报网, 2015 - 05 - 25.
③ "端午"假期期间，160家主要景区接待游客400万人次京郊旅游受热捧. 国际在线, 2015 - 05 - 23.
④ 2015年承德市接待中外游客总数又创新高. 爱微帮, 2016 - 02 - 17.

长城脚下的龙湖·长城源著项目。2014年"五一"长假，密云县古北水镇旅游项目试运营，3天共接待游客6.7万人次，实现收入1600万元，创下历史新高。截至上半年，古北水镇累计接待游客50万人次，同比增长25%，实现旅游综合收入1.6亿元，占全县景区综合收入的50%，同比增长135.3%[1]。

龙湖没有选择旅游胜地海南、云南，而是决定在北京的后花园密云，京城罕见的山水城古北水镇，打造龙湖·长城源著精品项目。这既面临山地开发的难题，又需考虑对原汁原味古村落的保护。龙湖自重庆起家，对山地别墅开发有着充足经验，最关键的是把握住了"微度假"的含义，顺应了"京郊游"的火爆需求。龙湖·长城源著位于北京市密云县古北口镇，背靠司马台长城，坐拥鸳鸯湖水库，是京郊罕见的山水城结合的自然古村落。相比北京周边各景点，古北水镇既有世界一流配套设施，又有国际旅游度假资源，距首都国际机场和北京市均在1个半小时左右车程。春天踏青，夏天避暑，秋天赏景，冬天赏雪，没有明显的淡旺季。且京津冀地区人口基数大，度假需求旺盛，古北水镇的开发恰好填补了这块细分市场旅游度假的空白。北京的很多白领，每年都会拿出收入的10%~20%作为旅游支出[2]，但是由于工作繁忙，时间紧张，长途旅行准备时间太长等原因，很多旅行计划迟迟不能实现，类似龙湖·长城源著等京郊"微度假"的旅游地产项目刚好迎合他们休闲娱乐的需求，体现了地产商对旅游价值的准确挖掘。

4.5
配套服务决定"微度假"成败

目前，不少地产开发商借旅游地产之名变相开发房地产，拿下一块土地后，先找一个旅游主题做项目，接着做旁边的酒店、住宅等地产，并将后者视为盈利及真正目的所在。这样很容易导致配套设施规划缺位，后期运营无法开展。真正的旅游地产，是以旅游发展为主体，有其核心的旅游产品，更

---

[1] 古北水镇：一个小村镇的"旅游定制"．和讯商旅，2014－09－14．
[2] 问世仅仅2年就劲销25亿元 解析龙湖·长城源著热销的背后．北京房地产网，2014－07－29．

注重项目的后期利润价值，即不动产的租赁经营收入、旅游产品的门票和辅助收入、商业配套设施的经营收入等，从而实现多元化的盈利模式和长期获利的目标。

"微度假"作为都市人休闲放松的新方式，越来越多地附和了旅游观光、商务休闲、养生养老等概念，涉及酒店、商业、运动、休闲、物业等多种形态，对开发企业的资源、开发能力、规划能力、经营能力的要求越来越高，是否能够提供与之匹配的服务是衡量"微度假"项目品质优劣的核心指标，也是未来旅游地产的发展之道。"微度假"项目的成功打造需要重视产业链的设计，发展项目周边产业，从生活保障、旅游度假、商务休闲、健康养生、养老保健五大角度考虑配套服务的构建，切实关心目标人群所遇到的实际问题。

5

互惠双赢：旅游地产联姻影视业

35 年前的一部《庐山恋》，令无数人对庐山神往。从庐山远眺庐山电影院，在庐山电影院看《庐山恋》已成为当地一个重要的旅游项目。没有人说《庐山恋》是一部广告片，但它产生的作用却令广告望尘莫及。近年来，旅游地产与影视的结合日渐普遍，已不再是《庐山恋》那样无心插柳柳成荫的宣传，而是更有目的性的营销。

5.1
借助影视取景引发旅游地产热

旅游地产的影视营销并不少见，国内最为成功的应是 2008 年冯小刚导演的电影《非诚勿扰》。提起杭州，人们脑海里第一个反映出来的就是西湖，杭州市政府为了打破这一印象并进一步宣传和推广城市形象，2008 年投资 200 万元邀请冯小刚导演到杭州西溪湿地公园取景，在《非诚勿扰》中增加了 20 分钟发生在西溪湿地的故事，西溪湿地的旅游因为影片的火爆上映也出现了井喷式的发展。

电影镜头精确地将西溪的清新无尘传递给观众，"江南会"精致高雅的茶道表演、心缘茶楼韵味十足的评弹、湖中淡雅高洁的荷花、静谧的流水和古老的摇橹船，以及身着蓝花布衫的售楼小姐那句"西溪，且留下"，这些场景和元素通过电影镜头不断触动观众的审美心理。

影片上映后，杭州西溪国家湿地公园立刻成为热门搜索对象，搜索的关键词包括"门票"、"交通"、"别墅"、"景点介绍"、"酒店"等。据网络调查，有 15.4% 的人看完影片就直接选择了西溪湿地作为旅行地①。对于一些专业影评人而言，西溪湿地的这一次植入与影片整个的叙事结构稍显脱节，但是对大部分观众而言，相比于情节上的细微瑕疵，西溪湿地的绝美给他们留下了更为深刻的印象。从市场反馈来看，该片对杭州和西溪湿地的营销效果是非常显著和正面的。

与此相似，冯小刚在《非诚勿扰2》中又将海南三亚的美景呈现在大众面前，与以往观众对海南阳光、沙滩、海浪的印象不同，电影展示了海南热带常绿性雨林和热带半落叶季雨林为主的另一面。盘山路、石阶、栈道、亭台楼阁等全部零星地隐蔽在丛林中，密林之上的云端、一座座似鸟窝形状的木屋无不吸引着观众的心。借着电影的热映，这些鸟窝形状的木屋的拥有者"亚龙湾人间天堂—鸟巢度假村"成为游客到三亚的最想入住的酒店，极为抢手。"栖居于丛林之上，云雾袅袅，眺海水连天，日出日落，晨聆窗边虫唱鸟鸣，夜望脚下密布通明灯火，呼吸天然养分，远离尘嚣"成为每个游客的梦想。

电影《失恋33天》取景北京王府井东方新天地外的喷泉，着实也让东方新天地惊艳了一把。坐在喷泉池边，看着长安街上车来车往，晚上九点钟整，喷泉绚丽喷涌，那一刻无数情侣恨不能将自己与爱人置身画面之中。在东方新天地已经与"奢侈品"、"购物"、"大牌"这些物欲横流的词密不可分的时候，电影中的喷泉又重新赋予其"浪漫"的魅力。电影中还相继出现了万达铂尔曼大饭店，北京饭店，四合轩西餐厅等，观众因此而知道了这些商业设施的存在，同时了解到了这些商业设施的高端和品质。

这样的旅游地产影视营销案例还有很多，集合来看可以反映出这样的共性：一部优秀的影视片能引发人们对影片场景的共鸣，并产生向往的感觉。影视作品对一个产品或地区有更长的展现时间，故事情节可以带动观众的情绪，并在潜移默化中激发观众前往参观的心理，跟着影视片中的主人公去旅行，感受电影中营造的喜怒哀乐，让自己身临其境——这种感觉或许比看影视片更过瘾，更让人无法抗拒。而大量观众前去旅游和就地的各项消费会促进景区的旅游地产开发。可以说，一部成功的影视作品所蕴含的长盛不衰的艺术魅力是任何传统地产广告都望尘莫及的。

---

① 杭州西溪湿地综合保护区旅游策划. 豆丁网，2012 – 02 – 28.

5.2
依托成功的影视作品打造影视旅游主题公园

时下，很多旅游地产是以依托影视作品建设而成并一举成名的。以有着"东方好莱坞"之称的横店影视城为例，1996年著名导演谢晋筹拍历史巨片《鸦片战争》，横店集团斥资在横店修建了第一个影视拍摄基地"广州街"景区，之后又相继建造了秦王宫、香港街、清明上河图、江南水乡等景区。凭借在景区内拍摄影片的影响力，横店影视城飞速发展，逐步由一个影视拍摄景区发展成为目前亚洲规模最大的影视拍摄基地。影视产业的崛起推动了横店旅游业的发展，横店因此申报成为国家首批5A级景区。如今，占地10余平方公里的横店内星级宾馆，高档酒店与基地宾馆一应俱全。游乐园、夜总会、桑拿中心、演艺中心、健身中心、保龄球馆等设施配套齐全，书店、网吧、酒吧、茶馆比比皆是，小吃、饭馆南北风味俱全，游客在此体验影视带来的乐趣的同时，依旧可以享受如在都市般的夜生活。现阶段，横店影视城已经将重点转移到旅游资源的开发与配套设施的建设上来，以"影视为表、旅游为里、文化为魂"为经营理念，实现了影视基地向影视旅游主题公园的转变，旅游产品由观光型向休闲体验型转变，游客除了深度体验影视拍摄的乐趣，还能享受度假休闲带来的轻松与愉悦。

除此之外，冯小刚、周星驰等知名导演也纷纷将注意力放在旅游地产上。2012年7月，冯小刚导演携手华谊兄弟传媒集团与观澜湖集团合作，共同打造全球首个以导演个人命名的电影旅游地产—观澜湖·华谊·冯小刚电影公社。该项目位于观澜湖海口国际高尔夫度假村，规划面积近1400亩。该电影公社是以冯氏经典电影场景为建筑规划元素打造的综合娱乐商业街区，呈现的是不同时空转换的中国城市街区风情，完全展现了20世纪中国城市街区建筑的演变史。游客可以看到冯小刚导演的电影里的北海道的"忏悔小教堂"、舒淇跳海的"跳崖台"、《天下无贼》中的"火车餐厅"等熟悉的经典场景。2013年2月，周星驰联手文化中国传播集团在浙江桐乡乌镇打造"大话西游"系列电影主题影视公园，以《大话西游之月光宝盒》、《大话西游之大圣娶亲》和《大话西游之降魔篇》三部影片为蓝本进行主题公园的建设，并以周星驰未来开发及创作的相关电影作品为补充。除此之外还进行相关的文化旅游、休闲度假、高科技娱乐与展示、商业开发及影院衍生品的开发和经营业务。

这些年来，不乏一些城市盲目跟风，希望借助影视基地的影响力来推广城市，大量上马影视城项目，建设影视主题公园，后果往往是投入大量资金却难见收益，最后不仅知名度没有提升，还要面临影视城运营破产的局面。像无锡的欧亚双城就已宣告破产，而像南京影视城那样人去楼空、破烂不堪的拍摄外景在风雨的侵蚀下开始荒废的现象也不在少数。影视城开发建设不能仅仅依靠一个名人或几部影片的成功来保证，专业合理的经营规划，吸引相关的后期制作团队，群众演员等入驻形成比较完整的产业链才能使影视城更有吸引力，才能借此增强旅游地产的开发潜力，实现依靠成功影视作品打造旅游地产的目标。

一部好的影视作品对于一个旅游地产项目所传达的精神、展示的形象和品位、体现出的亲和力、影响力都能够产生长远而重要的影响。借助好的影视作品，旅游地产才更能够吸引更多的游客进行体验，并对所在地区的商业配套设施建设，特色项目形成，文化内涵的提升产生促进作用。旅游地产与影视的合作已经取得了良好的效果，结合合理的规划和专业的管理，两者协同发展之路必将越走越宽。

6

文化创意地产：城市
老建筑的文化新生

　　文化创意地产的主流定义是：地产＋创意产业，它综合了商业地产与创意产业这两个产业的特性，用文化理念的创造，提高地产商品的附加值。文化创意地产通过对老建筑历史文化资源的发掘，或通过新建筑文化形态创新的方式发现商业价值，通过建筑形式的空间穿越，为地产项目增加更多的文化气息，是创意产业与商业地产合理融合的结晶。

　　北京、上海等地的旧厂房和老街巷是中国文化创意地产的雏形，如北京798 艺术区、上海新天地、南京凡德艺术街区。在它们的成功示范下，此类文化创意地产已经越来越多地成为城市中重要的商业力量。据文化部官方网站显示，截至 2012 年 9 月，文化部共命名了 8 家国家级文化产业示范园区、7 家国家级文化产业试验园区和 269 家国家文化产业示范基地。另据不完全统计，目前我国文化创意产业园数目已经过万，仅北京、上海等 10 个主要城市，四五年就建了 300 多个文化创意产业园，甚至一些乡镇也开始打造类似项目。

6.1
北京 798 艺术区——自发集聚的都市文化新地标

　　北京 798 艺术区是国内较早的文化创意园区，这里原本是一个自发的画家聚集区，进驻的主要是画家工作室。经过几年的发展之后，浓厚的商业氛围让这里成为北京一个寸土寸金的文化创意商业区。

　　798 艺术区位于北京市朝阳区大山子地区，是 20 世纪 50 年代由苏联援建、东德负责设计建造的重点工业项目，也是原国营 798 厂等电子工业的厂区所在地。798 厂区的部分建筑采用现浇混凝土拱形结构，是典型的包豪斯风格的建筑，在亚洲亦属罕见。

2002 年开始，大量艺术家工作室和当代艺术机构开始进驻 798，成规模地租用和改造闲置厂房，逐渐发展成为画廊、艺术中心、艺术家工作室、设计公司、时尚店铺、餐饮酒吧等各种空间的聚集区。在对原有的历史文化遗留进行保护的前提下，原有的工业厂房被重新定义、设计和改造，带来了对建筑和生活方式的全新诠释。这些闲置厂房经改造后，成为新的建筑艺术品，在历史文脉与发展范式之间、实用与审美之间与厂区的旧有建筑保持了完美的对话。

当代艺术、建筑空间、文化产业与历史文脉及城市生活环境的有机结合使 798 艺术区形成了一个极具活力的中国当代文化与生活的崭新模式，对各类专业人士及普通公众产生了前所未有的强大吸引力，并在城市文化和生存空间的观念方面产生了前瞻性影响。798 艺术区所形成的具有国际化色彩的"SOHO 式艺术区"和"LOFT 生活方式"，一度引起了海内外的广泛关注，使其在短短的两年时间里一跃成为国内最大、最具国际影响力的艺术区，并成为北京都市文化的新地标。

798 艺术区的成功在于利用集群效应创造高人气，这是所有艺术区发展的第一步。目前，园区就业人数逾万人，实现年利税 1.5 亿元以上[①]。随着798 艺术区影响力的不断扩大，它已逐渐成为中国当代艺术的集散地，是外国游客来京选择的重要旅游区域。国际奥委会主席罗格、欧盟主席巴罗佐、法国总统萨科齐、德国前总理施罗德等都纷纷造访过这里。在 798 的辐射带动下，周边已经逐步形成了酒厂国际艺术园区、一号地艺术园区、草场地艺术区、环铁国际艺术区、索家村和费家村艺术村落等 10 余个文化艺术集聚园区。这就是 798 的集聚效应，旅游业的发展也印证了这一点。

798 艺术区的旅游吸引力不在于它的景观，而在于它所承载的历史积淀与现代时尚文化碰撞出来的不和谐因素，游客去感受的是一种文化体验，这充分体现了新文化与旧北京相结合形成的特殊吸引力。这种特殊吸引力不仅仅是城市集聚人气的手段，更是城市软实力的核心内容，也是 798 艺术区带

---

① 投资 30 多亿元发展文创产业　蔚县将打造"798"艺术区．河北新闻网，2016 – 10 – 17.

动城市旅游发展的真正原因。

6.2
上海新天地——蜕变于里弄的时尚休闲步行文化街区

如果说北京 798 艺术区的出现，是以重新启用老旧建筑为基础，让人们重新发现了老旧建筑的商业价值的话，那么上海新天地则是通过对老旧建筑的完整规划和改造，将文化创意地产进行了又一次改良和拓展而形成的。作为一个完整的商业项目，其建筑过程有严格的程序，从立项的市场调研到实地调查，以及改造旧建筑所采取的策略等，都使得新天地成为中国文化创意地产的代表性作品。

上海新天地坐落在上海市卢湾区中心、中共一大会址周围地带，占地 3 万平方米，建筑面积 6 万平方米，由香港瑞安房地产发展有限公司设计和投资开发。

上海新天地的前身是上海近代建筑的标志之一——破旧的上海石库门居住区。改造之后的上海新天地抓住了石库门这一根植于上海里弄的文化特征，将现代人的小资消费理念与上海的传统文化格调统一起来，打造了由石库门建筑与现代建筑组成的时尚休闲步行街。这片石库门建筑群的外表保留了当年的砖墙、屋瓦，但是每座建筑的内部则按照 21 世纪都市人的生活方式、生活节奏、审美方式度身定制，成为国际画廊、时装店、主题餐馆、咖啡酒吧……上海新天地被创新地注入了诸多时尚的商业元素，变成了一个集餐饮、购物、娱乐、居住等功能于一身的国际化休闲、文化、娱乐中心。它的商业与历史、时尚相结合、相渗透，使其不仅仅是一个商业地产项目，也成为体现上海特色的旅游景区，更是中西方文化交流的重要场所和时尚休闲文化的产业基地。

上海新天地的开发借鉴了国外经验，采用保留建筑外皮、改造内部结构和功能、引进新的生活内容等做法，这在上海甚至是全国尚属首创。新天地整个项目的成功可以归纳为以下几点：一是注意保留文化内涵。即对旧建筑的保护；二是科学规划。新天地紧临淮海中路，是上海的商业中心，将其开发后功能转向公共性的商业文化活动，最大限度地发掘地段的潜在价值，与淮海路产生互动作用。新天地严格选择引入的项目，有导向性地挑选客户，并不单纯追求入住率，从而确保了新天地有一个好的开端、好的氛围和好的定位，也保证了今后的长期健康发展；三是打造项目品质感。大型人工湖的修建使其品质和价值大大提升，形成一个新的商业地产开发热点区域；四是塑造全新的生活形态。利用邻近淮海路的地段优势，吸引和培育如设计、展示、文物、艺术品拍卖、书店、演艺、娱乐等各种文化商业，特别注重小型化、多样性、高品位和商业性。老建筑的历史感和新生活形态的文化品位相结合，使上海新天地另有一番新意。

6.3

南京凡德艺术街区——建立于奢侈品之上的高端文化艺术平台

南京凡德艺术街区和北京 798、上海新天地等知名艺术街区不相同，南京凡德艺术街区定位非常高端，旨在成为一个汇集高端艺术品、聚集高端艺术家、品位高端艺术生活的文化艺术平台。

凡德艺术街区坐落于 1865 文化产业园一期内，是金陵机器制造局旧址，为两栋 1934 年建造的兵工厂房，是国内绝无仅有、最能体现金陵制造局历史内涵的建筑。1865 文化产业园本身就是一件"艺术品"，园区内老厂房和民国建筑比比皆是，就如同一座近代中国工业博物馆，记录着中国民族工业发展的历史轨迹。在这里，很多当时军工厂废弃的物品也被巧妙地利用起来。凡德凭借优越的地理位置让历史文化得以传承，其现实和未来的影响力与扩展性自然不言而喻。

凡德艺术街区占地面积约 2.6 万平方米，建筑面积约 1.2 万平方米，通过三大功能区充分契合不同群体的高端艺术需求，更为顶尖艺术家量身打造艺术工作室及相关艺术类配套设施。三个场馆设置巧妙，典型的德国包豪斯建筑、完美的 LOFT 艺术空间，让个性主义和实用主义得以完美呈现。其中，现代馆区汇集中西方现代艺术、当代字画精品，是经纪人、艺术家理想的经营、创作场所；古玩字画区云集了全国最有实力的玩家藏品，既是个人博物馆的呈现，更是私人会所式、以藏会友的理想平台；艺术工坊区堪称全国优秀工艺品一条街，汇集金箔、云锦、雨花石、紫砂、玉雕、瓷器等特色礼品，是礼品公司采购、政府企业订单一站式选购的最佳选择。

　　凡德艺术街区采用顶级商业模式，融合艺术、办公、高端商业等高品位物业形态，以先进的服务理念带来艺术品之上的全面享受。仅在配套方面，就为客商提供 400 平方米的拍卖厅、800 平方米的艺术展厅和 300 平方米的红酒咖啡吧等①，完全满足入驻客商做展会、拍卖等的要求。

　　对于入驻客户，凡德艺术街区更是不惜余力层层筛选，要求所有企业客户除了必须具有连锁实力，还必须深谙艺术之道，客户个人的诚信、名誉、艺术品位更是缺一不可，这样的"挑剔"让凡德有了区别于其他艺术街区的鲜明特征：私人博物馆就占一半以上，全国有实力古玩藏友纷纷在此相遇，更有世界级美术馆的进驻。迄今，已有众多的业内大腕和艺术家选择了凡德艺术街区开启了他们的艺术新体验。

　　随着艺术品市场的水涨船高，文化创意地产的建设也如火如荼。那么，文化创意地产的成功秘籍究竟是什么？如何将好的基因植入项目？一个对的策划理念，结合城市格调，组成了一个富有生命力、可自我复制的双螺旋染色体，抑或是成功的关键。

---

　　①　http：//baike. so. com/doc/4581665 - 4793008. html.

7

国内房企巨头纷纷布局养老地产

中国是目前世界上老年人口最多、增长速度最快的国家，据联合国统计，到 21 世纪中期，中国将有近 5 亿人口超过 60 岁，而这个数字将超过美国人口总数[①]。社会老龄化结构的加剧，改变了我国消费结构，市场对"适老化"住区和养老住区的需求集中爆发，各大房企开始布局养老地产。

7.1
万科：重点关注并提供养老服务和打造自持养老住宅

万科于 2010 年宣布实施住宅产业化、商业地产、养老地产三大战略，目前已经在杭州、北京有多个项目进行了养老地产相关的尝试。

（1）社区养老地产增强客户黏性，定价合理。与社区商业的目的一样，社区养老更好地增强了客户黏性，这是万科未来十年发展升级的关键点。万科转型为城市配套服务提供商，养老和医疗是其中极为重要的一块。社区养老的具体定价既不低端，也不高端，而是根据客户的具体消费水平，以管制为底线定价。

（2）多个项目试水，更多提供养老社区服务。2010 年万科在北京房山窦店试点了养老地产项目"万科幸福汇"，采用租售并举的模式，为其养老地产开发铺路。此外，万科还在北京的欢庆城、青岛的万科城和杭州的良渚文化村配建了养老地产项目，但规模都较小，房子卖出去了，买主都不是老年人。目前万科业务集中在建设养老住宅和提供养老社区服务等方面，更多

---

① 老龄化加速：中国成世界老年人口最多国家. 中国产业发展研究网，2016 – 10 – 17.

是提供养老服务。

（3）未来精心打造自持养老住宅。目前万科正在做一次新的养老地产开发的尝试，未来北京万科的每一个项目中，都将拿出一栋楼自己持有作为养老服务，针对万科社区内的孤寡、"空巢"、失独老人进行长短期出租。万科设计的养老住宅是完全按老人研究的住宅，房子不会太大，五六十平方米，甚至更小，但集齐了老人需要用的设备，并且一个楼里分不同的楼段，一部分属于重病乃至于临终关怀，一部分属于护理需要，还有一部分属于健康老人；有侍老餐厅、食物很清淡；还有老年人功能室、小电影、卡拉 OK、康复健身房，大医院的挂号平台等医疗健康配套服务。

7.2
绿城集团："学院式养老"的探索

普通开发商做养老地产强调配备老年护理服务和医疗硬件，绿城养老地产之路却充满了理想主义色彩，主打"学院式养老"，成立专门的教育公司做"老年大学"。

（1）"学院式养老"公寓的建设。2010 年绿城首次试水养老地产，进行"学院式养老"的初步探索，推出位于杭州临平的绿城蓝庭项目中的"颐养公寓"，除健康中心、文体活动中心、社区门诊、护理院等公共配套外，还组建了一所社区老年大学。学校型组织方式成为园区内老年人的日常生活形态，同时还开展适合老年人身心健康的各类学习、活动，充分满足老年人的精神需求。

（2）学院式养老平台的运营。2011 年，绿城成立绿城颐乐教育公司，负责十几个城市绿城社区开设的数十所颐乐学院的运营管理。颐乐学院以"改善并提高老人的生活品质"为办学目标，以"要健康、要快乐、还要新朋友"为办学宗旨，有专家老师长期授课，并定期组织集体活动来丰富业余生活。截至 2013 年 6 月，绿城已在北京、上海、浙江等共 15 个城市和地区成立了 29 个校区，注册学员 2000 多人[1]。

---

① 自曾辉. 绿城董事长宋卫平：理想主义的养老尝试［N］. 新京报，2014 - 03 - 12.

（3）打造以休闲健康为主题的养老产业园。绿城和雅达国际共同打造包括乌镇雅园在内的乌镇国际健康生态产业园。雅达国际专注康复医疗和养老产业，引入德国高端康复医疗机构的商业模式和顶级医疗资源，具有先进的运营管理理念和创新机制。乌镇国际健康生态产业园是中国首个国家社保基金参与投资的综合性健康养老产业园区，总规划面积达 5500 亩，是一个集颐乐学院、雅达国际康复医院、国际养老中心、养生居住区、特色商业区和五星级养生度假酒店六大功能于一体的复合型休闲健康养老主题产业园。因此，身居其中的绿城乌镇雅园集养老、医疗、金融保险机构于一体，具有资源优势，实现了养生养老资源在产业园最优化的配置。

7.3
保利地产：以专业养老机构推动养老地产发展

2010 年，保利开始涉足养老地产。2013 年，重新定义养老产业战略地位，计划未来十年内打造 50 个养老机构①。

（1）多城市建设试点项目，培育养老地产板块。2010 年至今，保利地产已在北京、广州、成都等 5 个城市拥有 6 个在建试点项目，而且，未来还将通过新建住宅项目、改造适老设备等方式，在保利进驻的每个城市中，实现 5～6 个养老地产项目②。养老地产将作为保利创新升级的重要领域来进行培育，以普通住宅为主，适当增持商业、养老等辅助物业，将会是保利地产在城镇化发展转型中长期坚持的策略。

（2）打造自己的"微利盈利模式"，发挥专业养老机构带动作用。目前，国内养老地产还没有可预期的盈利模式，保利通过不同产品的实验，建立了自己的"微利盈利模式"：居家养老收取一定的服务费用来补贴成本，社区养老采取使用权限租赁费和四大社区配套服务收费，机构养老以会籍收入平衡运营成本。此外，保利试图通过专业养老机构去带动居家养老和社区养老，未来 10 年将在国内主要的省会城市建立专业养老机构，包括在大型社区内配建 5 万～10 万平方米的持有型养老公寓。

---

① 保利地产探路后千亿新增长点 打造中国式养老机构 [N]. 时代周报，2014 - 01 - 09.
② 养老地产：保利绿城万科远洋盈利模式对比. 优户网，2014 - 03.

7.4

远洋地产：养老地产将成为公司四大业务之一

远洋地产的养老地产体现出居家养老的发展特色，未来养老地产业务将和住宅、商业地产、金融并列成为公司业务的四大板块之一。

（1）成立专门公司，展开多点布局。远洋地产很早就开始关注养老地产，并进行了三四年的前期研究。2013 年，远洋地产成立"远洋养老运营管理公司"，同年 7 月，在北京亦庄创建首个养老品牌"椿萱茂"，第二个位于双桥的项目也即将试营业。未来 3～5 年内，远洋地产将完成北京、上海、大连等一线或热点城市在养老领域内的多点布局，形成全新业务增长极，使养老地产成为远洋地产的主要业务之一。

（2）采取半护理养老服务机构的盈利模式。远洋地产将半护理的养老服务机构作为盈利模式，半护理的养老服务机构规模适度，靠网点布局扩张，主要在一线城市复制。已开业的北京亦庄椿萱茂凯健就是这种模式。它由远洋地产自持，是一栋有 89 个房间的 4 层小楼，每月收取租金，主要以提供日常生活护理为主。目前出租率为 20%，每个房间的月租金在万元以上①。此外远洋还在研究另一种带有产权交易的模式，且在未来 2～3 年内会加快推行。

（3）与国际知名养老服务商进行强强联合。椿萱茂是由远洋地产和哥伦比亚太平洋公司、美国知名养老服务商埃默瑞特斯（Emeritus）集团等共同组建的中外合资企业进行开发和经营的。其中，哥伦比亚太平洋的中国子公司凯健国际，是中国第一家拥有养老服务营业执照的外商投资企业，其首个养老服务项目已于 2012 年 10 月试营业。除亦庄项目外，远洋地产和哥伦比亚太平洋还在北京共同开发及运营养老设施，涵盖远洋旗下其他项目。外方将提供专业设备的选择和采购、项目院长及护士等培训在内的多项服务。

7.5

复星集团：打造"星堡"连锁品牌

与其他开发商一样，复星不断加大养老地产的投入，目前在上海的养老

---

① 远洋地产：养老地产成四大业务之一 ［N］. 新京报，2014 - 03 - 12.

项目"星堡"运行良好，未来将进一步加大投资和布局。

（1）与国外投资集团合作，以"星堡"为平台，共创适合中国的养老模式。复星集团与美国峰堡投资集团合资设立上海星堡老年服务有限公司，复星在房地产、卫生保健和医药行业有着相当的优势，而峰堡则在投资、管理和运营美国最大的养老机构等方面有着丰富的经验，两家企业将优势互补。2013 年 5 月 13 日，首个综合养老社区——星堡中环养老社区正式开业。它有 150 个独立生活单元，为老人提供各种户型，其中包括 50 个单独居住和双人居住的协助式护理床位。按照家庭模式设计的协助生活区主要接受从老年痴呆到短期康复服务等有特殊照顾需求的老人入住。未来该项目将以"星堡"作为品牌进行连锁开发。

（2）独创持续照料退休社区模式。与目前大多数养老地产模式不同，星堡项目采用的是持续照料退休社区模式，除数万元的入住费外，还将按不同需求和服务每月收取相应的租金，月费涵盖基本服务费，包括餐饮、房间打扫、到本地购物中心的定期巴士以及各种各样的基本服务。住户还可以选择购买额外服务，例如专车服务、升级保洁以及根据个人需要提供的上门个人护理服务。通过为老年人提供自理、介护、介助一体化的居住设施和服务，使老年人在健康状况和自理能力发生变化时，依然可以在熟悉的环境中继续居住，并获得与身体状况相对应的照料服务。持续照料退休社区模式在一开始就需要支付入门费，门槛并不低，因此需要培养市场认可度、企业品牌，才能逐步推广起来。

（3）注重运营和服务能力的专业性。复星认为养老社区的核心竞争力是运营能力和服务专业性，不同于以往的养老地产，星堡中环养老社区的场地和楼房并非自建而是租用。这样的投入和收费模式，盈利与否与入住率有很大关系，不过，复星并不急于追求项目迅速盈利，而是长期看好养老产业，希望尽早介入这一领域，积累经验。未来星堡还会在上海乃至全国寻找更多建设养老社区的机会，投资方式不仅仅是租赁，也可能会有自建。

数据显示，养老住宅的需求量从 2010 年需求 5 亿平方米，到 2020 年需求 7 亿平方米，再到 2050 年需求 13 亿平方米，需求量巨大，发展空间很大[1]。截至 2015 年，包括保利、万科、远洋、绿地、合生、万达、绿城等

---

[1] 复星首尝养老地产"蛋糕". 搜狐焦点，2013 – 06 – 05.

企业在内，全国已有超过 80 家房企进入养老地产领域①。养老地产在中国还是一个新事物，处于起步阶段，虽然前景光明，但是尚未形成成熟的商业模式。目前国内房企在养老地产领域积极探索和实践，盈利的少，即便盈利也是微利。万事开头难，但是只要坚持做下去，终将探索出成熟的中国养老地产模式。

① 万科、保利、远洋、绿城等企业发展养老地产战略、模式、思路纵览［N］. 新京报，2014 - 03 - 25.

8

养老地产开发将迎来爆发式增长

养老地产，又称老年地产。是由房地产开发企业或相关的社会机构开发并推出的适宜老年人居住、符合老年人心理及生理特点并能够满足老年人社会活动需求的老年住宅产品。它要求从护理、医疗、康复、健康管理、文体活动、餐饮服务等日常起居的多个方面提供一条龙式的服务，其意义在于力求使居民达到老有所依的目标。

8.1
养老地产发展面临的市场机会

2013 年是养老地产利好政策频出、产业市场迅速崛起的一年。随着各项养老政策的逐步落地以及新项目的不断投入市场，2014 年成为了整个养老地产行业爆发式发展的一年。其面临的市场机会如下：

（1）政府的顶层设计、政策落地发出的强烈信号。2013 年，政府出台了《老年人权益保障法》和《关于加快发展养老服务业的若干意见》（即35 号文件）。后者从总体要求、主要任务、政策措施、组织领导 4 个大方面，以及 19 个具体方面、45 项主要工作任务落实等，对加快发展我国养老服务业提出了一系列指导意见。35 号文件既有顶层设计，又有执行的时间表，意味着，2014 年政府加大了推动养老服务业发展的力量。

2014 年政府逐步完善了各地土地供应、税费优惠、养老医学、康复、护理、养老心理等方面的人才培养和就业政策，同时也进一步完善了补贴政策，通过补助投资、贷款贴息、购买服务等方式支持社会力量建设养老服务机构，并在资金、场地、人员等方面进一步利用社会力量降低养老机构的门槛。政府除加大财政性资金支持外，还积极扶持金融机构创新金融产品或服务内容，拓宽信贷抵押担保范围，支持养老服务业的信贷需求，利用财政小额贷款等方式加大信贷投入，鼓励和支持保险资金投资养老服务业，开展反向按揭养老保险试点，即以房养老。政府还要求 2014 年一季度由保监会、民政部、国家老龄办出台具体措施并展开试点。可见，2014 年是养老政策落地的关键年。

党的十八届三中全会中提到养老问题的次数甚至比房地产还要多，这足以证明养老问题已列入我们党和政府的重要议事日程。

（2）老龄人口增速快，社会养老需求增加。与发达国家相比，我国的老龄化呈现出老龄人口基数大、增速快，老年人及其家庭未富先老，高龄人口群体庞大等特点。据测算，从 2013 年开始，我国老龄化人口数量将以每年 1000 万人的规模递增，未来 20 年还将翻一番，突破 4 亿人[①]。到 2020 年，我国户籍人口中的 1/3 为老年人，但仅有 10.2 万个床位，按照 "9073"（亦即 90% 在家养老，7% 在社区养老，3% 进养老机构）的规划，即便是 3%，社会养老服务机构也大概只能满足 2/3 的老人进养老院，市场上仍然有 1/3 的缺口[②]。世联地产预计，2025～2040 年，我国约有 5000 万老年人需要通过专门的养老机构来养老。按照目前每人每年 5 万元的养老费用计算，整个市场产值有 2 万多亿元[③]。可见，养老地产发展空间巨大。

（3）原有的住宅设施设备无法满足老年人居家养老的特殊需求。目前老年人大多以家庭养老为主，居住在普通住宅中。这些普通住宅大多没有轮椅通道、急救报警设备等，周围也没有完善的医疗、生活服务设施，不能全面满足老年人的生活需要。随着老年人生理机能的退化，老年人往往对居住环境有特殊的要求，安全性、可达性、环境的舒适性和连续性，空间的连续无障碍和设备的简单操作，渴望必需的、适度的社会交往。因此，充满人性化设计的适老住宅必然存在非常广泛的社会需求，供需缺口亟待弥补。

（4）现有的养老地产规模小，布局分散，产品设计不合理，难以适应

---

①　老龄化人口达 2.02 亿养老地产或将迎来春天. 中国行业研究网，2014 - 02 - 25.

②　房企险企央企千亿资金逐鹿养老地产［N］. 中国证券报，2013 - 05 - 23.

③　如何优雅地老去? 杭州养老地产悄然起步［N］. 每日商报，2014 - 07 - 17.

市场需求。以上海为例，上海的老年公寓多为政府投资，虽然不少，但商品化程度普遍不高。又如重庆，现有的老年福利设施大都体现出品质层次较低、服务类型单一的特点。市面上新兴的老年公寓，多为原来已开发的住房，只冠以"老年公寓"之名进行销售，实际上并未考虑老年人的生理行为特征。以"长寿岛"著称的海南，候鸟式的养老房产颇受欢迎，但到目前为止，海南没有一处能够照顾全国不同地区老年人养老习惯的养老社区，房型设计和配套设施也不能充分满足老年人的需要。因此，从现实来看，我国目前真正符合养老地产要求的房产项目还比较少，专门根据老年人生理、心理特征而设计的能够满足大多数老人居家养老要求的养老地产需求非常迫切。

8. 2
养老地产发展的新动向

国务院下发的《关于加快发展养老服务业的若干意见》激起了千层浪，引发了社会各界的强烈关注，"以房养老"一词热度急剧飙升。继商业地产、旅游地产之后，养老地产成为房企投资的新热点。其未来的走向主要为：

（1）与我国"9073"养老规划相契合的主流养老地产开发模式。主要有以下 6 种：第一种是根据我国一定时期内仍以居家养老为主的特点，未来住宅产品的开发必须以提供一定的能够供老年人活动的空间、医疗服务条件和无障碍服务设施为主；第二种是提供可持续照料的退休社区，指专门供退休老人居住的，养老服务设施和养老场所齐全并能为之提供服务的，能够满足刚需、孤寡老人需求的社区；第三种是全龄化社区，即在小区中建设一定比例的老年公寓，规模较大的还需要配套医院；第四种是轻养老机构，类似北京寸草春晖养老护理机构中推出的挂钩医院服务于全社区老人的养老地产模式；第五种是医疗机构和养老机构相结合的养老模式，即要求有条件的医疗机构开设老年病科、老年病床，挂钩社区服务中心和医院；第六种是集养生旅游于一体的养老酒店高端服务。

（2）独特的养老地产生态系统打造。老年人的需求丰富，其基本需求包括：生活保障需求、安定需求、居住保障需求、安全需求、生活便利需求、亲情需求等；深层次需求包括：健康需求、环境需求、交流需求、自我价值再实现等需求。对于上述老年人的需求，中国传统的养老方式、现阶段的养老场所和养老设施都无法满足。因此，为了解决老龄化问题，需要打破传统养老观念，开发真正符合老年人需要的新型养老地产，提供充足的日照、自然通风、康复和医疗保障、文化活动站等社区养生体系，营造独特的老年养生系统。

（3）分工合作的养老地产运营模式创新。以目前国内开发商的物业水平以及养老地产本身的专业化需求来看，开发商自身很难实现整个养老社区正常有序的运营，跟知名的养老机构合作是进行养老地产开发的最优选择。开发商跟运营商之间签订委托合同，由运营商代为管理整个养老地产的后期运营，每年向运营商支付一定的佣金或者提成，运营商负责物业服务的专业模块，双方各自发挥自己的优势，形成互助式的运营模式。

（4）养老地产金融生态链的构建。养老地产将开发商、运营商、金融机构和投资商纳入一个共同的资金循环平台，实现了利益共享，风险共担。中国养老地产要想得以持续发展，必须构建一个养老地产金融生态链，将开发商、投资商与运营商的角色分离，实现开发利润、租金收益、资产升值收益与经营管理收益的分离。开发以及运营的风险在这种分离的过程中也实现了分担和管控。

（5）养老地产市区化的分布。"万科幸福汇"在北京房山、"泰康之家"在北京昌平、"保利西塘"在浙江西塘，养老地产开发选择远郊的理由无非就是想降低土地成本。由于受传统文化影响，大部分中国老人更愿意与子女共同居住或邻近子女居住，这不仅可以尽享天伦之乐，而且也更容易实现家庭内的代际互助。"住得近"、"分得开"才是两代人最主要的意愿。加之中国的优质医疗资源主要集中在市中心，养老地产郊区化，真正愿意购买的老年人就会减少。日本三大连锁养老运营机构之一的日本医学馆在日本全国有1250所养老物业，基本上都位于市区，入住老人60%来自于项目5公里范围内，或老人的子女工作生活在周边①。因此，未来应积极探寻养老地产的市区化之路。

随着老年人口数量的不断增大，老年消费群体正在逐步发展为房地产市

---

① 养老地产需厘清的五个问题［N］. 华夏时报，2012–12–27.

场的重要客户群体，他们有特殊的居住需求、相当的资本积累和改善住宅条件的意愿，开发商可从定价、房型设计、配套设施等方面有的放矢制定开发运营计划，这样既有助于开发商占领市场，实现销量与利润攀升，又能使不同客户群各得其所，购买到满意的住宅和服务，最终实现房地产市场的供需平衡与稳定发展。

9

别具一格的世界超豪华酒店

　　提起超豪华酒店，我们的第一反应都是昂贵与奢华，但我们通过对具备全球影响力的超五星级酒店案例进行研究发现，定位于高端客户的超豪华酒店虽然有着同样的奢华，却有着不同的特色和不同的体验。本文选取了三个具有典型特征的超豪华酒店进行介绍，试图探索超豪华酒店成功运营的关键动因。

9.1
与动物零距离型：南非马拉马拉大酒店

　　马拉马拉大酒店是建在南非荒原中的酒店，是人与野生动物共同的天堂。马拉马拉大酒店位于南非克鲁格（kruger）国家公园与萨比沙地私人保护区（Sabi Sand Wildtuin）之间，为南非550英亩野生动物保护区的一部分。克鲁格国家公园为世界唯一无恐龙的侏罗纪公园。马拉马拉大酒店与其无任何阻隔，区域内拥有世界200余种珍稀动物，犀牛、大象、豹子、狮子、水牛为五大最犀利动物。该酒店曾被南非总统曼德拉誉为世界最佳大酒店而闻名世界，被评为世界十大豪华饭店之首。

　　人与自然相融共生是马拉马拉大酒店的核心特色，充分表现出人性中最纯真的一面。酒店提供三种类型的客房：main camp（主营）、rettray room（拉特雷房间）、sable camp（紫貂营），共21间套房、10间客房，分别以动物名称命名。客房内部无任何家用电器，室内室外自然连接，纯生态型设计尽显酒店自然魅力。与大自然零距离接触体验为酒店的核心宗旨，酒店建筑取材以当地原材料为主，房间设计及娱乐活动围绕野生动物展开。酒店根据季节性因素统计出各类动物出没的时间和地点，在技术员的陪同下，根据不同的爱好找寻其喜爱的动物成为马拉马拉大酒店顾客的最大乐趣。

另外，马拉马拉大酒店关注与民族文化的充分结合、提供限量级的酒店入住及体贴入微的服务，从更深层次触摸顾客的灵魂。酒店每次仅限50人进入，保证所有的服务人员都能很好地与顾客进行沟通交流；酒店每天晚上举办露天篝火晚会，邀请所有的顾客参加，并配有古筝、民族表演等节目，尽可能提升顾客的参与性。马拉马拉酒店绝对提供了其他超豪华酒店不一样的自然体验。

9.2

顶级养生型：泰国普吉岛悦榕庄酒店

普吉岛悦榕庄酒店位于泰国普吉岛西北方安达曼大海之畔的拉古娜（Laguna）休闲度假园区内，离普吉国际机场20分钟车程。酒店共提供109间独立别墅式客房，当中40间客房附有水力按摩池，36间拥有专用游泳池，10间附有专用游泳池和湖景别墅式客房，11间附有专用游泳池的双睡房别墅式客房和12间斯帕（Spa）主题的游泳池别墅式客房。酒店内别墅式客房采用泰式建筑风格，每间客房均有私家花园和泰式露天凉亭，其中69间客房建有专用游泳池，这成为酒店的招牌。

泰国普吉岛悦榕庄度假村以Spa为核心特色，奠定了其世界顶尖度假酒店的地位。其自成体系的泉浴文化，独特的按摩手法使入驻顾客享受到皇室特有的尊贵。Spa馆名为"心静轩"，推开虚掩的木门进入洒满阳光的庭院，满是花瓣的浴池和露天按摩床让顾客的身体和心灵均感受到自然的召唤。在Spa前有很多特别活动，如泉浴特别餐，长达1小时的瑜伽按摩以促进血液循环，经蒸汽蒸发的草药袋敷身来安抚酸痛的肌肉，最后以用于传统泰式疗法的Plai全身体膜来滋润并恢复肌肤天然的平衡与光泽。

在这里，Spa绝不是女性的专属，酒店的镇店之宝就是专为精英男士设计的Spa套餐。酒店设有以恢复"活力"为目的的全身角质护理，也有以"解压"为主题的全身按摩，还有针对男士肌肤特性而设计的面部护理，可以把男性肌肤调整到最佳状态。悦榕庄情侣Spa也别具特色，度假的情侣可以在露天的双人按摩室中享受伴侣间的甜蜜和默契，蜜月中的新婚夫妇还可以泡个芳香浴，在充满茉莉和薰衣草香氛的泉浴中共享亲密时刻。

9.3

极度奢侈型：迪拜伯瓷酒店

　　迪拜帆船酒店又称伯瓷酒店，位于中东地区阿拉伯联合酋长国的迪拜市，为全世界最奢华的酒店。该酒店于 1994 年建成，其中仅外壳及填海的费用就高达 11 亿美元，整个酒店含有 26 吨黄金。饭店由英国设计师 W. S. 阿特肯斯（W. S. Atkins）设计，外观如同一张鼓满了风的帆，一共有 56 层、321 米高，是全球最高的饭店。金碧辉煌的酒店套房，能让你感受到如阿拉伯国王般的奢华。所有的 202 间房皆为两层楼的套房，最小面积也有 170 平方米，最大面积的皇家套房，更有 780 平方米之大，全部是落地玻璃窗，随时可以看到一望无际的阿拉伯海。顾客进入房间后会有一个管家解释房内各项高科技设施如何使用，因为酒店豪华尊贵的服务宗旨就是务必让房客有阿拉伯国王的感觉，入住皇家套房的顾客，还能享受管家、厨师和服务员们七对一的服务。

　　伯瓷酒店内部极尽奢华之事，触目皆金，连门把、厕所的水管，甚至是一张便条纸，都"爬"满黄金。虽然是镀金，但要所有细节都优雅不俗的以金装饰，则是对设计师的品位与功力的考验。浴室里的所有卫浴用具都选用爱马仕，包括肥皂、古龙香水等，当然淋浴设备也不同凡响，除上头的莲蓬头之外，还可选择上中下三段式喷水，旁边则是马赛克壁画陪衬下的按摩浴池，浴室门口还有皮质躺椅，让旅客休息。任何细节都处理得绅士般矜持、淑女般优雅，没有携带一丝一毫的俗气。比如窗帘、坐垫、橱柜、冰箱……大大小小，每件都是俗中求雅，且俗且雅。雄霸的 25 楼及以上楼层的皇家套房，装饰典雅辉煌，顶级装修和来自世界各地的摆设，如同皇宫一样气派，家具是镀金的，有私家电梯、私家电影院、旋转睡床、阿拉伯式会客室，甚至衣帽间的面积都比一般酒店的房间大。

10

南京水游城——都市生活圈的
"主题购物公园"

　　主题购物公园，即 Shopping Park 模式，旨为老百姓打造更舒适的购物环境，讲究的是"时间型消费"，它实际上就是集购物、休闲、美食、娱乐为一体的情景式体验购物中心。和以往购物为目的不同的是，Shopping Park 更注重体验，为了体验而购物，在体验中享受消费是它的核心理念。

　　以南京水游城为例，该商场的业态布局非常合理，购物面积占比只有约50％，休闲娱乐的面积大幅提高，约占50％，以使消费者停留的时间更长，消费的心情更为愉悦。南京水游城项目从 2003 年选址开始，2005 年开始开工建设到 2008 年的 8 月份正式营业整整用了五年时间。整个项目是以流动的水为主体，营造一个集购物、休闲、餐饮、娱乐、旅游、文化等为一体的休闲购物主题公园。

　　该主题购物公园由上海鹏欣集团开发建设，建筑面积 16.7 万平方米，位于南京市健康路和中华路交叉口、夫子庙商圈核心地段，距离南京商业集群新街口 2 公里，处在城市中心轴线上，属于南京 5 分钟都市生活圈繁荣核心地带。作为南京民俗文化的发源地，南京城南中华路、夫子庙地区有着丰富的传统文化底蕴、六朝金粉、人文荟萃，这一区域不但办公、居住人口众多，夫子庙一带更是游人如织，是南京市传统的重要商业圈之一。而新街口商圈则是南京最大的商业集中带，这一商业集中带有上百万平方米的商业面积，集中了金鹰国际、沃尔玛、家乐福等商业航母，节假日最高客流量超过一百万人次①。

---

① 南京新街口商圈客流量 10 年没增. 新浪新闻中心，2015－01－25.

10.1

以日本博多运河城为样板打造主体购物公园

南京水游城是仿照日本博多运河城的模式设计规划的。博多运河城是日本最成功的大型商业中心之一，它开创了日本综合 Shopping Park 的全新理念和业态，带动了福冈以及整个日本的购物中心发展，对日本的大型综合商业设施的开发提供了里程碑式的借鉴模版。

博多运河城是开业于 1996 年 4 月 20 日的再开发项目，占地约 35000 平方米的综合设施内，聚集了购物街、电影院、剧院、娱乐设施、大酒店、秀场、写字楼等各种行业的营业店铺。在排列着曲线优美、色彩艳丽的建筑群中央，约 180 米长的运河缓缓流淌，同时还有富有冲击力的喷泉表演来展现时光的流逝。水边的舞台上，艺术家们每天都举行现场演出及各种活动，用日本人当地的话说，它就像一个街市，包罗万象，是一座时尚消费型商业设施。以南北走向的运河为中心，人们在这个空间里尽情享受购物、美食、娱乐等。从开业到现在 11 年，博多运河城的模式成为世界很多开发商开发商业设施的一种样板。

南京水游城由著名建筑设计公司 HMA 设计，通过精妙的手法将阳光、空气、水、绿色植物等景观元素引入商业设施，建筑运用水幕和喷泉水系，形成半开放式体验空间。"亲水"理念结合景观设置，利用设施内穹宇形中庭、水岸、水上舞台、空中庭院、天顶花园、透光天棚等特色建筑设施打造一座提供消费者休闲娱乐的购物场所。通过对空气、阳光、水的精心处理，提高顾客的舒适度，增加客流的逗留时间，进而促进"非目的性消费"。这有别于以品牌聚集为手段，以促进"目的性消费"为目标的传统商业地产项目。

10.2

多种感官盛宴博得顾客的认同和归属感

南京水游城大量增加了娱乐和生活功能，将零售业从主要业态中逐渐减少，使商业地产成为人们生活娱乐的一部分，而将零售业渐渐让位给风头正健的网上商城，这又与以大型超市和百货店为主力店的传统商业地产项目迥异。水游城社会性的公共活动，如新闻发布会、晚会等，取代以往的商业促销活动，博取顾客的认同感和归属感，而并非仅仅是提高销售利润。商场引进了不少时尚品牌，其中40%是南京没有但深入人心的人气品牌[1]，如H&M、优衣库（UNQLO）、丝芙兰（SEPHROA）、扎拉（ZARA）、小南国、BHG超市、无印良品（MUJI）等。水游城相对于新街口等传统商圈，差异率约60%，这使得它的客群表现出更大的广域性和循环性。

独具一格的水中表演舞台，观众可从里三层、外三层、高三层各个角度观看表演，成为商厦一景，它365天全天候演出活动，通过不同主题的活动、节日庆典装饰、环境、舞台、表演照明灯使其长时保持新鲜感，从而打造一个"永不落幕的都市剧场"。镂空穹顶洒落的阳光、层层退台的室内园林和绿植、色彩斑斓的现代装饰艺术、活力四射的店面设计、琳琅满目的时尚品牌、夺人眼球的魔术杂技表演、五星级院线带来的大片动感体验、交相辉映的瀑布喷泉、孩子玩耍嬉戏的银铃之曲等均使观众的视觉和听觉进一步得到冲击。

餐饮休闲方面，在这里无论是粤菜的鲜、川菜的麻、湘菜的辣，还是上海菜的精致、东北菜的奔放、法式大餐的饕餮、美食快餐的便捷、泰式餐饮的风情，都可以让顾客尽情享用，更有365天城市剧场、音乐喷泉为您伴奏，是城市向上生活、呼朋唤友、商务交流的绝佳去处。而Spa会馆的芬芳、咖啡的芳香、西式甜点的奶香……更是天上人间美不胜收，真正演绎在公园中购物的景象。

10. 3
南京水游城的经验借鉴

创新设计，聚集人气，引导新的生活、消费方式。以运河为设计轴，大胆创新在国内做出真正的主题景观购物公园。中庭表演台的设计还可以融入文化与互动的理念，利用中空位置可有效地聚集人流。营造全新的、超越普通一站式的理念，经过长年不断演出，不断更新空间构造，给消费者一年

---

[1] 南京水游城各楼层商家品牌资源. 赢商网，2015 - 05 - 15.

365 天都带来惊喜，使他们能够在这里形成长时间滞留和消费的习惯。

以消费者需求进行业态组合。业态规划非常关键，这是打造水游城的一个关键。购物中心是复合型的商业形态，是多种业种和业态统一规划管理的有机组合体，比单一零售更具一些功能上的优势。其实人的购物行为往往是冲动性和偶发性的，所以在特定环境下，顾客可能会买预想之外的商品。据调查，差不多30％到水游城的客人，来之前都是想逛逛，没有想买东西①，但是后来却已经在购物了。所以，各个业态的比重和布局非常重要。区别于中国传统百货业，"水游城"则不仅以购物为目的，而是通过研究人的心理满足状态，将关联性商品放在一条线上，比如某一层楼既有鞋子也有包，还有饰品、饮料等，或者某一层既有年轻妈妈的服饰，又有儿童服饰等。"业态丰富"是购物中心必须具备的，但组合不是没有原则的堆砌，一定要有市场作为支撑。

去主力店，增功能点。对于购物中心的开发模式，国内发展商大多模仿大连万达的大型主力店的开发模式，但是这种开发模式不像表面那样风光，国际大商家，低廉的租金，长期的合同，导致发展商实则是为国际大商家打工，开发者无法从中分享到物业价值的成长。水游城则一改这种主流做法，实行去主力店模式，增加三到四平方米的特色功能店作为主力店。水游城采取了用若干次主力店替代主力店的方式，只有一个酒店是主力店，没有其他主力店，此方法如果操作成功，物业的成长才真正释放价值。当然是否去主力店与项目所在商圈的成熟度也休戚相关。

---

① 新型购物中心的模式探索——以南京水游城为例. 道客巴巴，2014－02－17.

11

主题公园的杰作——欢乐谷

欢乐谷是由我国旅游领军企业华侨城集团兴建的新一代主题公园，也是我国第一个自主创新的主题公园连锁品牌，开创了我国主题公园发展的新纪元。1998 年，深圳欢乐谷在深圳河畔应运而生，并一跃成为我国文化主题旅游地产中最具代表性的创想符号。在深圳欢乐谷成功经营后，华侨城相继在北京、成都、上海、武汉 4 个城市建立了欢乐谷主题公园。这 5 个城市的欢乐谷形成了统一的服务标准和体系，同时兼具各地特色，形成了良好的连锁阵营。如今，欢乐谷已经成为我国旅游地产的著名品牌。

11.1
东西南北中各具特色的欢乐谷

11.1.1　深圳欢乐谷——集参与性、观赏性、娱乐性、趣味性于一身

深圳欢乐谷于 1998 年开业，是华侨城集团兴建最早的欢乐谷。它是首批国家 5A 级旅游景区，占地面积 35 万平方米，是一座融参与性、观赏性、娱乐性、趣味性于一体的现代主题乐园。开业以来，深圳欢乐谷经过五期的滚动发展，已成为国内投资规模最大、设施最先进的现代主题乐园，累计接待海内外游客 3000 多万人次，入园人数连续 8 年雄居国内第一，并连续四

年荣膺亚太十大主题公园，是我国主题公园名副其实的领跑者①。

深圳欢乐谷全园共有九大主题区：西班牙广场、魔幻城堡、冒险山、金矿镇、香格里拉·雪域、飓风湾、阳光海岸、欢乐时光和亚洲首座荣获国际水公园协会"行业创新奖"的玛雅水公园。九大主题区共包含100多个老少皆宜、丰富多彩的游乐项目，这些项目大多从美国、荷兰、德国等国家引入，其中不少项目是全国乃至亚洲特有的，例如：世界最高落差的"激流勇进"、世界轨道最长的水战船—丛林水战、全球至尊弹射式过山车"雪域雄鹰"、亚洲最高，我国第一座"惊险之塔"—太空梭、我国第一座悬挂式过山车"雪山飞龙"、我国第一座巷道式"矿山车"、我国第一条高架观光游览列车—欢乐干线、我国第一辆"仿古典式环园小火车"等。

11.1.2　北京欢乐谷——最为国际化、现代化

北京欢乐谷位于北京市朝阳区东四环四方桥东南，于2006年7月建成开放。它是国家4A级景区，占地面积56万平方米，是目前国内最为国际化、现代化的新一代文化主题公园。它以文化景观、艺术表演和游乐体验为核心，集海、陆、空三栖游乐于一体，是家庭出游的首选地，是孩子们的开心课堂，是年轻人的娱乐聚集地，并多次被授予"中国文化创意产业高成长企业百强"、"首都旅游紫禁杯先进集体"、"首都文明旅游景区"等百余项荣誉。

北京欢乐谷由"峡湾森林、爱琴港、失落玛雅、香格里拉、蚂蚁王国、亚特兰蒂斯、欢乐时光"七大文化主题区组成，通过主题文化包装及故事演绎，运用建筑、雕塑、园林、壁画、表演、游乐等多种形式，展现了丰富多彩的地域文化。园区内精选世界经典文明和创意智慧，精心设置了50余项主题景观、10余项主题表演、30多项主题游乐设施、20余项主题游戏及商业辅助设施，为游客营造了一个神秘、梦幻、美丽的世界，例如，亚洲独一无二的"水晶神翼"，为游客提供翱翔的快乐；世界最高落差的"奥德赛之旅"，能够使游客充分释放青春的激情；世界最高的"聚能飞船"，游客

---

① 中国最受欢迎的游乐园TOP10. 重庆中旅，2015 – 05 – 21.

可以眺望绚丽的景色。

11.1.3　成都欢乐谷——西部规模最大、最具生态特色和时尚气息

　　成都欢乐谷位于成都市金牛区西华大道，于 2009 年 1 月正式开园。它是华侨城集团欢乐谷连锁品牌在全国布点的第三站，占地 47 万平方米，是西部地区规模最大、最具生态特色、最具时尚气息的现代主题乐园，是成都市最具魅力的都市旅游、都市文化活动和都市娱乐中心，是成都市文化产业重点项目和旅游产业重点项目。2011 年，成都欢乐谷成功跻身亚太地区主题公园前 20 强。

　　成都欢乐谷由"阳光港、欢乐时光、加勒比旋风、巴蜀迷情、飞行岛、魔幻城堡、飞跃地中海"等七大主题区域组成，以"创造欢乐、传递欢乐、分享欢乐"为理念，通过丰富多彩的主题文化活动、精彩的演艺以及高品质的服务，传播欢乐文化，缔造欢乐地标。成都欢乐谷主要依托世界顶尖娱乐科技，设置了 130 余项体验观赏项目，包括 43 项娱乐设备设施、58 处人文生态景观、10 项艺术表演、20 项主题游戏和商业辅助性项目。例如，我国西南第 1 座双塔太空梭"天地双雄"、我国第 1 套水上 6 并列竞赛滑道"飓风滑道"、第 1 个顶仓旋转式"飞行岛"、第 1 套双龙过山车组合"飞跃地中海"和"云霄飞龙"等。

11.1.4　上海欢乐谷——全国最大、景色最美、科技含量最高

　　"动感、时尚、欢乐、梦幻"的大型主题公园——"上海欢乐谷"，位于松江区佘山国家旅游度假区核心区域，于 2009 年 8 月正式开放。它是华侨城集团在长三角地区投资发展的又一大型综合区域项目，占地 90 万平方米，是上海市重点开发项目和 2010 年上海世博会主题"城市，让生活更美好"的重要体验区之一，是上海乃至全国规模最大、景色最美、科技含量最高的主题公园。

　　上海欢乐谷由"阳光港、欢乐时光、香格里拉、蚂蚁王国、上海滩、

金矿镇、和飓风湾"七大主题区域组成，拥有一条约 2 公里的主环道和一条约 2.5 公里的水上游览线，分布在各个景点，像珍珠项链般串联在一起。园内共有百余项观赏体验项目及商业辅助性服务配套设施，惊险刺激的游乐设备、美轮美奂的各类场馆、异彩纷呈的特色表演、丰富多彩的主题商品。这里有被誉为"过山车始祖"的木质过山车、享有"过山车之王"美誉的跌落式过山车等先进的游乐设备，还有多个大型室内场馆，如可容纳 4500 人的华侨城大剧场和魔幻多变的童话家园—蚂蚁城堡等。此外，这里还汇聚了世界各地的精彩演艺活动：杂技、魔术为一体的《欢乐魔方》，气势恢宏的马战实景表演《满江红》等。

11.1.5 武汉欢乐谷——深具人文魅力、最为休闲和娱乐

武汉欢乐谷位于武汉市东湖风景区，于 2012 年 4 月开园。武汉欢乐谷占地约 35 万平方米，承袭华侨城的创想文化内核，凝聚深圳、北京、成都、上海等四地欢乐谷的成功积累，以全球顶尖的高科技游乐设备、精彩纷呈的文化演艺精品、优美生动的自然生态景观、深具人文魅力的主题娱乐体验，向现代都市人提供愉悦身心的多元化休闲方式和都市娱乐产品，将成为华中城市旅游新名片。

武汉欢乐谷由"梦想大道、卡通工厂、欢乐时光、极速世界、渔光岛、羽落天堂、飓风湾、欢乐江城"等八大主题区组成，设置了 100 多项娱乐体验项目，包括 30 多项游乐体验设备、40 多处生态人文景观、10 多台文化演艺精品和 20 多项主题娱乐游戏；同时，引进了 50 多项全球最先进的游乐设施，包括亚洲首座木制双龙过山车、超级大摆锤、武汉最大的 4D 影院等。

11.2
欢乐谷开发运营的成功之处

11.2.1 "欢乐"理念的创新

欢乐谷突破了长期以来主题公园的盈利模式，前瞻性地提出"体验即

是生活，生活即是体验"的设计理念，以参与、互动、体验作为公园的游乐模式，强调高科技游乐项目和主题文化氛围共同建设，相互促进。在发展过程中，奉行"品质主义"，着重营造"欢乐氛围"，强调多元文化并存，中西文化包容并蓄，形成了一条"旅游＋地产＋休闲"的主题消费链。总之，创新是欢乐谷建设、经营、发展最为重要的出发点，是超越自我力量之源。欢乐谷的品牌能够取得成功贵在与时俱进的创意，这也正好体现了其经营理念：建不完的欢乐谷、玩不完的欢乐谷。

11.2.2　精准的定位与主题促销

欢乐谷的主题定位于"欢乐"，旨在打造"繁华都市的开心地"，把握都市娱乐消费的需求和趋向，向游客特别是现代都市人提供愉悦身心的娱乐产品。在营销方式上，欢乐谷善于运用文化包装，把娱乐设施用文化包装起来，不仅增加了娱乐活动本身的趣味性，也满足了游客求新探奇的需求。此外，在不同的节假日，欢乐谷还会安排不同主题的节庆活动，且每年都有新的花样，以保持娱乐节目的新鲜感。例如，北京欢乐谷策划的"春节年俗百艺欢乐节"、"国际时尚文化节"、"暑假玛雅狂欢节"、"欢乐万圣节"、"圣诞冰雪狂欢节"等主题活动，打造全新的旅游亮点和热点，吸引着北京及外地游客前来。

11.2.3　品牌化运营

与我国其他主题公园相比，欢乐谷已从"做产品"的有形阶段上升到"做品牌"的无形阶段。通过娱乐品牌的打造，大大提升了"欢乐谷"品牌的核心竞争力和认知度，从而形成与我国上千家主题公园不同的定位，并形成了强大的品牌影响力和识别体系。多年来，欢乐谷一直坚持自己的"繁华都市开心地"的品牌核心价值定位，并通过各种活动和公关策划，不断强化着这一品牌定位，并将最积极的声音传递给游客——欢乐谷能让你从繁忙的都市工作生活中解脱出来，释放自己。

11.2.4　网络的宣传与推广

近年来，随着信息网络技术的高速发展，大大改变了人们的生活形态、沟通模式和信息接收渠道。欢乐谷作为主题公园行业的领跑者，在互联网方面已经付诸行动。欢乐谷通过实体体验和网上体验有机结合，展现给消费者一个更加全面更加立体化的欢乐谷。游客可以通过网络及时了解欢乐谷的促销、主题活动等信息，及时做出购买决策。网站还为游客与欢乐谷提供了一个良好的沟通互动平台，便于网络推广活动的展开。

参 考 文 献

[1] 刘群红. 休闲旅游地产的主题定位分析与开发启示——以江西天沐明月山温泉度假村为例 [J]. 企业经济，2011，02：139-142.

[2] 蔡静霞. 龙湖地产：逐鹿商业地产 [J]. 房地产导刊，2011，04：78-79.

[3] 杨骏，查方勇. 国内旅行社连锁经营战略模式研究 [J]. 北方经贸，2011，03：123-127.

[4] 张靖，田良. 海南旅游房地产发展现状与开发模式初步探讨 [J]. 商场现代化，2011，07：102-104.

[5] 余红英. 主题公园品牌营销初探——以欢乐谷为例 [J]. 现代营销（学苑版），2011，07：22.

[6] 梁菁菁. 基于公众感知的高尔夫旅游地产开发研究 [J]. 江苏商论，2011，11：106-109.

[7] 周建成. 旅游地产运营模式和发展趋势 [J]. 上海房地，2012，01：26-28.

[8] 陈琴，李俊，张述林. 旅游综合体开发——一种旅游房地产全新开发模式研究 [J]. 资源开发与市场，2012，04：369-372.

[9] 常健铭，魏春雨. 南京水游城购物中心开发模式解析 [J]. 中外建筑，2012，11：73-75.

[10] 祁琳. SPA空间设计中的地域文化元素运用探索——以泰国度假

酒店 SPA 为例 [J]. 民族艺术研究, 2012, 06: 130 - 135.

[11] 朱鹤, 刘家明, 李玏, 陶慧. 中国城市休闲商业街区研究进展 [J]. 地理科学进展, 2014, 11: 1474 - 1485.

[12] 韩私语, 张玮. 文化创意产业园与文化创意地产发展研究 [J]. 市场论坛, 2014, 09: 22 - 24.

[13] 杨建平, 宿琛欣. 生态文化旅游地产开发模式实证研究 [J]. 生态经济, 2015, 01: 147 - 149 + 165.

[14] 戴承良. 有容乃大: 泰国 SPA 文化创意考察 [J]. 上海经济, 2015, 01: 69 - 75.

[15] 袁欣, 运迎霞. 水在城市商业空间设计中的作用——以日本博多水城和南京水游城为例 [J]. 建筑与文化, 2015, 03: 85 - 87.

[16] 张祖群. 影视与旅游联姻: 基于 2014 年的影视旅游研究的文献综述 [J]. 电影评介, 2015, 01: 7 - 12.

[17] 成立. 中国养老地产的市场布局与走势 [J]. 城乡建设, 2015, 03: 77 - 80 + 5.

[18] 陈艳, 陈浩. 困境与突围——中国建筑业 2014 年回顾与 2015 年展望 [J]. 建筑, 2015, 10: 8 - 26.

[19] 袁俊. 文化创意产业集群的生成与优化 [J]. 重庆社会科学, 2015, 06: 55 - 61.

[20] 一等. 历史文化遗产驱动型旅游地产开发模式 古城镇文化旅游地产运营成功的关键要素 (三) [J]. 建筑与文化, 2014, 01: 153 - 154.

[21] 黄猛, 金培姗. 旅游与地产加速融合背景下的商业模式选择 [J]. 武汉轻工大学学报, 2014, 01: 106 - 109.

[22] 盖国凤. 我国旅游地产发展影响因素及竞争力提升战略 [J]. 社会科学家, 2014, 08: 13 - 18.

[23] 张莹, 陈雷. 影视文化品牌塑造: 来自华谊兄弟的案例 [J]. 河北联合大学学报 (社会科学版), 2014, 05: 68 - 72.

[24] 陶欣欣. 旅游地产商业开发模式探讨 [J]. 现代商业, 2014, 30: 38 - 39.

[25] 一等. 历史文化遗产驱动型旅游地产开发模式重现古城商业文化的历史街区 (一) [J]. 建筑与文化, 2013, 11: 110 - 115.

［26］魏凯.旅游地产2.0时代［J］.中国房地产业，2013，10：76－87.

［27］李兆翔，林玟伶.两岸文化创意园区发展综合比较［J］.中国文化产业评论，2013，01：412－433.

［28］于梦颖.中国主题公园的发展——以欢乐谷为例［J］.现代商业，2010，21：163.

［29］李原.主题乐园运作管理现状分析研究——以上海欢乐谷为例［J］.中国市场，2015，52：95－96.

专题四　龙头企业篇

1

城市综合体——万达商业
地产成功的助燃剂

1.1

城市综合体——万达商业地产成功的助燃剂

　　大连万达集团创立于 1988 年，经过 20 多年的发展，截至 2015 年，已拥有 133 座万达广场、101 家高星级酒店、2557 块电影屏幕、51 家百货店。2015 年，企业资产 6340 亿元，年收入 2901 亿元，年纳税 302 亿元，已经跻身世界一流企业行列。[①] 万达商业拥有全国唯一的商业规划研究院、酒店设计研究院、全国性的商业地产建设和管理团队，形成商业地产完整的产业链和核心竞争优势。

　　万达集团在其发展过程中经历了四个成长阶段：

　　（1）起步阶段（1988~1992 年）。万达集团 1988 年注册时，100 万元的注册资本全部来源于借款，这是当时注册房地产类企业所需的最小资本额。1989 年，万达抓住了最为关键的一次发展机遇——北京街老城区改造。在大连市其他房地产开发商对老城改造不看好、不愿参与的情况下，万达果断接下了这个工程，大胆创新设计，取得了良好的销售业绩，获得了 1000 万的利润。这为万达摆脱资金困境、发展壮大夯实了基础。

　　（2）发展阶段（1992~2001 年）。1992 年 8 月，万达成为东北三省首批股份制试点企业，大连万达集团股份有限公司正式成立，宣告步入"万达时

---

　　① 资料来源：大连万达集团官网。

代"。这一阶段，"多元化经营"和"品牌营销"是发展的主题。1994 年，万达重金组建足球俱乐部，足球把万达品牌带入了千家万户。在品牌提升的同时，万达把经营触角向机电业、制造业、酒业、餐饮业等多个领域延伸。资产规模迅速扩大，创造了大连房地产业数十项第一，成为大连市的重点企业。

（3）转型阶段（2001 ~ 2003 年）。2001 年是万达发展史上发生重大转型的一年，万达集团探索出订单商业地产新模式，开始涉足进入商业地产并迅速完成全国布局。商业地产逐渐成为万达集团的核心产业。

（4）打造"国际化的百年企业"阶段（2003 至今）。2003 年，万达集团提出了"国际万达，百年企业"的设想，积极介入电影产业、酒店业、连锁百货业。通过发展，已形成以商业地产、文化产业、高级酒店、连锁百货为支柱的产业格局。万达的目标是到 2020 年，资产达到 2000 亿美元，市值 2000 亿美元，收入 1000 亿美元，净利润 100 亿美元，成为世界一流跨国企业。①

1.2
万达商业地产产品历经三代的演变

自 2001 年以来，万达的订单式商业地产产品已经历了一代单体店、二代组合店和三代城市组合体的发展升级。

1.2.1　第一代产品为单体店

一般选址在省会城市核心区的黄金地段（成熟商圈），占地 2 万平方米、建筑面积 5 万平方米左右，将多业态整合在一个单体建筑内，呈独立盒子外观。主力商家有沃尔玛超市 + 家电卖场 + 影院。第一代产品的盈利模式是，将 80% 面积的物业自持并作为低价主力店租给沃尔玛以产生影响力，其余 20% 面积的物业出售以解决现金流。② 虽然一楼物业的销售情况良好，

---

① 大连万达集团官网。
② 王剑超. 万达广场商业地产的发展模式与地产价值定论［J］. 福建金融管理干部学院学报，2011 – 10 – 25.

但小商铺承担了大量的成本压力，经营状况普遍不好，加上商业业态较单一，万达商业地产发展初期较为艰辛。其代表作有长春、长沙、南昌、青岛等地的万达购物广场等。

1.2.2 第二代产品为组合店

选址仍然在省会城市核心区的黄金地段（成熟商圈），但占地和建筑面积明显较第一代增加，分别达5万和15万平方米；主力店增加到4～5家，有百货、超市、建材、家电卖场和影院，内含6～10种业态，以室外步行街连接四五个独立单体盒子楼宇，将一、二层独立商铺销售，其他物业自持经营。由于零售类比例偏大且占总经营面积80%以上，缺乏娱乐、体育、酒店等业态，加上主力店各踞一方、分散经营，未形成店与店及人流的有效流动，导致整个项目缺少灵魂。其代表作有天津、武汉、南宁等地的万达商业广场等。

1.2.3 第三代产品为城市综合体

这是万达集团2005年以后开发的产品。选址在一、二线城市副中心，城市开发新区及CBD，总面积在30万平方米以上。在遵循集约化的规划理念基础上，以全新思维打造了被称为"商业中心的灵魂与纽带"的室内步行街，从而实现了建筑体平面立体的互动。有购物中心、高级写字楼、五星级酒店、国际影城、公寓、住宅等多重业态，真正实现了购物、办公、居住、娱乐、休闲的多功能复合。其代表作有北京、上海、广州、宁波、成都、重庆等地的万达广场等。

1.3
城市综合体以其突出的优势助推万达成功

万达的商业地产产品升级到城市综合体这个阶段时，已经具备了非常鲜明的特色与突出的优势。

1.3.1　"订单地产"的招商模式，解决了招商难与资金压力

万达商业与沃尔玛、家乐福、百安居、肯德基、必胜客、百脑汇、国美电器、运动100、大歌星KTV、灿坤数码、红星美凯龙、大食代美食广场等1000多家商家签有合作协议。万达广场开到哪里，这些商业也会有新店加盟开业，避免了招商难的问题。先招商后建设，开工时大部分商业已经落位，建筑功能明确，利用率高，预收的保证金也减轻了建设投入的压力。

1.3.2　培养了专业管理团队，形成了完整的产业链

万达广场前期的选址和方案设计，由万达专业的发展部和独有的商业规划院进行研究规划；在招商过程中，针对主力店客户形成订单地产服务并在规划设计中完成技术对接；在项目建设过程中拥有强大专业的开发建设团队，以及拥有管理数百万平方米大型商业广场经验的万达商业管理公司，最终打造了完整的商业地产上下游产业链。

1.3.3　多功能业态的聚合，为居民生活带来巨大的便利性

第三代城市综合体以"城中之城"的交通组织和功能规划在"一站式"服务的基础之上，通过对观光、休闲、娱乐、游憩等公共空间的组织营造，极大程度地方便了居民。

1.3.4　新商业中心的打造，形成了巨大的辐射力

第三代城市综合体，因项目的大规模、大体量而成为所在城市新的地标式建筑、新的商业中心、新的城市中心，成为一个城市新的象征、行业新的标准。周边很多知名地产商在销售房子时，都把距离万达多少米作为项目的最大卖点。

1.3.5　物业的高品质与适用性，带来了可观的价值提升空间

第三代城市综合体在做足自身使用价值的同时，会带动项目地块价值提升，以及同区域的土地价值、建筑价值、产业价值和价格的提升，同样会带动整个城市房地产业的价值提升。

万达商业地产创造着一个又一个商业奇迹。如今，万达的城市综合体已经从一个城市一个万达广场的单一布局，演进到一个城市有两个甚至多个万达广场的多核布局。自2005年至今，万达城市综合体迅速遍布全国。其独特的开发模式、丰富的业态配比、超大的体量、完美的购物体验，保证了每一个万达广场都能实现满铺开业，持续旺场。万达以前所未有的资本核聚效应，推动整个板块乃至整个城市的跨越式发展。可以说，万达的成功离不开城市综合体战略的选择，城市综合体是万达成功的助燃剂。

2

万达领航中国电影院线的发展

国内购物中心最早大规模设立电影院是从万达集团开始的，经过近十年的发展，万达集团成为全球规模最大的电影院线运营商。2015年11月22日，万达影院正式登陆 A 股市场，成为中国院线第一股。① 万达院线秉持着"一切以观众的观影价值和观影体验为核心"的服务理念，打造高品质影城。

2.1

携手外资成为全球最大的电影院线运营商

早在 2004 年，大连万达集团和美国时代华纳兄弟影院签订协议，在全国共同创建"华纳万达"国际影院，后来发展成为万达院线。由于国家规定，"中外合资、合作电影院不得冠以境外影视（媒体）、院线名称；中外合资电影院，合营中方在注册资本中的投资比例不得低于 51%；中外合作电影院，合营中方应拥有经营主导权"，华纳通过与万达的合作顺利绕开了障碍。

万达集团董事长王健林对引进华纳影院做出了这样的解释，万达作为购物中心，影院设置是一个必要条件，因为全球购物中心无一例外都配有一家影院，差别只是影院的大小。当时，万达在全国开张的购物中心已经有 20 个，在招商运营过程中发现引入电影院非常必要。可是在谈判中，万达发现

---

① 李京京. 万达院线将于今日登陆 A 股：资本拟助推跨越式发展做全球顶级电影院线运营商 [N]. 证券日报，2015 – 01 – 22.

国有影院企业很难跟上万达的发展速度，而在外国企业中，华纳进入中国市场的决心最大，他们在中国等待机会已经超过了 10 年。双方合作，可以使华纳品牌在政策允许的范围内，迅速拓展中国市场，因此双方一拍即合。

2006 年，华纳兄弟与万达分手，一位被万达员工奉为"偶像"级的人物包嘉忠开始接手原来归华纳主管的万达电影院线。他借鉴了国外一流影院的先进经验，在理清思路后，万达电影院线"一月略三城"，连开 3 家影城，开创中国电影百年影院建设新纪录。

2012 年 5 月，万达集团和全球排名第二的美国 AMC 影院公司签署了总交易金额 26 亿美元的并购协议。美国 AMC 影院公司是世界排名第二的院线集团，2011 年收入约 25 亿美元，观影人数约 2 亿，员工总数 2 万人左右；旗下拥有 346 家影院，共计 5028 块屏幕，其中有 IMAX 屏幕 120 块、3D 屏幕 2170 块，是全球最大的 IMAX 和 3D 屏幕运营公司。① 近几年美国 AMC 影院公司由于负债过高，公司运营出现了亏损。并购后，万达将为 AMC 影院公司归还贷款，并对影院进行升级改造。

收购 AMC 公司后，万达集团同时拥有全球排名第二的 AMC 院线和亚洲排名第一的万达院线，从而成为全球规模最大的电影院线运营商。2016 年12 月 21 日，万达集团旗下美国 AMC 院线并购美国卡麦克已成功交割，AMC 成为美国最大院线，同时也成为全球最大单一院线。并购后，AMC 拥有影城超 900 家，屏幕超过 10000 块。②

2.2
一流的设施＋规范化管理＋星级般服务

如何把观众拉进电影院，让观众亲身感受在家里看 DVD 与电影院看大片的差别？毫无疑问，最真实地还原电影声光效果，才能把观众留在电影院里。万达电影厅采用意大利放映机、银幕采用英国进口的超视野整壁式巨幅银幕，具有超大、超宽视野的观影效果。杜比环绕音响、杜比数字解码器、美国 DTS 数字解码器、QSC 功放、德国的高清晰度放映镜头，视听效果无

① 万达集团巨资并购美国 AMC 影院公司. 大连万达集团官网.
② 美国 AMC 并购卡麦克成功交割, 成为全球最大院线. 大连万达集团官网.

比震撼。在万达影院，观众能享受到高科技带来的视听震撼。

不仅如此，万达的决策层很早就意识到，当电影院线发展到一定程度，比拼的决不仅仅是资本的力量。随着以金典地产为代表的后来者进入电影院线市场，资本的优势逐渐淡化。万达院线意识到硬件五星级，不代表着一个电影院的最高等级，软件五星级才是电影院线锦上添花的秘密武器。万达院线参考了肯德基、麦当劳的管理实践，加以融合、创造，形成了万达电影独特的管理模式与管理经验。

万达电影院线在全国 21 个城市有 29 家自主投资的影城。全国所有的影院系统都有统一的接口，院线负责全国统筹，各地影城负责执行，以"万达电影"为核心的电影品牌体系实现了全国"统一品牌，统一经营，统一供片，统一管理"。一张万达院线会员卡，全国通用。除了建立全国集中的数据中心，万达还是国内第一家在各家影院设立 IT 经理职务的电影院线。

万达电影院线是联结观众和片商的一个纽带。一方面，院线协助各地的影城梳理销售流程、营销流程、服务流程，建立以客户为中心的快速反应管理系统；另一方面，院线为片商建立专门的客户服务系统，片商只需要用院线提供的用户名、密码登上系统，就可随时了解、拷贝宣传品及放映数据等相关方面的情况。影院的业务流程标准化了，票房收入透明化了，片商、影院、院线各环节在票房分配问题上的矛盾就少了，合作就更加诚信。

影院管理方面，万达实行了"精确制导，分众营销"的市场操作思路。结合每一个影院所在地电影消费的特点，院线提供了不同种类的影片配餐，进行差异化营销，比如广州多以粤语片、港片为主；上海则多以国外进口大片、英文片为主。

客户服务方面，万达院线在所有影院开展"客户关系管理（CRM），客户俱乐部"，通过举办丰富多彩的客户俱乐部活动和构建客户"积分计划"激发客户的电影消费欲望，引导大众形成对电影的"习惯性"消费模式。

2.3
小前台、大后台运营模式

影院处于电影行业里"制、发、放"3 个环节之一的放映环节，而放映环节里的关键点是产品采购、排片和推广。以前，影片的排片和推广都交由各店长负责，营销各自为政，缺乏统一的营销规划，更不用说精准营销和打造品牌了。2011 年，在 IBM 的帮助下，万达院线通过 7 个月的梳理和改进，完成了院线全流程的重新梳理，并打造出"小前台、大后台"的新模式。

万达院线将原来的营销体系进行整合并重新划分职责，影片的选择、排片、推广策略全部交由总部统一制定，全国 100 多家影院负责落实。各个影院间彼此配合、相互呼应，影片推广融合为一个整体。比如一些年度大片，由于涉及复杂的营销策划活动，需要相关的影院参与配合。总部的职责是负责整体思考、策划活动的视觉效果、时间档期、主题词等内容；当整体策划方案出台后，全国各个影院门店快速响应并执行方案。各地门店成为万达院线面向当地观众的统一窗口，并向他们提供万达院线全国统一的标准化、精细化服务。

万达院线还将原来"总部—门店"的 2 级架构转变为"总部—大区—门店"的 3 级管控体系。这一组织模型的调整，改变了万达院线各门店"麻雀虽小、五脏俱全"的状态。通过"大后台"进行集中决策和资源共享，形成总部强大的"大脑"。同时，"大后台"的组织结构也从职能型向服务型转变，门店的职能得到精简。在此基础上，通过管理标准化和作业标准化的管理方式快速复制"小前台"，为万达院线未来的快速扩张提供管理支撑，并在一定程度上解决了万达院线快速扩张时遇到的人才瓶颈。

为了营造"小前台、大后台"的模式，万达院线将店面设施、硬件设备、管理流程全面标准化。所有的万达影院，无论规模大小，所有的设施、设备、服务水准，都和万达 CBD 旗舰影院一模一样。从银幕、音效系统、系统的调校……甚至每一个氙灯该用多久、座椅的起坡度等观众们不知道的幕后细节，都有厚厚的一摞标准。除此之外，万达院线的专业规划部还定期与包括服务器、GDC、科视、杜比等设备和服务提供商及合作伙伴的工程师进行研讨。

除对硬件设备统一外，万达院线还将软性的服务流程也标准化。万达院线对每一位放映员进行考核和评级，并为他们建立了一整套严格的教学培训体系和放映体系。甚至院线中销售的爆米花，其设备、原料都由总部统一招标，销售人员统一执行一套标准化的操作和服务流程。

打造后台的共享服务中心，将遍布全国的万达院线进行标准化管理，就是万达院线的"小前台、大后台"的管理模式。这个模式的好处是，前台瘦身，可以轻装上阵走得更快；后台变成专业化体系，以支持前台的 100 个门店甚至更多的门店，为未来的扩张做好充分准备。

2.4
以客户为中心的会员服务

据了解，国内院线尚未形成有规模的、真正意义上的会员体系，院线会员卡仍以打折、促销为主，无法为会员带来更多增值服务，观众黏性也不高。

为了抓住会员的心，万达院线构建了一套以会员忠诚度管理为核心，涵盖会员统一数据、会员沟通、会员营销、组织和流程的完整以及规范的会员运营体系，有效获取和维系价值会员，提高会员的整体消费贡献比。

2011 年 6 月，万达院线的官网——万达电影网上线，除了保持原有宣传推广的作用外，还提供了网上购票服务，观众可以随时随地在线购买电影票并挑选座位。官网通过记录和分析每位会员每一次的观影行为，可以将会员区分为价格敏感者、影片敏感者和影星敏感者，并提供相应的服务。

后台将影院接触消费者的各个节点进行监测，进而优化流程，以期提升会员的忠诚度。当会员对万达影院的消费体验累计两次不满时，影院会听取他的意见，并对不完善的环节进行改进，同时为这位会员提供适当的奖励或免票，以吸引他再次来万达影院观影。如果某位会员每个月都去万达影院观看动作片，突然间断了半年，那么万达院线的客服人员会主动向会员推荐最近不错的动作片，甚至为这位会员预留一张去影院的电影票。

万达院线针对会员精细的个性化服务赋予了这个平台全新的功能，正如万达院线总经理叶宁所说，"我们期待万达影院提供的不仅仅是更好的观影体验，还是一个全新的社交平台。会员中有喜欢看电影的单身男女，他们经常光顾同一家万达影院或是喜爱同类型的电影，甚至在万达官网或者微博上发表过类似的影评，万达影院可以精确捕捉到他们的行为，并为他们推荐下一部同类型的影片。在这样的氛围下，他们还可能会产生一种奇妙的缘分。"

3

万达转型进军旅游地产

早在 2007 年，万达就明确把发展旅游产业作为集团未来 10 年甚至是 20 年的主要战略方向。董事长王健林将旅游地产定位为未来万达的支柱型产业，他认为尽管万达具备足够的竞争优势，但这种竞争优势的持久性必须尽早考虑。2015 年 8 月，万达西双版纳国际度假区历经 3 年建设、斥资 1300 亿元，终于开业了。万达计划 5 年内到访游客 2 亿人次，收入 1000 亿元成为世界最大的旅游企业。① 万达发展旅游业突破传统模式创造了自己的独有品牌产品，建立了完整的旅游产业链，实现线上线下完全融合。

3.1
六家联手　打造国际度假区

万达长白山国际度假区位于吉林省抚松县松江河镇，坐落于长白山脉腹地，临近长白山天池西坡景区。度假区总占地面积 21 平方公里，其中建设用地 11.5 平方公里，项目总投资 230 亿元人民币，由万达集团集合了泛海、一方、亿利、联想、用友五家企业联合投资，是中国目前投资额最大的单体旅游项目②。该项目已被吉林省政府批准成为长白山旅游接待中心的重点建设项目，是全省集中力量建设的旅游接待基地之一，享受省级经济开发区的特惠待遇。

度假区分为南、北两区。北区为"旅游服务区"，包括行政中心、医

---

① 万达：5 年内成为世界最大的旅游企业［N］. 南方都市报，2015 – 09 – 29.
② 资料来源：万达长白山国际度假区官网。

院、学校、长白山万达广场以及住宅区等；南区为"体育休闲度假区"，包括滑雪场、酒店群、旅游小镇和度假公寓等。

2010 年年初，抚松县政府提出"松抚一体化新城"的概念，将"松抚一体化"旅游发展战略列入政府工作的重点。"松抚一体化"以长白山国际旅游度假区为核心，整合抚松镇、松江河镇、兴隆乡、东岗镇部分区域建设新城。其中，长白山国际旅游度假区的北区作为规划的"主中心"，引领整个区域的战略发展。

"松抚一体化"旅游发展战略总规划面积 500 平方公里，总体布局为"一带、三心、五区"。"一带"是指沿交通廊道形成的城市发展带；"三心"是指以长白山旅游服务区为主中心，以松江河、抚松镇各为副中心；"五区"包括抚松镇教育文化生活区、兴隆生态农业服务区、长白山旅游服务区、松江河临港物流加工区、长白山体育休闲度假区①。最终形成在一片行政区域中，县城及多个镇区以一个商业旅游项目相连，并以项目为核心的新城。

3.2

商业地产　撬动长白山板块

北区作为旅游新城服务区，包括行政中心、文化中心、教育体系、医疗体系、精品住宅等，总占地面积 5 平方公里。由万达领衔开发的长白山商业中心也位居于此，全面引入"万达广场模式"，以成熟的商业地产开发经验、国际品牌合作者的强大实力，在长白山腹地实现"一座万达广场，一个城市中心"的商业板块价值升级。

万达集团独有的"订单商业地产"，采取"先招商，后开发"的模式，与数家国际国内知名公司结成战略合作伙伴，其中包括位居世界 500 强的零售业巨头沃尔玛、家乐福、乐购及欧尚等国际品牌企业。除此之外，还引入了多厅影院、美食中心等，打造人气聚焦的新城繁华中心。

长白山商业中心的建立，完全突破了这一区域原有的零散商业分布，以核心商业巨头形成吸附效应，促进整体大商圈的形成，带动区域商业整体升

---

① 抚松实施一体化战略. 白山在线，2010 – 06 – 18.

级，无疑是万达广场的又一次升级。背靠中国最大的旅游投资项目，由万达领衔六大集团联合打造，长白山商业中心不仅成为新城的繁华中心，亦将成为整个长白山板块的价值枢纽。

3.3
住宅先行　占领新城中心

长白山商业中心为新城带来了浓厚的城市化氛围，包括行政中心、文化中心、医院、学校等基础建设，极大地完善了城市配套，全面承接了区域原有的行政功能和文化积淀，并以强大商业引擎推动城市化进程，将成为区域内最炙手可热的地块。

在这里选择一处居所，成为城市先驱者把握价值、提前占领未来繁华核心的远见之选。六大集团联合开发的长白山·明珠——长白山国际旅游度假区住宅示范区，延续"万达制造"的一贯高品质，以纯正欧式建筑、花园式社区，以及高附加值的物业管理，为新城居民提供可靠的品质住宅，亦可将未来城市繁华核心收于窗前。对比一线城市中心住宅一房难求的局面，长白山·明珠的未来潜力不容小觑。

除了长白山·明珠，2012 年新增的住宅项目也都处于最好的地段。北纬41°紧邻北区未来的商业中心万达广场；而南区旅游地产项目则是南区所有高端居住区中，离滑雪场最近的地块。万达发力培养市场的决心由此可见一斑。

3.4
五大功能　引领休闲娱乐业发展

南区作为体育休闲度假区，是一个集旅游、会议、休闲、商业、娱乐等功能于一体的山地度假综合体，被规划为滑雪场、高尔夫球场、高端度假酒店群、旅游小镇、森林度假别墅区等五大主要功能区，总占地面积 13.34 平方公里。

3.4.1　滑雪场——冬季冰雪娱乐胜地

滑雪场由世界排名第一、设计过五届冬奥会比赛场地的加拿大埃科塞

（Ecosign）公司进行设计，能满足冬奥会等国际赛事要求。滑雪场总占地面积7平方公里，拥有滑雪道43条，雪道总长度约30公里，可同时容纳8000位滑雪者，每小时运力达到22000人。滑雪场拥有东、西两处设施完备的滑雪服务中心，在制高点还布置了一处山顶餐厅，为到达山顶的滑雪者提供了休憩、餐饮、观光的绝佳去处。[①] 国内领先的滑雪场设计配上国际一流的滑雪娱乐设施，将使长白山国际旅游度假区成为冬季冰雪娱乐胜地。

3.4.2　高尔夫球场——顶级大师的精心设计

度假区共规划建设两个特色高尔夫球场。其中，18洞森林高尔夫球场，占地面积1.34平方公里，由世界排名第一的高尔夫球场设计大师杰克·尼克劳斯亲自设计并为每洞签名；36洞峡谷高尔夫球场，占地面积2.75平方公里，由世界排名第二的高尔夫球场设计大师罗伯特·琼斯亲自设计并为每洞签名。

3.4.3　高端度假酒店群——奢华品牌群星璀璨

长白山国际旅游度假区规划有10个顶级度假酒店，客房总数3000套。其中包括六星级柏悦酒店（全球著名的凯悦酒店集团旗下顶级奢华品牌，是中国大陆地区开设的第一家柏悦度假酒店）、六星级威斯汀酒店、五星级凯悦酒店、五星级喜来登酒店、四星级假日酒店、公寓式酒店等。现已有8家开业。

3.4.4　旅游小镇——露天的购物中心

旅游小镇位于长白山国际旅游度假区的中心，集购物、休闲、餐饮、娱乐、文化等功能于一体，是整个度假区的核心设施。旅游小镇由大剧院、文化中心、萨满博物馆、温泉洗浴中心、商业街等设施组成。其中，大剧院有升降、推拉、旋转式于一体的舞台，还有660个豪华座位，硬件设施达到国

---

① 万达长白山国际度假区官网。

际一流水平。文化中心设有多厅豪华电影院、配备一流音响的量贩式 KTV 以及大型室内电子游乐场。萨满博物馆为两层，展示长白山作为世界萨满文化发源地的历史文化特征。洗浴中心引入长白山独特的富含多种矿物质的温泉水，既为游客消除疲劳又有益身体健康。商业街共有 100 多间各式店铺，满足游客的文化、餐饮、休闲、购物的多种需求。

3.4.5　森林别墅区——北美风情住宅

森林别墅区占地 2.1 平方公里，拥有别墅 600 栋，采用具有北美乡村风情的林中木屋建筑风格，分三期滚动开发、销售，目前每平方米单价超过 2 万元。①

旅游休闲离不开娱乐，更离不开商业服务。长白山国际度假区建设了由运动服务、休闲体验、生活服务、应急服务以及特色商品五类商业功能组成的旅游小镇，与滑雪服务中心、星级酒店群有机结合，同时根据不同的项目，再配合以文化商业和旅游的要素，形成了集"主题项目＋商业地产＋酒店＋住宅＋文化产业＋百货业"于一体的复合旅游地产模式。

3.5

巨资打造　形成巨大核能

万达投资旅游产业都是大手笔、高难度、集中式地完成。一个两百多亿的旅游项目，规划了十个酒店和其他的要素，在规定的时间，以规定的高标准，在规划范围之内把这两百亿集中花完，然后在规定的日期集中开业。无数的要素能够被集中起来，聚合形成巨大的核能，进而产生巨大的品牌影响力和市场影响力，形成 1＋1＞2 甚至 1＋1＞3 的聚合效应。

万达的每一个旅游巨无霸项目都会有个主要定位，同时配合其他的文化、商业和旅游的要素，每个项目都会有商业街、美术馆、博物馆、医疗、教育中心等，这些要素被整合起来，会形成巨大的能量。因此，强大的商业地产运营能力就是万达进军旅游地产的最大资本。

---

① 万达长白山国际度假区官网。

3.6

放眼未来 逐步实现转型

万达提出两个主要战略方向，一个是跨国经营；另一个是企业转型。房地产并不创造核心技术，不是长青的行业，任何国家的房地产行业，在住房成熟度高了之后，这个行业就开始萎缩。为了防患于未然，万达从最符合中国国情的"人多"这个特点入手，大力发展零售、文化和旅游度假产业，储存未来十年的竞争优势，并准备在 2020 年彻底实现转型，使零售、文化和旅游这三块收入占集团总收入的 50% 以上。

旅游地产市场上大鳄云集，旅游地产投资周期长，回报比较慢，需要万达有"十年磨一剑"的心态，而不再是商业地产的运作思维。对于万达而言，要成为中国旅游地产老大，需要做的还很多，至关重要的是坚定的信心和敢为人先的开拓创新精神。

4

万达高调进军文化旅游产业

万达文化产业集团已经进入电影院线、影视制作、舞台演艺、电影科技娱乐、主题公园、连锁娱乐、字画收藏、文化旅游城等多个行业。作为商业地产巨头的万达集团开始向文化产业转型，期望 2020 年商业地产收入比重降到 50% 以下，彻底实现转型目标。万达文化产业从发展之初就确立了其独特的发展模式，在四个方面形成自己的核心竞争力。

4.1
大投入大产出的开发模式

万达集团采用多产业要素组合模式，将电影院、量贩 KTV、电子游戏、儿童娱乐和零售、美食等组合在一起，创立了万达城。

万达文化旅游城沿用了商业地产多产业要素组合的模式，凭借多年在商业、文化、旅游产业积累的丰富经验，打造了世界首个特大型文化旅游商业综合项目。目前，万达已在长白山、武汉、西双版纳、哈尔滨、南昌、青岛、合肥、无锡等地规划开发多个重大文化旅游项目，如表 4 - 1 所示。无锡万达文化旅游城作为万达集团在国内投资建设的第八个文化旅游项目，标志着万达文化旅游产业的全国布局初步形成。

无锡万达城位于无锡市滨湖区，项目占地 140 公顷，总建筑面积 120 万平方米，总投资超过 300 亿元，其中文化旅游投资 210 亿元人民币，预计年接待游客 2000 万人次左右。该项目于 2013 年第四季度开工，2017 年建成开业，能够直接创造 3 万个就业岗位，预计年收入 60 亿元，年纳税超过 6

亿元。① 包括文化、旅游、商业和酒店四大内容，其中文化项目包括大型歌舞秀、电影乐园和电影城，而旅游项目规划有室内儿童主题乐园、极限运动馆和室外大型主题公园。

表 4 - 1　　　　　　　　　　万达文化旅游项目

文化旅游项目	地理位置	占地面积（平方公里）	总投资（亿元）	开业时间	特色项目
武汉中央文化区	湖北省武汉市武昌区	1.8	500	2011.9.30	汉街杜莎夫人蜡像馆、楚河汉街、首义广场、武汉东湖、昙华林
长白山国际度假区	吉林省抚松县江河镇	21	230	2012.7.28	滑雪场、冬季雪上赛场、度假小镇、长白山国际度假区国际会议中心
青岛东方影都	山东省青岛市黄岛区	3.76	500	2013.9.22	影视产业园、电影博物馆、影视会展中心、汽车极限秀
西双版纳国际度假区	西双版纳傣族自治州景洪市	6	150	2015.10.29	大型雨林体育公园、傣秀剧院、梦幻主题公园、健康之城
南昌万达城	江西省南昌市九龙湖新区	1.6	400	2016.5.28	海洋乐园、中国最高最快最长的超大型过山车
合肥万达城	安徽省合肥市滨湖新区	1.0	300	2016.9.24	大型舞台秀、滨湖酒吧街、室内水上乐园（四季恒温）
哈尔滨万达城	黑龙江省哈尔滨市松北区	0.8	200	2017年（预计）	2000万大型冰雪主题公园、世界最大滑雪场及主题公园、大型秀剧场
无锡万达城	无锡市滨湖区	1.4	300	2017年（预计）	极限运动馆、室内大型儿童主题公园

　　万达城的巨额投资需要大量资金的支持。对此，万达集团计划通过住宅、商业地产等物业的开发和销售，来保证文化旅游项目运作所需要的巨额资金。对于销售为主、现金为王的万达集团，房地产产业无法产生长期、持

---

① 万达文旅城无锡旅游转型发展标杆　预计年收入60亿元［N］.新华日报，2014 - 07 - 29.

续、稳定的现金流，而传统文化产业的投资较高，回收期也比较长，无法弥补其现金流需求。因此，万达文化产业并没有走传统文化产业的老路，而是以大投入大产出的模式发展。但是巨额投资的财务风险较大，这就要求万达集团的每项巨额投资都需要经过慎重和反复的分析测算，在一定程度上降低经营风险。对于一个文化旅游城来说，每年至少要创造几十亿的收入才算实现其经营目标，为万达集团带来现金流，同时也证明其大投入大产出模式是值得重视和借鉴。

4.2
注重文化与科技的结合

万达集团非常重视信息管理，拥有自己的信息管理中心，并且连续三年被国家工信部评为全国信息化百强企业。这不仅为企业的发展提供支持，也说明了万达集团对于高科技的追求。

万达文化旅游城就是高科技文化产业项目，万达在武汉投资的汉秀，有7项技术拥有中国专利，如其"飞行LED"技术为世界上首个可以飞行移动的LED屏，由三块大型LED屏组成，总面积超过200平方米，总重超过200吨。LED屏由万向轴和机械臂控制，可以根据演出需要任意移动组合，放大了舞台创作空间。另外，为了配合其演出项目，万达更是将原本只有美国公司能生产出来的水下特种设备研发出来，不仅技术参数超越美国设备，更节约了大量成本。[①]

万达在武汉建设的电影乐园，拥有3D影院、4D影院、动感影院、飞行影院、太空影院、互动影院六种立体动态电影节目，这些电影节目不仅可以观赏，还能让游客亲临其境参与互动。如互动影院节目的"西游斗魔"，根据西游记的故事设计了八个场景，包括三打白骨精、智斗牛魔王等，游客乘坐四人轨道车，用电子炮发射虚拟子弹去"降妖除魔"，不同的妖怪难度不同、分值不同，最后以得分决定胜负。在飞行影院中，可以享受到高清晰度的超大穹型画面、动感座椅、全方位六声道立体音响配音。在西方国家，电影业的发展会直接推动经济的发展。美国好莱坞已经成为人类的造梦机

---

① 资料来源：大连万达集团官网。

器、世界电影的轴心、电影文化的艺术梦幻，在好莱坞环球影城，游客可以亲身体验电影制作的全过程，通过高科技主题乐园回顾影片的精彩片段。而在不久的将来，万达文化产业集团将会开启真实的电影科技体验之旅，给人们带来一场科技与文化的盛宴。

4. 3
寻求全球知名企业和优秀人才的合作

2016 年 7 月份财报数据显示，万达集团收入 1199. 3 亿元，同比增长 10. 6%，其中万达文化集团收入 290. 3 亿元，完成上半年计划的 105. 7%，同比增长 57. 1%。文化产业发力迅猛，占集团总收入比重攀至 24. 2%。[①] 万达为了打造大规模的文化产业，在全球范围内搜寻合作伙伴和优秀人才。

文化产业中的很多行业都是小众化的，万达与这些公司谈判并签订合作协议，以获取最优秀的资源。如电影科技娱乐，全世界只有美国的三、四家公司能够制作这种软件；万达的室内水乐园、室内儿童主题乐园、室外主题乐园等项目，都与全球最优秀的设计公司达成了战略合作协议。国外很多文化产业软件创作公司，都是采取和运营公司分成的经营模式，万达集团则是自己创作故事主线，研发支持设备，并且将软件产权买断，从而使万达集团成为国内拥有知识产权较多的企业。

文化产业需要优秀的创意人才，而这些优秀人才在短期内很难培养出来，万达集团以多种方式寻求与优秀人才的合作。如汉秀的"飞行 LED"的创意来自全球顶级舞台艺术和建筑大师马克·菲舍尔先生；万达文化城的许多大型舞台秀都是由全球顶级舞台艺术大师弗兰克·德贡先生策划导演。万达集团与马克·菲舍尔先生签订了排他协议，与弗兰克·德贡先生的团队成立了合资公司，以实现长期合作。另外，万达以高薪水和优厚的工作条件吸引了许多优秀人才为之服务，万达文化旅游规划院就有首席特效师、首席造景师、首席特种设备师等六个首席设计师。

万达坚信，只有通过整合全球优秀的企业和人力资源，才能实现超越式发展，更好更快地实现其文化产业蓝图。

---

① 周丽. 万达转型样本：文化产业收入比重升至 24. 2% ［N］. 中国经营报，2016 – 07 – 09.

4.4

彰显中国文化元素和地方特色

中国文化博大精深，文化产业却发展缓慢。万达集团希望万达文化旅游城像迪士尼一样成为闻名世界的文化品牌，将中国文化元素融入其中，成为中国文化的符号。万达的大型舞台剧海棠秀将三亚海棠湾的古老爱情传说搬上舞台，采用独特的中西交融文化视角，通过音乐、舞蹈、杂技及现代化尖端舞台科技，营造出如梦如幻的舞台胜境，实现"中国故事，国际演绎"；而武汉"汉秀"则完全是中国故事，并且演出中使用的所有特种设备都是自主研发的。万达集团正努力培养国内人才，希望未来能够全部使用中国演员来演绎中国古老的故事。

目前，万达已在南昌、合肥、无锡等地规划开发了多个文化旅游项目。为了避免游客审美疲劳，实现差异化，万达在各地开发的项目都要求突出地方特色。比如哈尔滨主题公园采用冰雪主题，合肥主题公园强调徽文化，西双版纳主题公园着重茶马古道。电影科技娱乐的互动节目，武汉是西游斗魔，青岛是封神演义，无锡是水漫金山，这些都是与当地文化的结合。在每个地区重新编排、重新演绎不同的故事虽然需要时间和金钱的投入，但也使每个项目都具有自己的文化特色，能吸引游客观赏不同地方的文化旅游项目，从而保证各个项目的运营效果。

万达集团表示，在未来的10年，中国的文化产业将迎来爆发式增长，成为发展最快的产业之一，这个商业地产巨头将继续引领中国其他企业走向文化产业的新时期。

5

万达广场引领上海新商圈的形成

大连万达集团创立 29 年来，已经形成包括商业地产、高级酒店、文化旅游、连锁百货在内的四大核心产业。其中，建成的商业地产项目——万达广场已有 185 座①，产品形式从第一代单店到第二代组合店铺，再发展到第三代城市综合体，其选址、主力店、建筑业态也随之发生变化。

5.1
万达广场选址的特点

2000 年以来，万达广场的选址逐步从城市中心、城市核心商圈向城市副中心、城市新区中心转移，具体特点如下：

（1）选址在商业密集度高的核心商圈。在万达广场发展初期，由于品牌知名度较小，需要考虑为未来稳固发展提供保障，因此选址多在城市的核心商圈建，这样就可以依附周边已经建设和完善的商务设施而快速发展。由于繁华的核心商圈同类型商业店铺密集度高，万达广场还可以分享其原有的消费客流，从而保证了一定的客流。

（2）选址以核心商圈为主并向城市副中心转移。第二阶段的万达广场已经由多个单体建筑组成为一个整体的商业组合广场，其主力店除了世界零售巨头沃尔玛之外，也得到更多品牌的加盟。万达广场利用积累下来的品牌

---

① 大连万达集团官网。

知名度，依靠大规模、高端的商务设施建立自身的影响力，趁热打铁建设高端的商业组合业态，在选址上除了继续选择核心商圈外，开始向城市副中心转移。

（3）选址在新区中心。万达广场凭借"订单式商业地产"捆绑招商，已经拥有了很高的品牌知名度和影响力。在保障资金链和产业链双向平稳运作的基础上，通过完善并补充城市的功能，建立城市新的核心区域，从而形成以万达广场为中心的城市新商圈。因此，这个阶段万达广场开始选择新区中心、商业密度小的地区建设。由于万达广场的建成与投入使用能给政府、企业、消费者等带来共赢，因此，各地政府都大力支持万达广场到本地建设，上海也不例外。

5.2
上海万达广场的选址与业态

城市综合体是万达在世界独创的商业地产模式，包括大型商业中心、城市步行街、五星级酒店、写字楼、公寓等，集购物、餐饮、文化、娱乐等多种功能于一体，其巨型的体量很容易在一个大城市的某个区域或中小城市形成独立的新商圈。

上海市老商圈主要分布在徐家汇、人民广场、中山公园、四川北路、南京路周围，万达广场则选择了远离这些密集商圈，在中环路、外环高速周边建设，从而避免了与老商圈相对激烈的竞争，同时也带动了上海新商圈的形成。目前，建设完成的万达广场共有六座①，具体情况如图4-1所示。

由图4-1和表4-2可看出，上海已建成的六座万达广场都是2006年以后开业，总建筑面积都在30万平方米以上，其选址或在城市副中心，如五角场、江桥万达广场；或选择新区中心，如周浦万达广场建设在浦东新区中心，宝山万达广场建在宝山区和闸北区的交汇处；松江万达广场和金山万达广场则选址新区中心。

（1）杨浦区五角场的万达广场。上海杨浦区五角场广场被四条主要道

---

① 万达在上海现有八座商业综合体建成六个在建两个．赢商网，2016－10－12．

路包围，北部为政通路，靠南部为邯郸路，东部临近淞沪路，西临国宾路，面积约 3 平方公里，是上海四大城市副中心之一，与徐家汇、中山公园、陆家嘴等上海重要商业中心齐名，全名为"江湾—五角场"。五角场万达广场总占地面积为 6.012 万平方米，总建筑面积是 33.43 万平方米，商业面积 26 万平方米。①

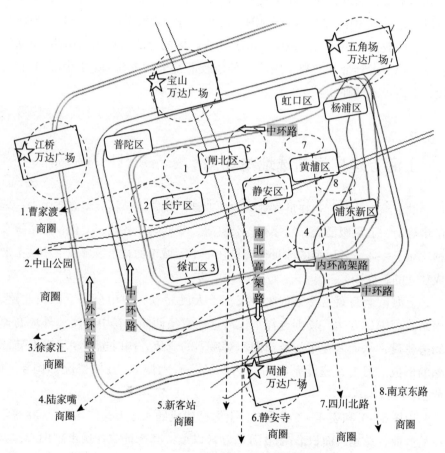

图 4-1 上海已建成万达广场的空间分布

注：序号标注 1~8 为上海市传统商圈；☆为上海市万达广场形成的新商圈。

上海五角场万达广场地上被分为五个大型商业单体和三幢甲级高层写

---

① 盘点！万达在上海到底有多少商业综合体，你都逛过了吗？搜铺资讯，2016-10-12.

字楼。主力店铺主要有特力家居广场、巴黎春天百货、沃尔玛、老凤祥等黄金珠宝城、上海第一食品商店等。自2006年12月开业以来，万达广场已成为五角场商圈核心区域的时尚新地标，也是上海最具代表性的商业中心之一。

表4-2　　　　　　　　　　上海市万达广场概况

广场名称	选址位置	总建筑面积（万平方米）	产品形态	开业时间
五角场万达广场	城市副中心	33.43	城市综合体	2006.12.23
周浦万达广场	新区中心	32	城市综合体	2009.9.19
江桥万达广场	城市副中心	55	城市综合体	2011.6.18
宝山万达广场	新区中心	30	城市综合体	2012.6.29
松江万达广场	新区中心	31.67	城市综合体	2014.5.30
金山万达广场	新区中心	46	城市综合体	2015.7.17

（2）南汇区周浦的万达广场。周浦万达广场位于南汇区，南侧为年家浜路，北侧为秀浦路，西侧为沪南公路，东侧为康沈路（见图4-2）。建筑面积为31.98万平方米，由购物中心、餐饮酒吧街、写字楼构成。主营店铺包括：万达百货、万达国际影城、大玩家超乐场、大歌星KTV等12家主力店铺，以及建筑面积为3.2万平方米的室内步行街。[①]

周浦万达广场周边分布上海市的工业园较多，区域内主要以旅游文化产业的经济发展为主。

（3）嘉定区江桥的万达广场。上海江桥万达广场地处西北嘉定区江桥板块，北靠金沙江西路，东临华江路，毗邻普陀区，处于长三角沪宁发展轴上，距离市中心人民广场直线距离仅约14公里，距中山公园仅约8公里（见图4-3）。是继五角场万达广场和周浦万达广场之后，万达在上海开发的第三个也是面积最大的城市综合体。总建筑面积约55万平方米，其中商业面积约25万平方米，包括城市公寓、商业广场、SOHO、餐饮酒吧街等多重物业类型，成为上海西区的一个璀璨商业亮点和地标性建筑。

---

① 周浦万达广场官网。

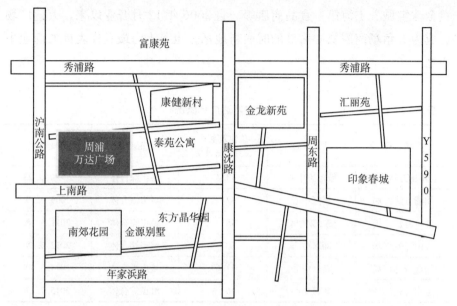

图 4 - 2 上海周浦万达广场的位置

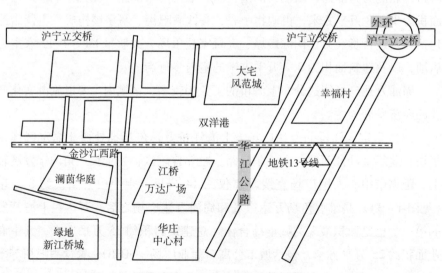

图 4 - 3 上海江桥万达广场位置

（4）闸北区和宝山区交汇处的宝山万达广场。宝山万达广场位于闸北区和宝山区的交汇处，北部为长江西路，南部靠近保德路，西部紧邻共和新路，总建筑面积为30万平方米，商业设施包括大型购物中心、高档写字楼、星级酒店、室内外步行街等综合业态（见图4-4）。商业经营面积约17万平方米，主力店包括沃尔玛、万达百货、国美电器、万达影城、大玩家。其中，室内外步行街引入国内知名品牌商家，如H&M、ZARA、屈臣氏、优衣库等，为顾客提供全方位一站式消费体验。玛莎百货也在宝山万达广场开出其在上海的第一家分店。

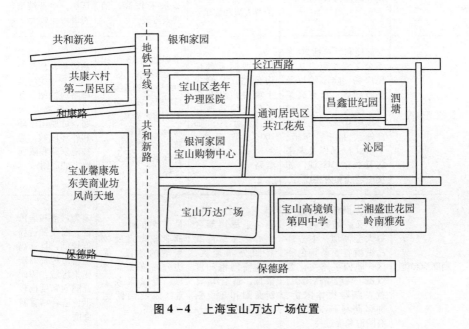

图4-4　上海宝山万达广场位置

5.3
上海万达广场新商圈形成的影响因素

一个新商圈的形成受到所在区域的人口情况、交通状况、商店聚集状况及商业区的形成和城市规划、产业结构等因素的影响。选取上海四个不同的万达广场，从以上方面进行比较，可以发现有不少异同点（见表4-3）。

表 4 – 3　　　　　　　　上海万达广场新商圈形成的影响因素对比分析

广场名称 因素	五角场万达广场	周浦万达广场	江桥万达广场	宝山万达广场
选址位置	城市副中心	新区中心	城市副中心	新区中心
人口密度	2012 年杨浦区常住人口达到 132.07 万人，五角场地处杨浦区人口最密集的地区，日均人流量为 60 万	北侧为康馨苑，南侧为菱翔苑，西侧为美林小城，东侧有沈默花苑、中原小区等居民区，具有一定的消费人流和需求	广场周边多分布高端公寓和居民区，如澜茵华庭、绿地新江桥城、水岸秀苑等，其潜在消费群体消费水平较高，消费人流较大	广场周边分布有共和小区、共康五村的七个村落、通河新村、三湘盛世花园等十余处人口汇集区域，中低端消费者占比较大
交通情况	交通便利，包括20多条公交线路可直达人民广场、陆家嘴以及高教园区；设有高架桥、地铁（3 号线、5 号线和 10 号线均经过此处）、地下行车道、下沉式广场以及未来将开放的 M8 线，邻接中环线和内环线	广场西侧紧邻沪南公路，北侧为上南路，设有多条公交线路通往周边地区，如1001、沪南线、992、万周专线等线路	毗邻地铁 13 号线金运路站，位于"虹桥交通枢纽"核心区域，交通工具包括航空、高速、磁浮、轻轨、公交等，具有现代综合交通优势	靠近共和新路上地铁 1 号线的共康路地铁站，并且临近高架公路，可通向中环和外环区域，通往南京路和陕西路上的商圈
商圈饱和度	有东方商厦、上海华联、又一城购物中心等大型商厦；中心环岛纵横着 5 条特色街区，即四平路文化餐饮街、翔殷路休闲街、黄兴路购物休闲街、邯郸路科技文化街，商圈饱和度过高	位于上海市新区中心，远离传统商圈分布地区，因此商圈饱和度很低，适合培育新商圈和建设新的商业业态	位于城市副中心，商业业态发展较繁华的地段，周边分布多家商务区、餐饮服务企业，因此商圈饱和度较高	多为村落和居民区，商业发达程度较低，且远离上海市传统商圈密集区域，因此商圈饱和度也较低，适合培育新商圈
城市规划和产业结构	现代服务业集聚区之一，重点发展科技研发和教育培训产业；靠近江湾新城，四周林立 15 所大专院校，另有一些科研院所及成人高校，文化教育资源十分密集。建设有四大高新科技、文化教育园区	周边商业设施建设完善，具有浓厚的上海旅游文化城为主的商业氛围	附近分布有江桥小学、曹金鹤中学、江桥幼儿园、行政管理学校等文化产业	新区经济发展较为缓慢，导致宝山万达广场的工作日客流量较少，商业店铺出现空闲待租的状态

资料来源：根据万达官网资料整理。

　　由表4-3可见，上海市这四座万达广场，均选择人口密度较大地区进行建设，消费客流较大，交通十分便利，靠近地铁线路和高速公路，是交通汇集地段。但是，它们也有不同之处。首先，面向消费人群不同，五角场、周浦和江桥均面向高消费人群，而宝山万达广场主要面向中、低端消费者；其次，根据万达广场选址对应的商圈饱和度差异较大，五角场和江桥万达广场选址为城市副中心，因此商圈饱和度较高，而江桥和宝山万达广场选址在新区中心，同类型商业业态密集度小，商圈饱和度也相对较小。

　　万达广场挟体量大、业态全、商业氛围浓、商业设施完备优势，先后在全国各地的城市中心、副中心和新区中心，后发制人地占领市场和带动着一个个新商圈形成，从而获得"一座万达广场，一个城市中心"美誉。185座万达广场，185个地标性建筑，引领着新商圈的形成，影响着当地的商业地产开发和商业业态的运营。

6

万达上市后拉开再次转型的序幕

2014 年 8 月后，万达的各种举措让人应接不暇。从线上到线下，从项目投资到项目建设，万达的每一个动作，都对它自身有重大的意义，同时也给行业带来不可忽略的影响。万达在香港上市后，不到一个月的时间内又做出几个大动作，再次验证了万达是中国商业地产的领头羊。

6.1

商业运营：从实体百货向 O2O 转型

早在 2014 年 8 月 29 日，万达、腾讯、百度在深圳签署战略合作协议，宣布在香港注册成立万达电商公司，注册资金 50 亿元，万达集团持有 70% 股权，百度、腾讯各持 15% 股权，计划 5 年投资 200 亿元，打造全球最大 O2O 电商公司。"腾百万"作为中国线上、线下的三巨头，共同做一件事，使万达电商倍受瞩目。[①]

2014 年 12 月 26 日，上市后的第三天，万达正式与快钱公司签署战略合作协议，并获得快钱控股权，O2O 迈出实质性的步伐。毫无疑问，快钱将与万达电子商务产生强大的协同效应，加速实现 O2O 模式。对于一直在努力往电商和 O2O 领域发展的万达而言，这一举措打通了支付这一的核心环节，万达可以围绕快钱打造产融结合、融融结合、线上线下结合的完整金融产业链。而对于快钱来说，万达旗下的所有业务板块均将使用快钱支付平台，并将推出商家与会员使用快钱的大力度优惠措施。预计每年为快钱增加

---

① 万达电商获 10 亿元融资，估值高达 200 亿元. 百度新闻，2015.

数千亿规模的交易量，提升快钱的行业地位。

万达做电商以及选择O2O的道理很简单。首先，万达集团旗下有商业地产、酒店、文化旅游和百货四大产业，商业模式迥异。虽然各个产业都给万达带来大量的用户数据，但这些数据相互独立，不仅造成信息资源的浪费，也给其带来巨大的管理成本。因此，如何将这几块业务串起来，编织出一张庞大的数据网，形成合力共同促进其发展，成为万达急需解决的问题。互联网作为新时代的标签，能将各个产业紧密地联系在一起，是个很好的工具。其次，基于万达广场自身优势和资源，O2O是万达电商的上上之选。与传统意义上的电商不同，O2O以及基于O2O模式的电商，除了商品之外，更加强调服务。它提供的不仅仅是冷冰冰的快递，而是将社交化真正融入线下。万达广场在全国一百多座的分布，每年几十亿人次的访问量，其品牌效应，以及多年运营积累的消费数据，将为万达电商建立大会员系统、提供大数据服务等提供重要支持。

2014年12月29日，盛科有限公司以及香港虚德仁道电商投资有限公司作为财务投资人，出资10亿元，获得万达电商5%的股份，使得仅成立4个月的万达电商估值翻了4倍，达到200亿元，创造新创立电商公司的估值纪录。这一切都充分显示市场对万达电商的高度认可。[①]

目前，万达集团已将电子商务列为支柱产业之一，足见万达集团对电商的重视。电商的各项业务正有序展开，免费WiFi布局完成，beacon技术完成试点，大数据中心已启动建设，几十款O2O服务软件正在研发中，2015年7月31日万达电商全面上线运行。线上线下融合的O2O模式是未来商业发展的必然趋势，一旦万达电商能够充分整合丰富的线下线上资源，很可能成为新一代互联网巨头，其前途不可限量。

6.2
项目建设：从"一揽子"向"总包交钥匙"转型

2014年1月5日，万达商业地产股份有限公司在北京举行"总包交钥匙"管控模式启动大会。宣布从2015年开始，万达商业地产所有万达广场综合体新开工项目，都将实行"总包交钥匙"管控模式。这是中国工程建

---

① 万达电商引入两家互联网投资基金　估值已达200亿元，赢商网，2015.

设领域首家系统采用此模式的企业。

"总包交钥匙"模式，就是万达在建设工程中，只面对总包单位，不再直接面对分包单位。总包单位在万达合格供方品牌库里，自行选定分包单位、材料设备供货商，并执行万达采购数据中的价格，在建设完成后向万达交钥匙。万达取消招标职能，只需关心交付的成果，不过多介入项目建设过程。该模式的优越性在于，总包能发挥主观能动性，获利较多，业主与总包的法律关系也相对简单，责权利各自清晰。欧美等发达国家的主要工程企业均采用了这种模式。

过去，在万达广场综合体项目建设过程中，万达需要耗费大量的精力应付招标与分包事宜，不仅耗费人力，而且给腐败行为留出了大量空间。采取"总包交钥匙"模式后，万达只需面对总包，原本的招标和分包负责人不再拥有相关权利，从源头上杜绝了腐败。并且，这种模式使得万达从商业地产建造细节中抽身出来，将节约的资源用于商业模式、产品研发、市场营销等更具创新性、知识含量更高的业务，进一步提升企业核心竞争力。

对于总包单位来说，采用该模式后，万达将与总包共享信息平台，开放数据库，相当于总包无偿获得万达商业地产十几年积累的宝贵知识产权，可大幅提升其能力层次，获得更高利润。而且，总包成长后，又可支撑万达更快速的发展。

万达集团董事长王健林表示："总包交钥匙"模式是一项革命性的创新之举，能实现多赢局面，使万达商业地产建设生态链更加健康，对整个地产行业起到示范和引领作用。

6.3

项目投资：从"重资产"向"轻资产"转型

2015 年 1 月 14 日，万达商业地产与光大安石、嘉实基金、四川信托和快钱公司签署投资框架协议，4 家机构拟投资 240 亿元人民币，建设 20 余座万达广场。这标志着万达商业地产"轻资产"模式正式启动。在这种轻资产模式下，这 4 家金融机构负责所有的投资，万达则负责设计、建设、招商、运营，项目使用万达广场品牌、"慧云"信息管理系统、电子商务系统。万达广场不再归万达所有，而是归投资方，但所获得的租金净收益，万达与投资方按一定比例分成。①

过去的万达采用重资产模式，商业地产的投资、建设、管理全部由自己完成。它规定每个项目自土地收购的 18 个月内完工，24 个月内开始运营购物中心，依靠快速执行力做好现金流，通过房地产销售收入现金流来投资万达广场。以售养租时期的万达，既要考虑资金投入，又要同时兼顾招商和前期运营。轻资产模式突破了商业地产开发在金融上的先天不足，不仅没有任何房地产销售，而且无须自己投钱，靠的是企业品牌、商业资源、专业能力获得收益。

轻资产模式的推出对于万达意义重大。首先，万达从净租金收益中分成，无论房价变化还是市场周期对这种发展模式影响都不大；其次，万达广场已经遍布 100 多个大中城市，如果继续发展，下一步无疑会深入相对欠发达的四线城市，合作的模式将转移未来开发可能出现的潜在风险；再次，轻资产作为万达商业地产下一阶段的重要战略部署，压缩了对传统业务的资金投入，使其拥有更多的可流动资金用来投资万达的其他业务，特别是万达高歌挺进的电子商务。结合先前万达战略控股"快钱"，这一转型将进一步推进万达智能广场、万达 O2O 战略目标的实现。

万达经过近 10 年的打磨，最终找到了一条稳定的、可以复制的流程和模式。曾经的万达以做"以售养租"的加法模式而闻名，通过住宅销售现金流来补贴万达广场。现今，万达在轻资产模式下，做起了乘法，集天下之钱为我所用，用别人的钱赚我自己的钱。据悉，万达还与多家海内外大型投行、保险公司和基金洽谈，在未来有望签约更多轻资产万达广场投资协议。

上市之后的万达商业地产，进入了加速裂变中。2015 年 1 月 17 日，万达集团抛出了第四次转型计划。按照万达集团董事长王健林的规划，5 年后，万达将形成商业地产、文化旅游、金融、电子商务基本相当的四大板块，万达将从以房地产为主的企业转型为以服务业为主的企业。关于万达未来的成长，王健林提出：万达一定要走向国际，从走遍中国都有万达到走遍世界都有万达。对于很多公司来说，上市常常意味着模式的定型，而对于万达来说，上市意味着更多可能性的开始。

---

① 万达商业推出"轻资产"新模式. 中新网，2015.

7

万科借互联网思维推动企业转型

在万科总裁郁亮看来，阿里、腾讯等互联网企业最重要的思想是平台、生态系统；海尔作为一个优秀的传统企业，正计划将其大件物流网"日日顺"打造成海尔产品乃至其他家电企业产品配送的"开放平台"；小米用"平价"的硬件占领消费者，在软件与互联网应用中提供增值服务，不断增加客户黏性。在平台为王的互联网时代，万科居安思危，选择了积极理解新规则、寻找新伙伴、运用新工具，不仅要将原有的主营业务做得更好，更要实现公司未来十年的新发展。

7.1

B 股转 H 股香港挂牌上市，进一步推进国际化战略

根据公告，万科 2013 年的分配方案为，拟每 10 股派送现金股息（含税）从 1.8 元倍增（127.8%）至 4.1 元，分红占公司合并净利润比例由 2012 年的 15.79% 倍增至 29.87%。未来，万科将以今年 29.87% 的派息水平作为重要基准，争取每年稳步提升派发现金红利占净利润的比例。万科高倍派息的目的，主要是提前适应 H 股的派息水平。香港上市的地产股派息水平普遍在 30% ~ 40%，而 A 股房地产企业只有 15% ~ 20%。[①]

1993 年，万科发行 4500 万股 B 股，成为深交所上市的首批 B 股企业之一，也使得万科接触到境外资本市场更先进的治理理念和管理经验，为万科以后的良性发展打下了良好的基础。相比 B 股市场，H 股市场在资源配置、

① 万科：用互联网思维推动转型. 凤凰房产，2014.

市场影响力和成交状况方面有明显优势。境外评级机构对"A+H"的评级要高于"A+B"，更高的评级就意味着企业境外发债的成本更低，同时认购率也更高。随着万科成长为全球销售额最大的住宅开发企业，H股市场对万科产生了强大的吸引力。2014年6月25日，上市21年的万科B股成为历史，转板后的股票将以H股的形式在香港联交所上市交易，这也是继中集和丽珠之后，国内第三家成功实现B转H的上市公司。

A股+H股的双融资平台有利于万科降低未来融资成本，为有效利用境外资源创造了更有利的条件，也让更多的境外投资者认识和了解万科，提升了万科在国际资本市场的知名度和影响力。这是继海外投资之后，万科又一个国际化战略的重要举措。

7.1.1 推行事业合伙人制度，激发团队为股东创造更大的价值

2014年3月中旬，万科总裁郁亮在公司春季例会上表示，拟推出合伙人制度，这是我国房地产企业首推事业合伙人制。在具体做法上，万科设计了两个制度，一是股票机制。将建立一个合伙人持股计划，也就是200多人的EP（经济利润）奖金获得者将成为万科集团的合伙人，共同持有万科的股票，未来的EP奖金将转化为股票；二是跟投制度。对于今后所有新项目，除旧城改造及部分特殊项目外，原则上要求项目所在一线公司管理层和该项目管理人员，必须跟随公司一起投资。员工初始跟投份额不超过项目峰值的5%。同时，万科还将对跟投项目安排额外受让跟投。项目所在一线跟投人员可以在支付市场基准贷款利率后，选择受让此份额。事业合伙人制度可以进一步强化经营管理团队与股东之间共同进退的关系，激发经营管理团队的主人翁意识、工作热情和创造力，进而为股东创造更大的价值。

在互联网时代，事业合伙人制度被赋予了更新的意义，以合伙人制度代替职业经理人制度，就像用互联网的开放系统代替封闭的系统。让合伙人成为企业的主人，是企业开放性的体现，也是一个低成本的激励方式。它是一种发展机制、管理机制和分享机制，要解决的是万科第四个十年的发展问题。

7.1.2 向小股操盘、轻资产运营转型，放大自有资金投资回报率

万科是首批进行大量合作开发的开发商之一。自 2004 年起，万科合作开发就比较多，都是持股 51% 以上，由万科操盘。截至 2013 年底，万科手握开发项目 398 个，合作项目共计 207 个，占比为 52%；持股比例低于 50% 的项目有 43 个，占其所有开发项目的 11% 左右；所有股权比例低于 50% 的项目并不都属于"小股操盘"。其中，2013 年新增加项目 104 个，约 66% 的项目为合作、联合方式获取，且大多数项目是万科大股操盘。[①]

借鉴美国铁狮门和新加坡凯德的小股操盘模式，结合自身优势，万科采用了万科式的"小股操盘"。即万科的合作对象可以是土地方、资金方，或者是两者都有；万科不追求控股，持股比例最低为 10% 左右，但需承担项目的经营管理，其他投资人不论是否控股，不可干预项目的具体经营管理；在收益分配上，万科会与合作方约定项目的预期收益标准，并设立浮动的分配方案，而不是简单按照股权比例进行分配。如此，万科将赚取股权收益、项目管理费、项目超额利润分配这三部分利润：先按照销售收入收取一定比例的管理费，再按照股权比例进行收益分配，最后按照项目最终的收益情况和浮动的分配方案，收取项目的超额利润分配。日前，万科已在昆明云上城和杭州良渚未来城推行了小股操盘，其他多个小股操盘项目也在推进中。

万科将借出让股权将资产变"轻"，由万科团队操盘，输出管理品牌，合作共享万科的信用资源和采购资源，提高资金利用效率，放大自有资金投资回报率（ROE）。

7.2
打造生态系统，从住宅开发商向城市配套服务商转型

1999 年以来，万科共竣工了 48 万套物业，并为其中大多数提供物业服务。未来 5 年，万科服务的社区可能增加到 500 个至 600 个，具有 100 万住

---

① 万科变局 [J]. 地产，2014.

户、约 800 万的人口规模。① 这些物业或社区很符合建生态系统，其庞大的社区生活消费和金融消费，被万科视为"待挖掘的金矿"。

2013 年 6 月，万科首次正式公开新定位：从房地产开发商转型为城市配套服务商。具体的实施方案，万科一直在设计、在完善。万科从小米和诚品书店看到了未来转型的方向，并将之纳入"城市配套服务商"的战略中。从托儿所到托老所，从菜市场到书店、咖啡厅，从培训平台到老年大学等，万科要为社区提供更多的公共空间和配套服务，实现生态闭环，从而以品质最好的房子和细致周到的服务增加客户黏性和体验。

2013 年 3 月，万科和中信出版社签订合作协议，宣布将在万科的大、中、小三级商业中全部引进中信书店，这个融书店、咖啡、上网、银行等多种功能的混合书店，将充当万科业主的临时会客厅。6 月，北京房山区中粮万科在社区建设了菜市场（汤），第五食堂、华润万家、洗衣店、药店、银行（五菜），这被万科戏称为"五菜一汤"的商业模式将成为其未来住宅小区的标配和社区商业模式的典范。10 月，宣布参股徽商银行，帮助公司率先向客户提供国内领先的社区金融服务。"双十一"，正式推出针对万科业主"住哪儿"的手机客户端，功能包括物业申请报修、曝光、投诉等，以及对周边商家进行打分。至此，万科的社区服务全面升级。

2014 年 6 月 5 日，万科与百度正式确立了战略合作伙伴关系。百度将为万科的商业系列带来"定位引擎、大数据、营销工具"三类核心技术。未来双方将在万科的社区商业、生活广场、购物中心系列业态中，引入百度的 LBS 技术服务（即基于位置的服务），以打造集合"消费者、商户、运营商"的商业生态系统。

互联网思维的力量打开了万科原来相对"封闭"的业务模式，万科开始从单一的住宅向商业、养老、物流等地产领域进军，由减法转向加法，由专一走向多元。万科下一步将会全线打通产业链的上下游，利用其双融资平台，粘住供应商和业主，以获得更高的利润。

借助互联网平台，试水全民营销。万科开始尝试通过线上平台来促进销售。上海万科新推出两款网络化全民营销产品，即"万科经纪人平台"与"分享达人"，核心是将客户源推荐给万科，成交之后万科提供佣金。上海

---

① 郁亮组团去小米 万科加速战略转型［N］. 中国经营报，2014 – 02 – 18.

万科充分利用全民营销平台的社交属性，打造"自身认同＋人际口碑"传播链，即首先发动万科员工、老业主、代理商等合作伙伴的力量作为口碑传播源点，让项目信息被广泛理解和接受；再从口碑传播中发现意向客群，通过平台提供在线看房、选房、认筹甚至实现入住保修、社区商业消费，社区服务直连等服务。不难看出，万科进行的第三代互联网营销渠道的尝试，会使万科在整合社会资源同时，进一步压缩中间环节费用。

顺应互联网思维，提出三种度假主张。双月湾是万科打造的首个深海度假社区，同时也是深圳万科东部战略的又一力作。东海岸、17英里、天琴湾、浪骑游艇会、大辣甲岛等旅游度假项目，构成深圳万科从"海住宅"到"海度假"转变的深层次的战略体系。深圳万科顺应互联网思维，提出了"免费度假、众筹度假、提前度假"三种模式。

"免费度假"具有回馈客户的性质。即在双月湾度假过的朋友，若希望拥有一套双月湾的房子，可凭酒店结算单到双月湾营销大厅兑换万科购房的抵扣券，该券可在今年内购买深圳万科在售项目时直接抵扣房款。"众筹度假"以互联网为平台，通过朋友间的愉悦互动，轻松获取度假权益。即，若客户看中双月湾的房子，可通过互联网邀请朋友为自己"筹钱"。"众筹"到的钱有三种用途：一是由万科以房款形式归入该客户名下；二是"众筹"数量在双月湾享受相应的住房折扣，转化为度假村住房券；三是"众筹度假"结束时，取得"众筹"数量最多的前三名，还可以获得价值5000元的双月湾三天两日免费游项目。"提前度假"，即在双月湾办理了诚意登记后，如开盘成功认购，可以获得20000元的双月湾度假村消费权益卡，在入伙前就能提前享受度假生活的惬意。匠心独运的营销创新，激发了市场消费者的购买热情。

在互联网思维的推动下，万科的公司运作将会变得更加透明，更加扁平化。对股东实行分红派息、B转H股，海外投资，其国际化的步伐更坚定；以事业合伙人制度代替职业经理人制度，旨在为股东创造更大的价值；小股操盘，轻资产运营，将会带来更大的自有资金投资回报；转型做"城市配套服务商"，以好房子和好服务增加客户黏性；将线上线下两个销售平台融合，在营销方式上创新突破。以上种种举措，都在为处于"白银"时代的万科加速转型助力，万科将成为房地产界最具有互联网思维下的变革先锋。

8

万科商业地产轻资产模式逐渐清晰

2014 年 8 月 28 日，万科与凯雷达成战略合作，共同成立资产平台公司，双方分别持股 20% 和 80%，将收购万科持有的九个商业物业并长期持有，未来以资产证券化为目标退出。同时，双方共同创建运营管理公司，对其资产平台公司持有的商业物业进行管理运营。① 9 月 5 日，万科集团发布公告称，公司与 RECO NANSHAN PRIVATE LIMITED（重建南山私人有限公司）签订出售协议，以 16.51 亿元人民币出售上海万狮置业有限公司 90% 的股权。上海万狮置业主要开发经营位于虹桥核心商务区的虹桥万科中心，该项目为建筑面积达 11 万平方米的 A 级写字楼物业。协议达成后，万科将保留万狮置业 10% 的股权，继续负责项目后续的开发及运营。②

万科接连的动作将其酝酿已久的轻资产运营正式付诸实施，并试图以此作为战略核心，走一条符合自身特点与定位的商业地产之路。

8. 1
从专业住宅开发商到城市配套服务商

万科作为国内房企的"老大"，一直以来都以"专业"自居。2009 年，王石在给中山大学 EMBA 的演讲时表示，"如果有一天，万科不走住宅专业化道路了，我即使躺在棺材里，也会举起手来反对"。当时王石的执着基于

---

①　万科凯雷拟共建资产平台公司. 证券时报网，2014 - 08 - 29.

②　STCN 解读：万科 16.51 亿出售万狮置业 90% 股权　税前收益逾 2 亿. 证券时报网，2014 - 09 - 04.

自己对中国房地产市场的判断，他认为单一主营是否会产生风险，主要是看市场，中国的房地产市场刚刚起步，在这样大的一个市场中就不会有多大风险，按万科的发展规模，未来很长一段时间走单一经营是不会有问题的。王石亲掌万科时期，万科曾用十年时间来剥离非地产业务，2007 年，为了将住宅用地中的配套商业撤开，王石甚至将大部分商业地产外包给凯德。

值得玩味的是，2009 年在凯德任职 8 年的毛大庆转投万科，这一人事变动被许多业内人士解读为万科向商业地产进军的信号。事情的发展似乎也验证了这一猜想。2010 年底，万科成立深圳市万科商业管理有限公司；2011 年中旬，万科正式宣布进入商业地产；2013 年 1 月，万科集团商用地产管理部在北京成立，负责人正是毛大庆；2014 年 12 月，丁长峰接任毛大庆成为万科集团商用地产的负责人。

各类媒体一直有王石和郁亮在商业地产战略上存在分歧的猜测，从诸般事情来看，未必全都是空穴来风，但不论如何，万科在商业地产的车道上行驶越来越快已是不争的事实。万科于 1988 年进入房地产行业，经过近 30 年的发展，已成为国内领先的房地产公司。截至 2015 年年底，万科在 66 个城市进行投资，实现销售面税 2067.1 万平方米，销售 2614.7 亿元。而物业服务覆盖 64 个大中城市，服务项目近千个，合同管理面税 2.1 亿平方米。[①]

对于商业地产今后在集团业务中的地位，目前万科高层基本保持了一致的口径，即将长期坚持以住宅作为自己的主营业务，商业地产模式整合的方向是城市配套服务商，短期内对商业地产年投入占总投入的比重不会超过 20%。

万科对自身业务结构的积极调整，一方面基于对房地产市场未来的判断，另一方面也是迫于住宅市场的现状。按照王石的预测，中国的城镇化可以在未来一二十年继续支撑住宅项目的开发，但事实上，中国的房地产市场因存在政府的调控而产生了极大的不确定性，很难通过市场开发程度来预估未来的发展。这些不确定因素主要在于政府对于限购、房产税等诸多房地产政策上，除此之外，还面临着一些已经对住宅开发产生冲击的因素。首先，土地财政制度将住房价格过快抬高到了具有真实需求的民众所无法承受的水平上，这实际上打压了相当一部分真实需求；其次，政府为了完成规划任

---

① 万科集团官网。

务，往往放弃住宅项目转而积极推进商业地产项目，所以在主要城市中，想拿到纯粹的住宅用地几乎不太可能，二三线城市虽然相对好拿住宅用地，但销售又很成问题。这些都让商业地产成为万科必然的选择。

8.2

轻资产成为万科商业地产的核心战略

商业地产和住宅地产虽然同属地产，但在开发、运营等方面差别极大，如果没有足够专业的团队和成熟的企划方案就贸然从住宅地产转战商业地产，风险会非常大。万科在这点上做了相当程度的准备，2009年万科从凯德挖来的实际上不仅仅是毛大庆一人，而是一班人马，这使万科做商业地产有了基本的人才基础。在筹划方面，万科也称得上小心谨慎步步为营。万科的商业地产于2009年开始酝酿，到2013年集团成立商业地产管理部，历时四年。在商业地产管理部成立之前，万科部分一线公司已经开始试水商业地产项目，并发布了多个产品线，初步拓展了万科商业地产的版图，积累了相关经验。

商业地产的特点是投资大、回报周期长，对开发商的资金实力要求很高。国内开发商做商业地产，大部分在前期的融资成本都很高，且在后期没有很好的退出机制，资本周转速度极慢。对万科而言，即便住宅部分的盈利撑得起商业地产大规模的扩张，也会给资金链造成极大负担，影响住宅项目的开发。在这个问题上万科借鉴了国外先进商业地产开发商的经验，将轻资产作为自己发展商业地产的核心战略。

轻资产模式简单说就是基金公司主要出资金，开发商出团队负责运营管理，双方都从商业地产长期的回报中获得自己的收益。这种模式对开发商来说很好地解决了商业地产所产生的资金占压问题，让商业实现了快跑。在这种模式下，开发商要发展自己的业务取决于能不能运营而非有多少钱。目前较成熟的轻资产模式有两种，一是新鸿基的"双轮驱动"模式，一个轮子做住宅产现金流，一个轮子做经营性物业产生收入，关键在于控制好商业物业和住宅现金流的比率；另一种是凯德模式，住宅和商业的轮子各自转，两部分内容可以分别发行金融产品，这种模式则需要商业地产达到相当的规模，形成较强的盈利能力。

万科一直将凯德作为自己商业地产业务学习的对象，事实上却很难复制凯德的轻资产模式。原因在于，凯德实现轻资产的手法主要是自行发行基金，而国内目前并不具备这种资本环境。在这种情况下，万科的选择是寻求一位强力的资本合作伙伴。与此同时，全球最大私人股权投资基金之一的凯雷，亦在寻求具备拿地能力并有项目储备的商业地产合作伙伴以满足其对中国商业地产投资的需求。规模上的匹配使得双方的合作顺理成章，2014 年 8 月 28 日，万科与凯雷正式达成合作意向并对外公布。

从万科的角度来说，与凯雷的合作称得上一举多得。短期来看，通过转让商业物业的所有权，万科减少了其商业项目存量，并获得了一定的溢价，作为上市公司解决了短期内利润减少的问题。长期来看，首先，万科将稳定地获得管理运营收益和一部分的股权收益，完善了其营收结构；其次，凯雷丰富的国际资本经验也给万科今后在境外的资本运作提供了足够的想象空间；最后，凯雷作为有着国际水平不动产运营管理经验的基金，对万科商业运营团队的构建和成长势必有着积极的推动作用。

除此之外，根据万科高层最近在媒体采访中的谈话，基本可以肯定去年正式运营的悦荟万科广场也已经完成了轻资产化处理。万科商业地产的轻资产战略已初现雏形。

万科的商业地产模式虽然已逐渐成形，但对于万科来说，未来的路还很长。从万科进入商业地产伊始，外界对于其商业物业运营管理能力的质疑就没停止过。万科在商业地产运营早期的数个项目都采用"分拆销售＋售后返租"的运营模式。这种模式在运营上过于粗放，与精细化的商业要求背道而驰，难以获得成功。现实的情况也表明，万科在商业地产上还远未达到其在住宅上的高度。在深圳万科红项目运营一年多后，有媒体对其略显惨淡的人气进行了报道。2013 年的年中业绩发布会上，郁亮甚至表示不看好商业地产，未来不会增加商业地产的比重。万科在商业地产上的初步尝试显然受到了挫折。好在 2014 年，北京悦荟万科广场的运营似乎又让万科稍感欣慰。

目前，万科已经与两大巨头达成了合作关系，主要得益于万科在住宅地产开发的多年积累。真正决定未来双方能否共赢以及万科能否继续走轻资产路线的关键，还在于其经营的商业物业能否实现可观的收益。万科在运营上面临着的两大挑战，让业内人士对其商业地产的未来仍存质疑。

首先，管理团队在规模和素质上能否满足商业地产的快速扩张。商业地产的运营和住宅地产有着极大的不同，所需要的人才也有很大差异。对于之前完全专注于住宅开发的万科而言，能否较好地完成商业地产管理团队的构建自然成了一个巨大的挑战。目前，万科主要在社会上招收专业的相关人才，这些人一般都由其他商业地产商跳槽而来。但仅靠外援显然是不够的，万科必须要有自己的人才培养机制，必须有自己创新的管理文化，才能形成差异化的商业地产品牌。

对此，万科也有清醒的认识。毛大庆曾在谈到对合作方的要求时说道："万科希望和资本不仅仅是简单商业合作，更希望有增值内容，给万科团队带来成长，并尽快培养一支有国际水准的运营能力团队，这是万科最为需要的。"

其次，商业地产能否有效应对互联网带来的冲击，实际上这也是实体商业业态所共同面临的问题。电商在近年来的迅速扩张给实体商户们都带来了丝丝寒意，大型商业综合体中餐饮店的火爆恰恰体现了其他类型店面的相对衰弱。电商的这股寒流同样考验着万科这个商业地产新兵。

有地产评论者说过，并非是万科选择商业地产，而是住宅推着万科往商业上靠。确实，在目前的政策形势下，要在核心城市拿地，即便是用作住宅建设也有配套商业服务建设的指标要求，如果不做商业地产，势必会逐渐淡出核心城市，影响力也将衰弱。

9

悦荟万科广场：打造京北商业新地标

万科集团现有商业项目分为三条产品线：万科广场系列、生活中心系列和邻里家系列。金隅万科广场是万科广场系列首个项目，是万科集团首个购物中心，也是万科成立商用地产管理部之后试营业的首个商业地产项目，由万科集团和金隅集团合力打造。2015 年 6 月，广场正式更名为悦荟万科广场。①

9.1
京北唯一的都心型城市综合体

位于昌平城区核心地段、交通便捷的悦荟万科广场，可谓京北唯一的都心型城市综合体，填补了昌平城区长期缺乏大型综合商业和生活消费配套设施的空白，促进了昌平城市生活配套功能的完善。所谓都心型城市综合体是指有商业、办公、居住、旅店、展览、餐饮、会议、文娱和交通等城市生活空间的三项以上组合，各部分间建立互相依存、相互助益的能动关系，形成一个多功能、高效率的综合体，为"城标型"物业，在功能和价值方面拥有重要地位。

（1）昌平区单体建筑面积最大的商业项目。悦荟万科广场是隶属于金隅万科城的旗舰商业中心，采用类似于北京三里屯太古里的村落式商业业态。由三栋塔楼组成，两栋 7 层，一栋 8 层，5 层高的"商街"将其串联在

① 北京金隅万科广场更名悦荟万科广场 营造京北消费新体验. 人民网 – 房产频道，2015 – 06 – 23.

一起；商业建筑面积 13.8 万平方米，总占地面积约 2.3 万平方米，是目前昌平区单体建筑面积最大的商业项目。[①]

（2）地处昌平城区的核心地段。悦荟万科广场身处昌平区核心商圈，设有车位 900 余个。周围有四通八达的道路，885、345 快等多路公交 40 分钟即可直达北二环德胜门；地铁昌平线连通 13 号线、8 号线，可达西二旗站，并且已南延至北二环积水潭站；地铁昌平线二期工程已于 2015 年年底建成通车，共设 6 座车站，直达十三陵景区。便捷的地铁和公交为悦荟万科广场快速聚散着客流。

（3）"天地主街"集多功能于一体。悦荟万科广场 1～5 层室内构建有一条主街，6～8 层的室外平台打造了一条融合各种休闲娱乐和酒吧餐区的空中街区，采用了"天地主街"的创新结构，将餐饮、购物、娱乐、社交等功能集于一体，营造截然不同的购物体验。

9.2
超前的建筑设计填补了昌平区的商业空白

悦荟万科广场是昌平区首个倡导一站式、体验式的购物中心。其超前的建筑设计、体验式购物理念，填补了昌平商业地产项目的空白。从建筑外观上看，简洁美观、现代时尚，可以媲美东京、纽约及其他大城市的建筑；从建筑内部空间上看，其色调的设计，让人感到愉悦，给人良好的感官享受。

（1）由世界一流的公司进行规划和设计。美国知名的建筑事务所 EEK 负责规划设计，该公司擅长大型城市交通枢纽、城市综合用地等规划设计，在美国以及欧洲多地承揽了多个旧城开发和城市综合用地的规划、建筑设计业务，获得了专业领域和当地的普遍认可。伍兹贝格建筑师事务所负责建筑设计，这家拥有 140 多年历史的公司，2009 年获得伦敦国际建筑事务所 AJ100 大奖。此外，机电、幕墙、交通灯等也都由世界一流水平的专业服务商负责提供。

（2）空中走廊和室外花园增加了消费者与购物广场的互动空间。悦荟万科广场设置了造型独特的玻璃采光顶、空中走廊和休息平台，在每层的休

---

① 万科首个综合体亮相 北京金隅万科广场 27 日试营业. 赢商网，2013 – 11 – 25.

息处还布置了一个个饶有趣味的装置艺术，形成一道道独特的风景线，满足了消费者的"时尚感"诉求，增加了消费者在购物中心内部走动过程中的体验感。空中走廊等设计，借助不同建筑空间的组合和变化，不断地为消费者营造新鲜的环境。空中室外花园设计，增加了消费者与广场之间的互动空间。

（3）"珠宝盒"的功能分割使建筑错落有致。在外观设计上，悦荟万科广场借鉴了日本表参道的设计思想，以"珠宝盒子"为建筑理念，建筑立面晶莹剔透，点缀以璀璨的灯光，在方正大气的建筑群结构衬托下，给人以精致、奢华和便利之感。它打破传统的商业中心死板布局模式，将店铺依照顾客需求、消费习惯、消费档次等重新归类，将同一类店铺集中在一个"体块"建筑单元中，每一个主要功能空间是一个体块，好似珠宝盒子的一个"抽屉"；然后再通过商业街将各个不同功能的体块建筑相连，既避免了不必要的路程浪费，又让购物过程充满神秘感，同时美化了建筑外观。昌平区的建筑一直以来以直列线条为主，缺乏城市边缘组团的活力，而悦荟万科广场采用"珠宝盒"的设计，丰富了昌平区建筑的总体视觉效果。①

9.3
多元业态组合、多个品牌首次进驻满足了主流人群的一站式消费

"主流人群日常消费"是万科集团开发运营商业地产的关键词。悦荟万科广场位于北京昌平区，定位于区域型购物中心，所提供的餐饮、购物、娱乐、社交等一站式消费体验，目的是满足昌平乃至北京北部广大消费者的日常消费需求。

（1）业态的多功能与集约性。悦荟万科广场集时尚百货、生活超市、品牌院线、娱乐餐饮、品牌专卖及生活服务等多种业态于一体。既有王家渡火锅、汉拿山、阿香米线、黄记煌、悦食阁美食广场、眉州东坡酒楼、哈根达斯、云南云海肴等餐饮品牌；又有 H&M、优衣库、马克华菲、百丽、西遇、安莉芳、依恋、JACK&JONES（杰克·琼斯）、FIVE PLUS（欧时力）、

---

① "百大标杆"商业项目研究之北京金隅万科广场，http://down.winshang.com/zt/2014jywkgc/.

TOPSPORTS（滔博运动）运动城、阿迪达斯、耐克、丝芙兰等百货类专卖店；更有华润万家超市；还有迪信通通讯专卖店；以及歌友会 KTV、首都电影院等娱乐设施，满足了广大消费者对吃、购、休闲和娱乐的需求。其中，60 多个品牌是首次进入昌平，如首都电影院、歌友会 KTV、眉州东坡酒楼、优衣库、H&M、丝芙兰等，填补了昌平区的空白。[①] 此外，品牌高低档搭配，大众品牌和主力品牌兼顾，既有如天梭，三星，艾格、千百度等价格适中的大众品牌，又有如哈根达斯、COAST COFFEE、优衣库、H&M 等引领市场潮流的主力品牌，满足了不同层次、不同年龄居民的消费需求。

（2）加大餐饮、娱乐业态的品牌配比。在品牌店构成上，悦荟万科广场共有 183 个品牌店，其中服装品牌最多，占比 27.87%；其次是餐饮，占比 18.03%；第三是鞋/箱包，占比 13.66%。这与世联地产在 2013 年发布的《中国购物中心品牌发展报告》的研究结果略有不同：世联地产对中国 102 家购物中心的数据进行统计分析后发现，业态占比排前两位的是服装（41%）和餐饮（14%），鞋/箱包与钟表/珠宝/饰品并列第三（9%），而悦荟万科广场虽然仍以服装和餐饮为主，但其服装比例远低于国内平均水平，而餐饮则高于国内平均水平，排第三位的鞋/箱包业态比例也大幅超过国内平均水平。此外，悦荟万科广场在儿童/玩具业态的比例高达 8.74%，也高于国内平均水平（5%）。在面积构成上，悦荟万科广场内第一位的依然是服装，达到 27.67%；排第二位的则是休闲娱乐，占比 23.30%，与服装相差无几；而餐饮只排到了第三位，占比 20.16%。由此可见，悦荟万科广场是在保持零售主业的同时，更多强调了餐饮、儿童、休闲娱乐等顾客体验消费的特色。

9.4
主题不断变化的体验周活动聚集人气

悦荟万科广场试营业时就举办新鲜时尚周，2013 年 12 月 7 日又推出了火热的炫舞周，接着推出的新鲜亲子周和新鲜美食周活动，吸引了众多昌平地区乃至北京其他地区的消费者参加，热闹非凡。11 月 27 日试营业首日，

---

① 金隅万科广场品牌云集点燃双节购物激情［N］. 北京晚报，2014－01－02.

客流量达到 6 万余人次，是整个昌平区总人数的 1/5；试营业期间，日均客流量达 4 万人①；12 月 24 日正式对外开业，人流量破 14.2 万，单日营业额达到 616.5 万元，创下试营业以来的新高，同时，这一单日营业额也创下昌平城区百货业单日营业额的纪录。②

自正式开业以来，悦荟万科广场日均客流量近 5 万，周末日均客流量更超过 10 万人次。以周边五公里计算，直接辐射人口 30 万。按直接辐射区内的人口，平均每人每星期来两次，其年净租金预计将在 8000 万元至 1 亿元之间。③

总之，经过一系列的精心打造，悦荟万科广场获得了理想的经营业绩，成功打造昌平商业地标，极大地促进了昌平城区城市功能的完善，也成功拉开了万科集团进军商业地产的序幕。

① 激舞飞扬　金隅万科广场新鲜炫舞周活力来袭. 凤凰网, 2013 – 12 – 10.
② 金隅万科广场正式开业［N］. 新京报, 2013 – 12 – 27.
③ 万科斥资 100 亿在京布局商业地产年净租金或达 1 亿元［N］. 证券日报, 2013 – 11 – 26.

10

万科进军物流地产：
能否后来居上

2014 年 5 月 16 日，万科集团和廊坊控股在"2014 年度中国·廊坊国际经济贸易洽谈会"上签署《战略合作框架协议》，双方将联合打造世界一流物流产业园区和生活服务配套项目。首批合作的万庄生态新城项目位于廊坊市西北万庄新区，紧邻京津塘和规划的京台高速，距离北京市中心 50 公里，规划总面积 80 平方公里，是廊坊建设生态、智能、休闲新城的核心地域。万科借此举首次进入物流地产领域，引起业界的广泛关注。①

万科要做城市配套服务商，而物流网络现在已经成为城市配套不可或缺的一部分。从战略角度看，进军物流地产可完善万科的战略板块。截至 2015 年 11 月，万科已在贵阳、上海、成都等地正式获取 6 个物流地产项目。②

10.1
万科正酝酿前所未有的变革

万科股份有限公司成立于 1984 年，享有"中国最大的专业住宅开发企业"美誉。2015 年，万科累计实现销售面积 2067.1 万平方米，销售金额 2614.7 亿元，再次刷新中国及全球企业房地产业务年销售额历史记录。③ 然而，一向以"住宅地产"为主基因的万科，近几年动作频繁，不断进行多

---

① 万科首发物流地产 进军廊坊助力京津冀一体化. 中国新闻网, 2014 – 05 – 16.
② 万科、平安为何纷纷剑指物流地产. 网易财经, 2016 – 08 – 03.
③ 万科 2015 年累计销售 2615 亿人民币. 新浪财经, 2016 – 01 – 05.

元化布局。

2009 年，万科高调猎挖国际商业地产头牌公司新加坡凯德置地的中国区操盘手毛大庆。经过 4 年的筹备，2013 年 1 月，万科集团商用地产管理部在北京成立，万科宣布正式进军商业地产，11 月 27 日，万科第一个商业地产项目北京昌平悦荟万科广场试营业。据悉，截至 2016 年第二季度，东莞长安万科广场、深圳壹海城、佛山南海万科广场、北京住总万科广场、沈阳浑河天地约 8 个商业项目已经开业运营。未来 3 年，北京、上海、深圳、武汉、宁波、重庆等近 20 个新项目也将陆续进入运营期。

2013 年 10 月 31 日，徽商银行向港交所递交上市申请材料，两天后万科宣布认购徽商银行不超过 88398.6 万股的 H 股，金额达 4.19 亿美元。[①]万科入股之后，徽商银行在华中地区的分行等机构将为万科所管理的社区提供网上银行和零售银行等金融服务。

2014 年 3 月 28 日，万科在 2013 年度股东大会上提出未来将建立事业合伙人制度。4 月 23 日万科召开了合伙人创始大会，共有 1320 位员工率先成为首批万科事业合伙人。与此同时，万科开始筹备事业合伙人持股计划，所有事业合伙人均签署了承诺书，将其在经济利润奖金账户中的全部权益，委托给代表全体万科事业合伙人的盈安合伙进行投资管理。

"拥抱互联网"是万科近期的关键词之一。在过去一年中，万科总裁郁亮带领万科高管密集拜访众多互联网企业进行学习。2014 年 6 月 5 日，万科在首届商业合作方大会上，宣布牵手全球最大的中文搜索引擎百度，双方确立战略合作伙伴关系，主要围绕万科旗下的社区商业、生活广场、购物中心等业态，展开基于百度公司的"定位引擎、大数据、营销工具"三类核心技术，发挥 LBS、云计算等技术优势。[②]

现今万科宣布进军物流地产，建立全国性的物流网络平台，打造万科品牌的城市服务商，致力于营造一个健康发展的业务生态系统，这一系列的变革时时吸引着行业的关注。随着城市化进程加快，住宅产业市场风险加大，政府调控加码，对于行业巨头的万科，进行多元化战略转型，将互联网思维引入商用业务，寻求新的利润增长点非常必要。

---

① 万科参股徽商银行谋求转变布局地产金融 . 中国经营网，2013.
② 万科牵手百度 开启地产大数据时代嘛？东方财富网，2015 – 01 – 03.

10. 2

物流地产领域风生水起

所谓物流地产，是专业化现代化物流设施的载体，指开发商投资、建设各项业务发展所需的现代物流设施，并建立与物流客户紧密合作关系，通过土地产权有偿转让、租赁及物业服务等方式提供专业物流服务的房地产开发经营业务。物流地产是由美国的普洛斯公司率先提出并实践的，开始于 20世纪 80 年代，迄今为止已有 30 多年的历史。美、欧等发达国家和地区物流地产开发较为成熟。

许多业内人士表示，在物流地产领域，万科绝非"先行者"。2011 年 7月，京东集团投资 8 亿元在广州建立物联网基地，该基地位于中新广州知识城，占地 17.2 万平方米，是一个面向全国的集电商、仓储配送、物流增值服务、物联网研究应用、金融结算等一体的综合交易平台，承担着京东云计算与物联网应用的基地功能；[①] 2013 年 5 月，阿里巴巴集团、银泰集团联合复星集团、富春控股、中国邮政集团、中国邮政 EMS、顺丰集团、天天、三通一达（申通、圆通、中通、韵达）、宅急送、汇通，以及相关金融机构共同宣布，"中国智能物流骨干网"项目正式启动，合作各方共同组建的"菜鸟网络科技有限公司"在深圳正式成立，计划首期投资 1000 亿元，努力打造遍布全国的开放式、社会化的物流基础设施。[②]

另外，全球物流巨头美国的普洛斯、新加坡的丰树集团等已进驻中国多年。普洛斯在中国 35 个主要城市投资、建设并管理着 166 个物流园，[③] 基本形成了覆盖中国空港、海港、高速公路、加工基地和消费城市的物流配送网络；丰树在目前的资产组合已扩大到中国多个城市，包括上海、北京、广州、佛山、天津、无锡、西安、郑州及香港特别行政区的物流、工业、办公楼、零售及综合用途等房地产项目。

在市场需求高涨的情况下，众多传统地产开发商也开始"跟风"布局物

---

①　京东投资 8 亿元在广州建物联网基地华南总部［N］. 第一财经日报, 2011 - 07 - 14.

②　菜鸟网络计划首期投资 1000 亿元. 马云出任董事长. 经济观察网, 2013 - 05 - 28.

③　重磅! 物流巨头普洛斯将建渭沱物流园, http://www. 360che. com/news/160523/57187. html.

流地产。2014 年 4 月 22 日，平安集团旗下平安不动产从领盛投资管理购得位于四川成都，建筑面积约 9 万平方米的仓储物业，正式涉足物流地产圈。

10. 3
万科进军物流地产有备而来

虽然起步较晚，但万科涉足物流地产并非临渴掘井。

对于外部环境，万科看重市场和政策环境的双重利好。市场方面，随着电子商务的高速发展，物流体系的不完善问题越发凸显，国内高标准的现代物流设施十分匮乏。而近几年物流地产租金在加速上涨、供不应求，中国零售业快速扩张和居民消费能力的提高给投资物流地产带来长期稳定的收益，物流地产被业内认为是相对于产业园、总部基地，更有市场需求、更容易进入的产业地产；政策方面，新一届政府着力推动新型城镇化，中小城镇的发展加上电子商务的迅速崛起，都为物流地产的发展提供了更为广阔的成长空间。尤其是京津冀一体化，城市群的建设将为产业转移提供大方向上的利好，也会给物流地产带来很多想象空间。万科方面表示，廊坊位于京津冀城市群的地理中心，交通网络十分便捷，具备拓展物流地产的先天优势。在京津冀一体化战略的影响下，北京城市功能调整，廊坊将成为承接北京物流功能的首选之地。

万科进军物流领域有着区别于国内其他物流、电商、地产等行业公司的独特思路。万科将物流地产作为城市配套商服务链条上的重要一环，其模式绝不是简单的圈地开发，而是学习普洛斯，为物流植入金融。2016 年 8 月 21 日，万科 H 股披露了收购黑石集团名下商业地产公司的公告。收购公告称，万科将通过成立投资基金，以 128. 7 亿元收购黑石集团名下的商业地产公司印力集团 96. 55% 股权以及 MWREF 公司，黑石集团联营公司所管理的基金持有印力集团及 MWREF 大多数股权。[①] 此举符合万科一直强调的轻资产和小股操盘战略，还能借助合作伙伴的资源和运营经验。美国黑石集团是一家全球领先的另类资产管理和提供金融咨询服务的机构，是全世界最大的独立的另类资产管理机构之一，万科携手黑石，正是看中对方在全球房地产

---

① 万科为何 130 亿收购黑石旗下的印力集团？［N］. 新京报，2016 – 08 – 29.

领域的物业收购、资产管理能力。

另外,万科的资产禀赋也让万科进军物流地产具备领先优势。专注住宅开发多年,凭借着与地方政府的多年合作关系,万科首先在拿地上比一般物流地产企业更具优势。物流地产需要三至五年的开发周期,前期资金投入较大,而万科资金实力较为雄厚,跨界物流地产有能力保证前期持续的资金投入,加之其出色的对外合作和资源整合能力,可以努力通过物流地产获得长期、安全、稳定的投资收益。

随着城市化进程加快,住宅产业的"天花板"终将到来,这几乎是业内共识。2015 年,房地产市场从"黄金"进入"白银"时代,不少房企一季度业绩下滑,市场悲观情绪蔓延。财报显示,万科 2015 年一季度营业收入 88.9 亿元,同比下跌 6.4%;净利润 6.5 亿元,降幅为 57.5%。[①] 房地产行业整体销售放缓,利润率走低的现实,使得住宅地产巨头万科急于寻求打破"天花板"的路径,此次对于物流地产的尝试,则是万科一次新的探索。

当前中国的人均物流面积只有美国的 1/14,而伴随零售消费升级、电商迅速崛起和城市群的人口增长,中国物流地产行业仍具有广阔的发展空间。在不具备时间优势的条件下,万科能否在物流领域发挥所长、后来居上,获得新的利润增长点,仍是一个未知数。

---

① 万科一季度净利润为 6.5 亿元同比下降 57.7%. 人民网,2015 – 04 – 28.

11

绿地集团的多元化、高层化、国际化发展战略

伴随着海外主要经济体经济的快速复苏，发达国家一线城市的房地产市场正处于一个难得的发展阶段。绿地审时度势，抓住机遇，加速海外布局。在拓展海外业务过程中，绿地不断探索符合自身实际的发展模式和盈利模式。

11.1
多元化经营规避市场风险

绿地集团以"房地产主业突出，能源、金融等相关产业并举发展"作为其多元化发展战略。产业之间互相支撑，提高了集团整体发展的稳定性，形成了房地产、能源和金融"三产鼎力"的多元化布局（见图 4-5）。在绿地集团董事长张玉良看来，单靠一个产业做到营收 500 亿甚至 1000 亿元的企业，其稳定性必定很差，受市场波动影响大。因此，必须找到一个或多个能与之相平衡的产业使企业呈"多轮驱动"模式发展。

（1）逐步加大商业地产的开发力度。绿地集团曾经是以开发普通住宅为主，近年来逐步加大了商业地产开发的力度，谋求长期收益。尤其是2005 年政府针对住宅市场的调控开始后，绿地集团开始有意识地向写字楼、现代物流、商业、酒店等商业地产倾斜，并将其商业地产产品线拉长，既开发高档商场，也开发普通商业街；既开发星级豪华酒店，也开发经济型酒店。写字楼开发有出租型的，也有出售型的，租售并举。为了顺利进入二三线城市，绿地集团选择了做超高层，做商业综合体。将住宅的短线投资和商

业地产的中长期投资结合，保障了现金流滚动的良性循环。

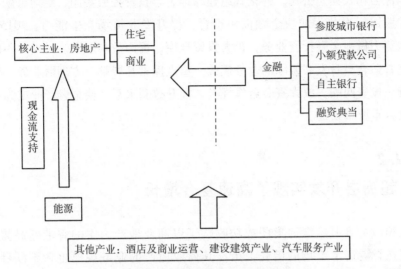

图 4-5 绿地多元化业务之间的互动

（2）产供销一体化的能源产业集群。绿地集团在上海一直有煤炭贸易，规模不大，但有分销、物流基础。2011 年 11 月，绿地集团成功收购辽宁丹东煤炭深加工项目和浙江舟山石油产供销一体化基地，从而使自身煤炭产运销、石油储运销两条产业链进一步向上游延伸。[①] 目前，绿地在内蒙古、山西、陕西、贵州等地已有五座煤矿，年产量在 1400 万吨以上，总探得资源储量在 5.8 亿吨以上。绿地能源产业经过十多年的发展，从以贸易为主的起步阶段，逐步转向打造集生产、加工、储备、运输、销售于一体的强势产业集群，实现从"大"到"强"的转变。能源产业对绿地迅速提升规模，成功进入世界 500 强起着重要的作用。同时，能源产业现金流充沛、增长快，而且较之地产更容易获得包括银行在内的融资，可以补充地产业务的资金不足。

（3）打造金融全产业链。绿地集团以打造金融全产业链为目标发展金融产业，着力突破核心业务和关键环节。从早期投资入股上海农村商业银行、东方证券等金融机构的单纯财务性投资，到近年来先后发起成立中国注

① 杨冬 . 绿地收购丹东煤炭深加工项目［N］. 新闻晚报，2011 - 11 - 15.

册资本额最大的小额贷款公司，入股锦州银行，控股盘锦商业银行，成立融资担保公司及典当公司，并正式组建绿地金融投资控股集团，绿地金融正在以控股银行为龙头加快金融板块整合，提升专业市场竞争能力。2015年，绿地努力做强金融投资业务，扩大投资规模、提高盈利水平。另外，不断探索完善适合自身发展实际的业务模式，重点探索开展第三方理财业务，做大筹资、投资两端，放大资金运作规模、提升盈利水平，使金融产业成为企业的又一重要增长极。

11.2
超高层开发实现了高速复合增长

2013年8月，绿地集团成功收购了以商业地产为主的香港盛高置地，实现在香港资本市场的借壳上市，其商业地产的业务规模也在不断壮大。2013年，其土地储备计划为800亿元左右，在建商业地产超2000万平方米，商业地产对集团房地产板块的销售贡献突破60%。绿地集团凭借超高层开发战略，实现了近五年44%的高速复合增长。

（1）"超高层战略"作为商业地产的核心。绿地集团董事长张玉良在解释将"超高层战略"作为商业地产的核心时这样说道：一是城市从长大到长高，城市要有制高点，它也代表当地主流人群的愿望；二是城市发展基于经济的发展，很多地区具备了建造超高层的经济基础；三是行业技术已经成熟，建造300米高楼对绿地而言已经是常规技术；四是盈利模式不同，绿地有与国际通行盈利模式不同的算法。按照国际上的传统模式，物业全部持有，长期经营，那回收周期要长达15～16年。而绿地是核心物业持有，办公楼能卖的全部卖掉，这样2～3年就能收回成本。目前，全国300米以上的地标性建筑50%是由绿地集团投资建造的，在世界十大高楼中，绿地集团旗下就有4个，未来每年还将有2～3栋绿地中心竣工。

（2）绿地超高层战略的全国实施。2005年，绿地第一个超高层建筑项目——南京紫峰大厦开工，标志着绿地正式进军超高层建筑领域。紫峰大厦地处南京市鼓楼广场，是南京行政中轴线和商业中轴线的交汇处、新街口商圈与湖南路商圈的主要连接点。总建筑面积30多万平方米，高度450米，是集超五星级洲际酒店、甲级写字楼、高档商场等业态为一体的超高层现代化商务城。

2009 年 10 月 21 日，位于南昌连接新老城区的交通要道紫阳大道以北的南昌绿地中心，占地面积约 60 亩，总建筑面积 22 万平方米，高约 246 米，是包含国际甲级写字楼、五星级酒店和商业综合体的超高层标志性组合建筑。设计外形呈现代几何形，被寄予"城市之窗"的寓意，表达对未来城市生活的美好向往。

自 2010 年以来，绿地集团先后投资开发了高度达 606 米的世界第三、中国第二高楼武汉绿地中心及总建筑面积达 300 万平方米的武汉绿地国际金融城，高度达 518 米的世界第四、中国第三高楼大连绿地中心，高度达 300 米的中国最高双塔式建筑郑州高铁站绿地中央广场，高度达 280 米的"国门第一高楼"北京绿地中心，中部五省第一高楼郑州绿地中心等项目，这些项目均已成为当地品质标杆和技术领先的典范，也见证了绿地集团一流的经济和技术实力。

11.3
海外拓展加速展现其做大做强的决心

近几年来，随着国内一二线城市楼市渐趋饱和，许多中国房企开始走出国门，进军海外市场。2013 年以来，包括万科、绿地、新华联、富力、泛海建设在内的多家房企纷纷涉足海外市场，掀起新一轮海外投资开发浪潮。许多专家表示，2013 年已成为中国品牌房企的"出海年"。作为中国房地产巨头、世界 500 强企业的绿地集团同样加快了国际化步伐，已成功进驻四大洲九个国家十三座城市。

（1）进军美国。2013 年绿地集团完成了对拉特纳森林城市（Forest City Ratner）包含 15 幢楼的开发项目的 70% 股权。该项目是纽约 20 年来最大规模房地产单体项目，绿地集团的投资规模也是中国房企迄今为止在美最大投资。2014 年 2 月 14 日，绿地集团在北美的首个项目——洛杉矶绿地中心正式开工建设，总投资达 10 亿美元，这也标志着绿地新年新一轮海外开发的全面启动。

（2）投资欧洲。2014 年 1 月 6 日，绿地集团在伦敦签署房地产收购投资协议。收购的项目位于伦敦市西南泰晤士河南岸的旺兹沃思镇，总占地面积超过 3 万平方米，规划建筑面积近 9 万平方米，计划开发集高层住宅公寓、保障性住房、商业设施于一体的大型城市综合体。该项目是绿地集团在欧洲收购的首个项目，同时也是其首次在欧洲尝试房地产开发业务。在此之前，绿地集团曾通过资产及经营权置换的方式进入欧洲酒店市场。

（3）转战东南亚。2014 年 2 月 28 日，绿地集团就马来西亚新山市两个项目签署合作备忘录，计划斥资近 200 亿元人民币进行投资建设，其中一个项目将成为迄今为止中国企业在马来西亚投资的最大规模房地产单体项目。两个项目分布在新山市的东区和西区，沿柔佛海峡，与新加坡隔海相望，总占地面积约 860 亩，规划建筑面积约 230 万平方米，规划建设大型住宅社区、中高端服务式公寓、酒店及配套商业。

（4）登陆加拿大。2014 年 3 月 8 日，绿地集团以股权收购方式与加拿大多伦多一项目签署合作备忘录。该项目位于加拿大多伦多市中心核心区域，规划占地面积约 3855 平方米，规划建设 2 幢高层公寓及配套商业，预计总投资将超过 4 亿加元（约合 22 亿元人民币），已于 2015 年 5 月正式开工建设。

除了在售的韩国济州"绿地汉拿山小镇"及澳大利亚悉尼"绿地中心"项目外，洽谈中的法国项目有望于近期落地。绿地还在澳大利亚和英国寻找新的优质项目。绿地做强做大海外业务的信心愈加坚决、步履愈加迅捷。

作为中国综合性地产领军企业，绿地集团不断创新业务模式，积极调整产品结构，推进"三化"同步发展，以多元化、高层化带动国际化协同发展，以内外兼修之精湛品质引领时代新需求。

12

绿地集团深耕商业地产
精心打造系列产品品牌

在商业地产领域，绿地商业集团自 2005 年成立以来，强化商业地产品牌建设，正式推出"四海、八方、人和"三大产品系列。其中，四海系列包括绿地中心、绿地中央广场，定位为地标型、超高层、城市中央核心、标杆区域的商业综合体项目；八方系列包括绿地缤纷城、绿地新都会，定位为综合性、区域型、轨道交通枢纽中心、城市副中心的大规模商业集群；人和系列包括绿地乐和城、绿地邻里中心，定位为功能型、社区配套型商业中心，主要服务于当地居民。

12.1
绿地的"四海"产品系列——城市中心的商业综合体

绿地集团"四海"系列的商业综合体项目遍及上海、北京、南京、济南、南昌、武汉、郑州、西安等全国 24 个省 64 座城市，商业地产总规模突破 1800 万平方米，仅持有型购物中心面积就高达 300 万平方米，项目规模、功能定位和商业品质均处于全国领先地位。

12.1.1 绿地中心——超高层地标建筑

绿地集团商业地产中最具特色的莫过于超高层的地标性建筑。目前绿地旗下建成和在建的 300 米以上的超高层城市地标建筑有 18 幢。世界十大高楼中，绿地集团旗下就有 4 个，如建成后的武汉绿地中心，高度将达 606

米，是中国第二、世界第三的高楼；建成后的大连绿地中心将高达 518 米，成为中国第三、世界第四的高楼；南京绿地中心以 450 米位列世界第七高。

之所以偏爱超高层建筑，绿地集团董事长、总裁张玉良表示，从企业角度讲，建摩天大楼，品牌影响力大，当然也有更好的收益。而建超高层也是城市建设形态的需要，300 米以上的高楼，一般都在城市中心地段，对土地价值的利用是合理的。例如美国芝加哥，几平方公里的超高层区域，平均容积率 25 以上，摩天高楼的 10 层以下全是车库，只要交通规划好，不会造成拥堵。每个城市都希望拥有自己的高度，这既是城市经济实力、建设水平的物质象征，更是城市欣欣向荣、蓬勃发展的精神象征，满足了市民增强城市自豪感与归属感的精神需求。

对于超高层建筑，绿地将其核心物业保留，其余物业部分出售，但由绿地管理。这样，绿地既能从出售物业中收回成本，同时可以将部分持有物业抵押再融资，保证现金流的顺畅。整体持有虽然能获得物业增值的收益，但会占用大量的现金流。绿地建造超高层建筑，成本回收一般只需两年，而如果采用整体持有模式，成本回收将长达 16 年。

除了在国内大量建设超高楼，绿地集团还将业务拓展到了海外。2013 年 3 月，绿地与加拿大基金巨头 Brookfield 集团就澳大利亚悉尼 CBD 区域 Bathurst 街与 Pitt 街交汇处的一栋办公楼及一栋历史保护建筑的收购达成一致，并签署正式合同，将在悉尼市中心投资建设最高的公寓楼——"悉尼·绿地中心"及其配套商业和高星级酒店。项目现状为 24 层办公楼及 8 层历史保护建筑，绿地购入后，拟将原 24 层办公楼重新建设为超过 240 米的高层公寓，原 8 层历史保护建筑将被保留并改造成高星级精品酒店。这是中国房地产企业在澳洲最大规模单笔投资，总投资约为 4.8 亿澳元，2014 年初启动销售，开发周期为 4 年。①

12.1.2 绿地中央广场——核心区的城市综合体

绿地中央广场一般地处城市核心区域，涵盖高档住宅、精品公寓、甲级写字楼（绿地中心）、商业中心，是汇聚商业、居住、商务、景观、休闲于

---

① 绿地品牌进驻澳洲市场 今年海外收入有望超 20 亿. 赢商网，2013 – 03 – 19.

一体的城市综合体，是投资、办公、生活的首选之地。

长沙绿地中央广场是该类项目的典型代表，它地处大河西 CBD 核心，紧邻市政府，尽享市府板块和滨江新城的商务便利。项目总投资 30 个亿，占地面积 63518 平方米，总建筑面积 444800 平方米，业态包括：高达 150 米的超高层双子写字楼——紫峰，长沙首座绿色二星建筑，创新智能商务办公；69~142 平方米全名品绿色住宅——新里·卢浮公馆，融入"国际、领先、格调、人文、科技、精致"6 重海派精髓，打造绿地集团首席地产文化品牌；22~62 平方米城市精装公寓——拉菲晶座，渗透了浪漫、自由和典雅的法式精神，带来最为纯正的法式高端人文居住典范；1.6 万平方米的购物中心，容纳了沃尔玛超市、海上影城、3600 平方米的商业街，家门口尽享舒适购物体验；按世博中心标准建造的国际双语幼儿园，给孩子打造一个美好的未来。

12.2
绿地的"八方"产品系列——区域的城市综合体

绿地的"八方"系列主要包括绿地缤纷城和绿地新都会，它们是综合性、区域型、轨道交通枢纽中心、城市副中心的大规模商业集群。

北京绿地缤纷城是绿地集团进驻北京的第一个商业旗舰项目，总投资 50 亿人民币，是大兴新城北区规模最大、业态最丰富的核心商圈，是北京南城最具标志性和辐射力的城市综合体项目之一。缤纷城地理位置良好，被金星路、兴华大街、兴丰大街等主干道包围，且紧邻地铁 4 号线，交通便利。缤纷城总建筑面积为 65 万平方米，其中购物中心为 9 万平方米，共有地上 4 层、地下 3 层。其中，地下二、三层是停车场，地下一层提供超市和餐饮等生活服务功能，一层主要提供品牌零售，二层主要提供时尚服饰和运动休闲，三层为儿童和家居体验，四层主要为餐饮、影院、健身房等。缤纷城集购物、休闲、餐饮、娱乐、亲子于一体，被誉为一站式的家庭休闲购物中心。缤纷城主要锁定中间阶层的客户，为此，品牌主要定位在中端，包括保利国际影院、美格菲健身中心、上海歌城、麦当劳、万龙洲海鲜、COSTA COFFEE、屈臣氏等。零售、餐饮、配套和娱乐的业态配比分别为 30%、26%、36% 和 8%，餐饮休闲业态占比较大，填补了大兴区无集中、特色餐饮及多元化休闲场所的空白。缤纷城空间规划非常良好，主动线简单明晰。在 3 层大中庭连接天桥，引导并带动客流从北向南疏散；观光电梯让顾客更大视野地浏览品牌分布位置，半弧形玻璃幕墙能更好地展示品牌及给顾客视觉上通透感和开阔性。北京绿地缤纷城的出现对于加快大兴新城建设、推动所在区域经济结构优化和功能升级等方面具有重要意义。①

绿地新都会也是城市综合体，与绿地中央广场不同的是没有超高层的写字楼，而更加侧重住宅。武汉绿地新都会由"香颂别墅"、"高层国际花都"、"智趣公寓"、"大都会商业"四大产品构成，其中包括 4 栋 33 层住宅楼、2 栋 34 层住宅楼、1 栋 54 层住宅楼以及 2 层商业裙楼，总共 1434 套住宅、4 万平方米的购物中心、4 万平方米的主题商业街与 2 万平方米的社区商业街。②

12.3
绿地的"人和"产品系列——复合型的社区商业中心

绿地的"人和"产品系列主要包括绿地乐和城和绿地邻里中心，它们都是功能型、社区配套型商业中心。

绿地乐和城是复合型时尚商业中心，以时尚和生活为主题，涵盖餐饮、娱乐、休闲、文化、百货等多种商业形态。西安绿地乐和城是一个典型项目，包含了两大商业独栋，三大主题步行街。它坐落于被称为西安"黄金腰带"的南二环，该地拥有大量星级酒店、金融机构、政府办公、高档写字楼，但多年以来缺乏一个主体性、多业态、规模化的商业中心，绿地乐和城填补了这一空白，实现了对城市价值的复兴。在这里可以品味世界美食，可以 24 小时无限玩乐，收获自由购物的无限乐趣，为南二环城区居民提供高端生活品质。

绿地邻里中心是社区配套项目，一般配备有完善的公共服务设施和商业服务设施。上海嘉定绿地邻里中心绿地集团开发建设的秋霞坊社区的配套项目，总建筑面积为 7276.41 平方米，分为地下 1 层、地上 5 层，除配备了信

---

① 绿地集团首个自持商业项目北京大兴"绿地缤纷城"开业. 赢商网，2012 – 06 – 21.
② 武汉绿地新都会规划建 4 万 m² 购物中心、6 万 m² 商业街. 赢商网，2011 – 08 – 02.

息苑、卫生服务点、老年日托、健身中心、综合活动室、社工站、邮政局、居委会等公共服务设施，还设有 1600 平方米的菜场、1000 平方米的超市、银行、餐饮店、美容美发店、药店、书店等商业服务设施。

绿地集团，这一房地产界的航母，在把握了时代发展的脉搏后，以文中提及的三大产品系列、六大主打产品昂首阔步进军商业地产。它稳扎稳打，深耕商业地产，终于开创了自己的天地，成为能与万达集团相媲美的商业地产领袖企业。绿地集团还在不断扩张自己的商业地产版图，业务收入占比仍在继续扩大，甚至转型为主打商业领域的地产公司，让业界对其刮目相看。

13

绿地借力地铁投资开发，开辟
可持续发展的全新增长点

随着我国城市化的快速发展，越来越多城市开始追逐开发地铁这一过去一线城市才有的"名片"项目。2015 年，我国在建轨道线路的城市达到 39 个，在建里程 4448 公里，全国城轨交通完成投资 3683 亿元。但是，由于目前我国正处于经济转型发展阶段，依靠地方政府财政拨款已经难以支持大规模的轨道交通建设。2014 年 4 月，国务院总理李克强主持召开国务院常务会议，决定在基础设施等领域推出一批鼓励社会资本参与的项目，面向社会公开招标，使得社会资本大规模参与到新一轮的城市基础建设成为可能。绿地进军地铁产业，无疑抓住了一个很好的产业发展新机遇。

13.1
全国地铁建设资金出现缺口，绿地发现新商机

地铁投资的主体主要是政府财政支持下的地方融资平台。然而，由于过去大量举债，很多地方融资平台负债率奇高，已经丧失再融资能力。据审计署公布的数据，截至 2014 年底，地方政府负有偿还责任的债务约 15.4 万亿元，而 2015 年需要偿还的债务占债务总余额的 20% 左右。在经济下行压力之下，地方债还款高峰期将至，面对巨大财政收支缺口，地方政府债务风险正在不断显现出来。与此同时，银行收缩了对融资平台的支持，加剧了投资资金的短缺。一方面，地方政府缺钱；另一方面，地方稳增长的任务使得地方政府不得不把地铁在内的基建投资当作"救命稻草"，使得全国地铁建设呈现大跃进的局面，但是资金短缺成为各地政府共同面临的难题。

作为业务遍及国内几乎所有省市地区以及美国、加拿大、澳大利亚、英国等九个海外国家的地产领军企业，绿地一贯热衷于政府支持项目。过去，在一些体量大、政府信誉要求高、资源匹配力强、可复制性好的项目上，绿地都有着极佳的胃口，比如城市综合体项目、超高层项目、大型居住社区项目、产城一体化项目。对这类项目的开发，成就了绿地的高速发展。这次绿地盯上了地铁投资开发，不过是其"做政府想做的事"思路的延续。

13.2
牵手沪企投资地铁产业，寻找企业可持续发展的全新增长点

2014年，上海国资改革会议上，上海市政府要求国资发挥集聚优势，联动走出去发展。2014年7月21日，绿地地铁投资发展公司在沪揭牌成立。绿地集团与申通地铁、上海建工等沪上企业签署战略合作协议，由绿地牵头组成联合体在全国多地开展地铁投资开发业务。

此次与绿地集团达成战略合作伙伴关系的企业，均为国内建筑、轨道开发运营、隧道建设等行业的龙头企业，拥有强大的设计、施工和开发一体化能力和丰富的项目运作经验。申通地铁是上海十多条地铁的主要投资者、设计者和运营者；上海建工则具有多年的地铁施工经验。绿地将发挥资源集成优势、向"平台型"企业进化，在绿地的牵头组织之下，联合体将在人才、技术、资源配置等方面相互补充，发挥优势叠加效应，努力成为国内轨道交通及配套设施开发领域一支实力强劲的生力军。

绿地始终将房地产开发与推动当地城市建设相结合，全方位参与并重点投建当地急需的基础设施和现代服务业综合体项目，成为各地城市功能提升的推动者，此番更是将建设地铁这项"很传统"的业务，提升到转型的战略高度。跟过去做综合体、超高层、产业园区和海外布局一样，绿地对投资地铁高度重视，在绿地发布的一系列合作和战略中，被提到"集团"层面的仅有海外投资、金融、产业地产和地铁投资开发，而一些被其他房企拔高的概念如互联网、社区服务等，绿地仅以事业部为单位进行操作。这是绿地为规避单一行业波动风险、开辟全新增长点而做出的重大战略决策，旨在保障企业可持续发展。

13. 3

"轨道交通 + 区域功能" 的整体开发，探索商业模式转型

建地铁投入很慢，一条地铁要建 5 年以上。香港地铁公司是全球唯一一家盈利的地铁公司，其模式可以简单概括为"以地养铁"，即以地铁沿线土地和地铁站上盖物业收入来反哺地铁投资。这种模式不仅覆盖了港铁高昂的成本，也成就了类似新鸿基这样的地铁上盖之王。参考香港、深圳、广州等城市的成功案例，绿地地铁投资公司决定采取"轨道交通 + 区域功能"的整体开发模式，即一方面投资地铁建设；另一方面参与地铁沿线的城市综合开发。通过包括 BT 投资模式在内的多种方式，承担工程资金投入、规划设计、工程建设、设备运营等职能，并由政府相关部门直接或委托监管，视不同情况由政府部门以多种方式赎回。这种创新模式，不仅减轻了政府财政的回购资金压力，更将带动轨道交通及沿线功能的综合开发，快速推动各地基础交通建设，实现多方共赢。

绿地地铁投资以"轨道工程 + 区域功能"整体开发模式为亮点，为其多元产业布局增添重要一员，将有力推动绿地实现资源整合与产业协作，也是绿地立足主业优势、延伸拓展相关产业的积极尝试，意味着绿地商业模式的再度升级。此举标志着绿地集团深化产业转型再获新成果。

13. 4

耗资巨大，挑战绿地境内外资本市场融资能力

地铁一旦建成，周边地块的升值空间巨大。从东南亚国家和中国香港的先例来看，地铁上盖物业可谓无往不利。绿地此次一举敲定之后，不用经过招拍挂就能获得大量优质土地。但是，地铁开发牵涉到的资金量是惊人的，每公里地铁成本 10 亿元以上，最高达 17 亿 ~ 18 亿元。因此，绿地投资地铁建设，耗资规模可想而知，这对融资能力是个巨大的挑战。

在集团战略层面，金融产业作为绿地次支柱产业，实力规模正迅速扩张，为解决轨道交通工程巨大的资金需求，绿地正迅速提升境内外资本市场

融资能力。目前，绿地正加快实现"A＋H"双平台上市的"大金融"战略蓝图。2013年，绿地香港控股曾以年利率4.75%的成本发行3年期7亿美元债券。2014年1月24日，绿地香港控股公告称，将以私人配售方式发行15亿元人民币债券，年利率5.5%；5月，绿地集团发行了20亿元企业债；8月初，绿地集团通过其境外全资子公司"绿地全球投资有限公司"在香港成功发行10亿美元高级票据。2015年8月18日，绿地控股登陆A股整体上市，开盘市值超3000亿元，成全球最大房企。境内外融资的成功，充分体现了资本市场对绿地集团行业领导地位、可持续发展能力和盈利能力的高度认同。绿地获取低成本资金的能力日益增强，成为其进军地铁产业的有力保障。

投资地铁，是由点到线的突破，绿地借此将获得多方面利润，包括资金、商业设施、施工、运营管理等整个产业链各个环节。绿地地铁投资发展公司的目标投资区域是走出上海，这是一些地铁投资缺口大、经验少但意愿强的城市与绿地合作的契机。目前，绿地已经相继签下了徐州、南京、重庆、哈尔滨、济南等地的多条地铁线。虽然自身没有成熟的模式和经验在前，但绿地已经瞄准了地铁投资行业的老大。张玉良透露，未来绿地计划发展50条甚至上百条地铁线，并成为全国最大的地铁投资公司。

参考文献

[1] 占明珍. 由一桩"震惊世界"的跨国并购案引发的思考——大连万达并购美国AMC [J]. 对外经贸实务，2013，01：30－33.

[2] 胡挺，毛蕴诗，袁毓敏. 价值网络视角的房地产业转型与创新——以万达商业模式演进为例 [J]. 产经评论，2013，06：38－46.

[3] 王飞翔. "万达广场"模式城市综合体研究 [J]. 经营管理者，2012，14：33.

[4] 朱雪尘，梁海松. 王健林 万达资金链虚实 [J]. 英才，2012，12：37－45＋36.

[5] 张玲. 万达电影之路对我国电影产业发展的启示 [J]. 当代电影，2014，05：146－151.

[6] 赵先立，李子君. 我国房地产业多元化融资分析——以万科地产

为例 [J]．中共合肥市委党校学报，2013，01：17－23．

[7] 赵先立，李子君．我国房地产业融资存在的问题及多元化融资的对策建议——以万科地产为例 [J]．西部经济管理论坛，2013，03：62－67＋97．

[8] 王吉恒，王天舒．基于企业层次分析法的盈利能力分析——以万科企业股份有限公司为例 [J]．哈尔滨商业大学学报（社会科学版），2013，04：3－10．

[9] 曲芳芳，刘涛．万科企业股份有限公司的营运资本管理效率——基于 2011－2013 年数据的分析研究 [J]．湖北行政学院学报，2015，06：72－76．

[10] 丁祖昱．千亿房企"七匹马"功力角逐——万科、绿地、恒大、保利、碧桂园、万达、中海深度优劣比较 [J]．房地产导刊，2014，Z1：56－63．

[11] 戴娟萍．绿地集团借壳上市的决策动因探析 [J]．财务与会计，2015，22：29－31．

[12] 霍达．房地产企业的"双平台"战略——以绿地集团为例 [J]．财会月刊，2014，21：66－68．

[13] 纪尹杰．上海绿地融资渠道及其战略模式分析 [J]．财经界，2014，02：30－31．

[14] 陆德．绿地集团：科技引领地产创新 [J]．城市住宅，2014，03：104－107．

[15] 孙曦．绿地集团"落棋生花"开启全球化战略 [J]．城市住宅，2013，08：64－67．

14

慢工出细活的太古地产

太古地产成立于 1972 年，是英国太古集团在香港设立的全资子公司。太古地产的经营秉承了英国总部"只做长期投资"的风格，追求品质，放眼长远，开发的商业地产项目全部为持有型物业，只租不售、长期持有。在香港特区，香港岛东、太古广场和又一城是太古地产的核心物业。2001 年，太古地产在广州开发了第一个商业地产项目——太古汇，宣告正式进军内地市场。15 年来，太古地产在内地仅开发了五个项目，每一个项目都精益求精，用"慢工出细活"来形容非常贴切。

14.1

保持低速度，保证高品质

相比于很多地产同行，太古地产的发展步伐要慢得多。2001 年至今，太古地产在内地开业的项目只有广州太古汇、北京三里屯太古里、北京颐堤港和成都远洋太古里四家，原定 2016 年分阶段启用的上海大中里项目仍在等待中。每一个项目的开发时间都持续较长，以广州太古汇项目为例，2001 年拿地开发到 2011 年开业，中间经历了 11 年时间；上海大中里项目从 2006 年购地至今 10 年仍在紧张的筹备开业中。而一个体量相当的万达广场，同样的过程最快只需要 11 个月就能完成。

对于建设速度，不少人对太古持质疑态度，认为太古是通过囤地来实现土地价值的增值。但是太古地产用持有型商业地产的模式向这一质疑做出回应，它不以销售为目的，长时间的准备追求的是最高品质的设计和体验，在项目建设伊始就考虑在这个区域 10 年后需要什么样的购物广场，这是太古地产精益求精的态度。

住宅市场需要快速拿地、设计、销售，周期相对较短，这对于太古地产而言并不擅长，放弃内地住宅市场，专注持有型商业地产，专业化发展并不断突破是太古地产在内地市场制胜的关键。太古地产最值得称道的地方在于其对单体建筑因地制宜的设计和优质的运营管理。以香港太古广场为例，在建设时开创性地将商场地下层与地铁直接接驳，采用多层次的人流推进结构，并首次把滑冰场设计在室内，这些设计在后来的国内很多购物中心建设中都广泛被采用。太古地产将港东商业区早年兴建的商场进行了改造，把11座新旧办公楼通过天桥彼此连接，成为一个自成一体的独立社区，在大厦内部就可以买到咖啡和报纸，也可以直接走入地铁站，这成为后来楼宇商业改造的经典案例。在北京三里屯项目上，太古地产综合考虑到三里屯区位的人群结构和文化底蕴，大胆地采用开放式的多栋单体建筑格局，一方面规避了多层购物中心在人流推进和采光上的缺陷，另一方面也减少了前期开发和后期运营的成本。

40多年来，太古地产一直都与具有创新精神的各类设计师和建筑师打交道，不断创造出令人耳目一新的商业项目。在内地发展中，太古地产十分重视与本地文化的结合，例如三里屯太古里对于酒吧文化的沿承、成都大慈寺项目对中国古典文化的保留等，这本身就是对商业地产形态和内涵的不断突破创新。前期优良的建筑设计加上后期的改建翻新，再配合近乎苛刻的物业管理，给太古地产带来高额租金回报的同时，也强化了其集团品牌。

14.2

与商户互动，与同行共生

在运营方面，太古地产将商场当成一个"生态机体"来看待，将其分为孕育期（设计阶段）、幼年期（建设初期阶段）、成长期（凝固阶段）和防衰老期（持续阶段），不同时期区别对待，与不同的合作方进行良性的经营互动。在招商过程中，太古地产总是与租户进行近乎严苛的谈判，而一旦租户入驻，太古地产则让租户参与到商场的设计与改良、灵活的租金管理、与租户保持密切联系、促进双方互动以及时了解市场动态，形成了一个有机融洽的生态圈。太古地产不仅要做严格的市场调查以确定每一类别店铺能够良性竞争的数量，还根据市场的瞬息万变特点，提醒租户要适时调整商业结构。对于太古地产而言，细到每一个橱窗如何摆放、每一个节日如何整合营销，这个"管家"都要一一过问和督促。太古地产要求做物业管理的工作人员中午必须和客户一起吃饭以望与租户建立良好的关系。此外，太古地产总是在尝试通过直接或者间接的方式了解租户怎样经营自己的生意，了解他们在本地市场怎么做，在国际市场又怎么做，并尽可能在进货环节同租户保持最好的配合。

对于共生商业，太古地产的认识也更为豁达。在北京，随着三里屯 SO-HO 和世贸工三的运营，三里屯太古里面临的竞争更为激烈。但太古地产对此态度乐观，认为这将造就一个更具活力和繁荣的运营生态环境。以北京西单为例，汉光百货、君太百货、大悦城隔街相望，游客不会单一地局限在一家购物中心中游逛，各方的餐饮、娱乐和商品乃至经营风格形成了一种良好的互补，甚至连老牌的西单明珠和西单商场也能够沾光；而与此相应的反面教材则是东南四环的美罗城，在这个新生的商圈中，一段不长不短的距离，使美罗城与口碑甚佳的燕莎奥特莱斯之间并不具备连贯性，无法形成集聚效应，甚至会分流百盛和美罗城的客流，从而导致经营惨淡的现状。

在太古地产看来，三里屯 SOHO、世茂工三各自不同的定位能够很好地发挥人群聚集效应，以带动整个三里屯形成一个"小城区"的形态，吃喝玩乐、购物逛街各有偏重，选择越多，居民对"小城区"的认可度就会越大。因此对于太古地产来说，其他购物中心的落成运营不仅不是一种恶性的竞争，反而会使彼此在这个商圈中受益更多。与新加坡凯德置地一样，太古地产的商业项目基本都属于在地铁上建筑项目。比如太古广场，不仅与地铁口相连，而且物业四周串联着放射状的过街人行天桥，将不同功能、用途的物业贯穿起来，形成人流、物流、资金流的共享互通，共同把所处的商圈发展得更加强大。

14.3
内地扩张遭遇坎坷，携手远洋前途光明

2001 年进入内地市场以来，太古地产的扩张之路就一直颇为坎坷，纠纷、冲突、批评、质疑始终伴随着太古地产。广州太古汇项目 2001 年拿地，拟定于 2006 年落成，然而直到 2011 年才开业，中间耗时 11 年；北京三里

屯太古里项目也多次推迟开业时间；上海大中里项目更是因为"水土不服"2006年拿地后到2012年才正式开工，至今仍未正式开业。理念冲突、作风刻板、招商难题、经验不足等"水土不服"症状暴露无遗，在一定程度上，这让太古地产发展的"慢哲学"带上了无可奈何的色彩。

除了有些"水土不服"的疲态，这只老牌地产商近乎执拗的低调也让内地商家和媒体感触颇深，很多在北京三里屯村庄（Village）里吃喝玩乐的游客都不知道，这个充满设计感，色彩纷呈的商场究竟是由哪个开发商打造？这也是太古地产后来将其更名为"三里屯太古里"的原因之一。

好在太古地产终于找到了远洋地产这个搭档，双方互通有无，相互配合，在很大程度上让太古地产的内地列车进一步提速。远洋地产创立于1993年，并于2007年9月28日在香港联合交易所主板上市，是内地在港上市房地产公司十强，进军商业地产是远洋地产主业纵深格局的第三步。远洋地产工程建筑方面实力强劲，而太古地产在商业地产领域的招商、管理、项目设计等经验更为丰富，双方能力和经验相互补充，整体提升了合作项目的速度与质量。在项目打造过程中，太古地产牵头设计，远洋地产进行建造，到了招商阶段双方再协商做整体安排。北京颐堤港项目就是双方合作的成功案例。

太古地产的成功在于坚持对品质的追求。无论面临怎样的质疑，速度也好，数量也罢，太古地产创造的都是一个个有生命力、有创造力的项目，而不只是一幢幢冰冷的建筑。品质的回报是长期的，是持久的，太古地产的魅力也正是如此。随着太古地产与远洋地产的合作的成熟，太古地产在内地的发展之路将越来越开阔。

15

香港恒隆地产匠心独运的
内地扩张之路

恒隆地产有限公司是香港恒隆集团有限公司的地产业务机构，除了在香港从事多元化的地产业务外，在内地主要负责城市建造、持有及管理世界级商业地产综合项目。恒隆地产是香港数一数二的大型企业，是香港恒生指数及恒生可持续发展企业指数成分股之一，以市值计算，也是全球最大的纯地产企业之一。恒隆地产在内地的扩张可谓匠心独运。

15.1
由香港走向内地，进入发展的黄金时代

1960 年 9 月创办于香港的恒隆集团是香港的大型地产商之一，其子公司恒隆地产因建造港铁沿线多个大型楼宇而闻名遐迩。20 世纪 80 年代初，香港受到主权问题的困扰，楼市曾一蹶不振，恒隆地产也"一度沉寂"，当时恒隆地产的业务专注于香港。1991 年 1 月 1 日，陈启宗先生接任董事长一职后，预见到内地经济高速增长将给房地产带来发展的黄金机会，于是开始拓展内地业务，并集中在"人口庞大城市的最佳地段"发展商业地产项目。1992 年恒隆地产率先进军上海，凭借多年在港发展及管理物业的经验，恒隆地产在上海打造了两项地标式物业，即恒隆广场和港汇恒隆广场。这两项物业所产生的税收成为上海以至全国的商业物业纳税之冠。

上海项目的成功，成为恒隆地产在内地其他城市打造优质商业综合项目的奠基石。此后恒隆地产继续贯彻其独特的策略，在经济活跃城市的最优越地段购置大型地块，与顶尖的建筑师合作，打造拥有先进的、可持续发展设

施的世界级商业综合项目，并集中发展购物商场，以及提供卓越的管理服务。此后，沈阳的皇城恒隆广场、市府恒隆广场和济南的恒隆广场相继开业，2013 年 2 月，恒隆地产再下一城，投得湖北武汉一黄金地块。如今恒隆地产的足迹遍及沈阳、济南、无锡、天津、大连、昆明等多个城市，旗下内地项目均以"恒隆广场"命名。恒隆地产的营运由双城模式渐次演化至多城市模式，并汇集世界顶尖时尚产品与高级消费品牌，成为内地家喻户晓和极具规模、出类拔萃的全国性商业地产企业。发展到今日，恒隆地产被国际认同为全球顶尖地产商，被资深投资者誉为抗逆能力最高的企业，恒隆地产昂首迈进发展的"黄金时代"。

15. 2
专注于城市最繁华地段，以商场为中心

恒隆地产的策略是在经济蓬勃发展城市的最佳地点购入最大幅的土地，且仅在最繁盛的现有商业区进行土地购置。在每一个城市拿到最繁华区域的黄金地块，才能做出顶级的商业项目，而这些成熟的商业区域是商场出租率的保证，恒隆地产严格践行着这一发展策略。

早在 1992 年，恒隆地产便在上海最繁华的徐家汇商圈取得最大的徐家汇地铁站上盖项目的资格，次年又在上海另一核心商圈南京西路拿下总体量 27 万平方米的恒隆广场项目。2005 年，恒隆地产的天津和沈阳项目，此后的济南、无锡、大连、昆明等项目，均处于城市繁华商业区，其中上海南京西路、天津和平路、沈阳中街路更是入选"中国十大著名商业街"。2013 年 2 月，恒隆地产的武汉项目，位于武汉繁华的商贸枢纽——硚口区京汉大道，毗邻武广商圈和中山商圈，附近有武汉广场、世茂广场、武汉国际广场、新世界百货、武展购物中心、庄胜崇光 SOGO 百货等在内的大型购物中心。[1] 这在商业地产的招商中，有很明显的"通吃"现象，地点最好的、面积最大的、设计最美的、管理最完善的商场一定是最吸引人的。但是恒隆地产从不拿地王，即便在城市最繁华商业区拿下的黄金地块，价格也非常低廉。高通智库的研究报告显示，恒隆在无锡的项目楼面地价仅为人民币 300 元/平

---

① http：//news. fdc. com. cn/sd/702847_3. shtml. 亿房网，2015 – 02 – 10.

方英尺，天津项目地价是 450 元/平方英尺，济南项目是 360 元/平方英尺，沈阳是 100 元/平方英尺（1 平方米 = 10.76391041671 平方英尺）。[①] 恒隆能够以低价拿下优质地块的一个重要原因是对当地就业和税收做出了巨大贡献。上海港汇恒隆广场和浦西第一高楼恒隆广场，是上海地标性建筑，引领时尚潮流，每年为上海缴纳的税款便高达 30 亿元，其中大部分来自租户。但是恒隆地产并不是无往不胜，它至今未能进入北京。因为地价过高，2007 年，恒隆地产毅然放弃成都繁华商街春熙路一幅筹备一年的地块；2011 年，更是放弃了长沙一幅谋划了 6 年之久的地块，至今也没能进入这两座城市。

15.3
设计国际化，招商和运营"盯头羊"

　　恒隆在设计环节，强调与国际公司的强强联盟，甚至不惜重金，力求营造最佳的消费环境，这得益于恒隆管理层对商业地产本质的深刻理解。商业地产是一门"依靠帮助别人赚钱而赚钱的生意"，消费环境的便捷和舒适，将直接决定消费者的消费行为。难能可贵的是，恒隆地产虽然重金邀请全球知名设计公司参与设计，但并不完全迷信设计机构，而是积极协调，将品牌设计机构的设计理念、重要品牌商家的需求、自身商业运营的经验以及当地消费的特点等因素综合考虑，在经济可行性和城市形象上实现统一。在招商和运营环节，恒隆地产选择与国际一线品牌商家长期合作。以上海恒隆广场招商为例，恒隆就采取一种"盯头羊"战术，即圈定一个奢侈品牌群，寻找出影响力最大的几个，重点招商，其他品牌就会跟着这些"头羊"的行动决定自己的去留。恒隆地产与这些"头羊"的合作往往是长期性的。当然，"头羊"一旦选定场地，其发展计划的长期性也决定其不会轻易转换阵地，这也是它们与恒隆地产合作的契合点。

15.4
财务策略保守，零负债扩张

　　从恒隆地产近十年的财务数据看，尽管净资产收益率会发生较大的波

---

① http://health.omnjg.com/un3es65mh/1760.html. 名人博客网，2016 – 08 – 15.

动，但以总资产/净资产为衡量目标的财务杠杆，呈现逐步下降且稳定的趋势。尤其是在近五个财年当中，总资产/净资产的比值始终维持在 1.25 左右。同一期间，以净债项衡量的负债率亦呈现出下降趋势。恒隆地产奉行近乎保守的财务策略，与其发展史上两个特殊时期密切相关。第一个特殊时期是 20 世纪 80 年代初，当时，恒隆地产联合香港几大财团拿下金钟地铁上盖物业的发展权，后因市场大跌和银行信贷收紧，被迫退出。其后多年，恒隆地产不可避免受到此次事件的负面影响；第二个特殊时期，发生在 20 世纪 90 年代中后期，恒隆地产在市场高点卖出投资物业，回收大笔现金，进而在亚洲金融危机中抄底，奠定复苏基础。两个特殊时期，一反一正的教训，让恒隆地产的财务策略打下了保守和稳健的烙印。分红政策的稳定，增强了投资者对恒隆地产的信心，进而保持了稳定向上的股价水平和相对较高的市盈率。在恒隆地产需要通过股市直接融资之时，投资者的信心显然有助于该渠道的通畅。根据公开披露的资料，自 2002 年以来，恒隆通过股市融资额近 250 亿港元。值得一提的是，2002～2011 财年间，恒隆地产发放的股息总和约为 214 亿港元，与股市融资额大致相当。因此，从某种意义上说，恒隆地产以稳定分红换取融资渠道的方式，也是一种类似借债的杠杆融资方式。它弥补了恒隆地产在一般意义上的财务杠杆利用不足的问题。当然，这种"有借有还，再借不难"的方式，让恒隆地产与投资者之间的关系显得更为紧密。[1]

　　恒隆地产陈启宗先生曾于 2012 年 9 月公开表示，未来 10 年内恒隆地产每年在内地都会有项目落成，届时内地与香港持有项目面积比例将由 62∶38 大幅提高至 83∶17，预计集团每年将投资内地约 60 亿元（不包括地价）。[2]由此可见，内地已经成为恒隆地产发展的重点领域，未来恒隆将会在内地大刀阔斧地展开业务。相信凭借其独特的扩张模式，恒隆地产还会在内地创造一个又一个奇迹。

---

① http：//www.doc88.com/p – 1611437640178.html.道客巴巴，2015 – 04 – 14.
② http：//news.winshang.com/html/014/2098.html.赢商网，2013 – 02 – 19.

专题五　跨界经营篇

1

红星美凯龙进军商业地产的前因后果

2016 年 3 月，经国务院发展研究中心企业研究所、清华大学房地产研究所和中国指数研究院三家地产业界权威联合发布的 2016 年"中国房地产百强企业研究"报告公布，红星美凯龙房地产集团有限公司连续第四年入选"中国房地产百强企业"并排名第 39 位，首次晋升百强企业"运营效率"TOP10。而在商业地产综合实力榜单上，红星地产继续排名第二领跑全国房企，创下了中国房地产行业新的神话。① 按照红星地产的规划，未来八年将进驻全国 60 座城市，开发运营 100 个城市综合体项目，在商业领域的投资额将会达到 1000 亿元。②

1.1
由渠道商向平台商转型，涉足商业地产尝到甜头

红星地产是红星美凯龙集团的下属企业。1993 年，红星美凯龙的创始人车建新在江苏常州创办了江苏省第一家家具专营店——红星美凯龙家具城，以自营为主，并代理国内多家知名家具品牌。1996 年，其连锁店已有 24 家，但有一半处于亏损状态。当时国外这种"进回来卖掉，从中赚差价"的经销模式已有非常成功的案例，但是需要强大的管理能力、资金支撑以及库存、销售、流通等方面的紧密配合，这不是所有企业都能做到的。车建新开始考虑转型，在经过多次的国外考察后，一个全新的模式在他的头脑中逐

---

① 红星地产 连续三年获全国商业地产 TOP2. 新华网，2016 - 03 - 29.
② 红星美凯龙重返南昌城 多点布局打造新型综合体. 搜狐网，2016 - 01 - 14.

渐形成，即从传统的渠道商向平台商转型，这是红星美凯龙发展道路上的一次重大转折。

1997 年，红星美凯龙在江苏南京买了一块地，自己建造了家居商场，采用纯租赁的形式，即对于入驻卖场的家居企业和区域代理商收取租金，主要包含店铺租赁、促销金、营销、公共物业管理等费用。这个靠租金获利的经营模式不仅能实现"旱涝保收"，而且比品牌代理简单。在南京试水成功后，"买地、建商场、招商、开业"便成了红星美凯龙的"流水线作业模式"，也成为它的"核心竞争力"。

从 2006 年起，随着地产市场价格的非理性上涨，让红星美凯龙购买的土地价格翻了 20 到 30 倍，仅土地升值就达 100 多亿元。这使得红星美凯龙不得不考虑调整买地模式，开始考虑结合"合资、委托管理"等其他运营方式来扩张连锁门店，这种多元化的运营模式可以在很大程度上规避房价波动带来的风险。但这也是红星美凯龙的一个重大机遇，无心插柳柳成荫，红星美凯龙虽然最初没有把自身定位为商业地产商，但是在做商业的过程中无意中拥有了很多物业。土地价格的疯狂上涨使红星美凯龙持有土地的价格以几何倍数增长，为其开拓商业地产领域奠定了扎实的土地基础和资金支持。

1.2

借力双 Mall 模式和鲸鱼理论，在商业地产领域"攻城略地"

红星地产在商业地产领域迅速发展，除了依靠红星美凯龙集团自身的优势外，其首创的双 MALL 模式和"鲸鱼理论"功不可没。

红星地产的城市综合体采用双 MALL（购物中心）模式，即家居 MALL 和百货 SHOPPING MALL 的整体结合。双 MALL 结合能够形成高达 50 万平方米的购物中心，总体可带来日均超过数万人的客流量。不同业态融汇互补，进而分享两种不同客群类型，能够进一步提升人气，增强消费者超大购物中心的体验感与满意感。

把家居 MALL 和百货 MALL 并存于一个综合体具有其特殊的优势。首先，双 MALL 可以做到人流互补并增强综合体的吸引力；其次，汽车时代来临，考虑到消费群的错峰，在下午 4 点钟后，家居 MALL 的车位大部分会腾空供给百货 MALL 的消费者，因此，双 MALL 中的停车位互补方式也许是未来所有 MALL 值得借鉴的；最后，就是双 MALL 所在地段价值被成倍放大，带动城市综合体中包括办公、住宅等的部分升值。

与双 MALL 模式并存的鲸鱼理论是红星地产提出的另一种独特的布局理念。由多个城市综合体运营的经验可以得出，如果自主经营的主力店偏小，则用于销售的小业主自营散铺面积相对越大，业态布局难以掌控，未来吸引客流的能力将会有所减弱，势必伤害小业主经营收益，最终对整个城市综合体不利。

在红星地产的规划中，每个城市综合体都将设有特色步行街，但规模会严格控制在总规模的 15% 以内。设置特色步行街是为了突出整个项目的特色，提高 MALL 的吸引力，促进业态互补。MALL 即为鲸鱼，步行街则为依靠鲸鱼生存的小鱼，与鲸鱼相伴的小鱼，可以从鲸鱼捕食过程中获得食物，鲸鱼越大，小鱼们从鲸鱼处获得的食物也就越多；反过来小鱼为鲸鱼清理身体，相互依存。运用这种理论，双 MALL 所吸引的客流，不仅能满足主力店的商业需求，也能够让步行街满意。MALL 的规模越大，吸引的客流越大，给步行街带来的利益也越大。

1.3
以城市综合体和购物中心为引领，商业地产航母扬帆起航

红星地产未来的核心产品是以"红星国际广场"命名的城市综合体和以"爱琴海"、"晶海"、"星银海"命名的购物中心。截至 2015 年底，红星地产已在北京、天津、重庆、上海、福州、昆明等 28 个城市进行了 45 个综合体项目开发。[①] 在今后几年内，红星地产将加快商业地产投资步伐，将京津塘、长三角、西南、东北作为四大战略区域，在一二线城市进行"爱琴海"布局，力争 2020 年在全国建成 100 个爱琴海购物中心。城市综合体项目涵盖了"爱琴海"购物中心、红星太平洋影城、国际高尔夫会所、婚庆大世界、星级酒店、精品百货等业态，提供集娱乐、餐饮、商务、家庭休闲

---

① 红星地产连续三年荣获全国商业地产 TOP2. 新华网，2016 – 03 – 29.

于一体的购物体验馆。①

关注顾客的购物体验，或许是红星制敌的"杀手锏"。已经开业的红星美凯龙北京朝阳路商场正试图颠覆传统家居卖场概念。顺着通道游走，消费者会发现这个商场更像是一个美丽的公园——宽窄适宜的浪漫走廊，再没有人潮拥挤的压抑感，反而被柔和的光线、美丽的景观创造出的舒适迷人、富有亲和力的开放式环境所吸引。在这个前所未有的"绿色园林"环境中，消费者很容易得到自己想要的消费体验。

在北京，红星以14万平方米爱琴海购物中心筑就京北一号商业地标；在上海，27万平方米高端综合体打造中国家居产业航母基地；在福州，70万平方米福州红星国际广场，凭借强大的品牌效应、超大型地标性规模正引领着台海商业的未来；在天津，红星国际广场凭借90万平方米"双MALL"城市引擎，开创了天津海河东时代。红星地产商业航母已经起航，即将开启以Mall形态促进中国现代商业文明崛起的时代。

商业地产模式复制的关键在于局部市场，个案差异较大，商业物业的投资不仅看整体还要看部分微观方面。各个城市、区域市场消费环境都不大相同，盲目地快速复制，风险则会相当大。而且各地城市综合体开发的日趋饱和，商圈同质化竞争的不断激烈，项目开发运营风险的日益加剧，红星地产跃进式的发展和大规模城市综合体项目的建设让人感到隐忧，毕竟红星美凯龙在城市综合体项目中真正投入运营的商业少之又少，大部分还处在建设过程中。红星美凯龙的逆流而上，在实际招商和运营过程中到底能否成为真正的赢家还是一个未知数……

---

① 红星地产千亿进军商业领域. 搜狐网，2013 – 05 – 03.

2

步步高置业："两型地产"的
首倡者和推动者

步步高置业的地产项目主要分布在湖南、江西、四川、重庆、广西等中西部省内二、三线城市，投资开发自持自营商业地产项目达 300 万平方米，正实现从中南地区向全国辐射的发展战略。未来 5 年，将至少完成 15～20 个城市综合体的开发建设，总开发量达到 500 万平方米以上，产值实现 300 亿以上。①

2.1
以理念引领"两型地产"

2005 年，党的十六届五中全会第一次明确提出要加快建设"资源节约型、环境友好型社会，促进经济发展与人口、资源、环境相协调"。作为国民经济支柱产业的房地产业处在风口浪尖，众多房地产企业抢搭绿色环保、低碳节能顺风车，如恒大主打"民生地产"概念，万科倡导"绿色建筑，低碳生活"，保利引领"和者筑善，自然生活"，招商狠推"绿色人居"战略；万达频频将地产与主题公园糅合，以便桥接人与自然的连接。2007 年，国家发改委批复了长株潭城市群和武汉城市圈为全国资源节约型和环境友好型社会建设综合配套改革试验区。步步高置业前瞻性地认识到，在城镇化的浪潮之下，人们的城市生活模式势必发生质的改变，资源节约型、环境友好

---

① 张宸. 步步高置业："两型地产"且行且走 [J]. 今日财富，2014－08－06.

型是中国房地产发展未来的要求，也是时代的方向。因此，步步高置业决定将资源节约和环境友好的理念融入开发的全过程，最大限度地呈现开发项目与城市环境和谐共生的新型地产形态，打造以人为本、集约高效、生态宜居的新型生活方式。

步步高置业通过品牌商业运营与地产开发联动增值模式，以国际城市综合体"步步高置业·新天地"系列项目为主要载体，不断向上下游延展，逐步形成商业地产开发、商业管理、建筑工程、规划设计、酒店管理、物业管理、营销代理等完整产业链。通过地产开发与众多业态全运营协同和联动，步步高置业努力打造"资源利用集约化、运营管理智能化、生活方式便捷化"的城市商务、文化、生活都会中心，以提供优质的生活方式回报社会。

2.2
以项目践行"两型地产"

（1）立足长株潭，打造新都心。步步高置业·新天地（九华）项目，总占地540亩，总建筑面积139万平方米，斥资60亿元，为世界级旗舰综合体，是步步高置业布局在湘潭的首个"两型地产"的代表作，对于"两型地产"概念的提出与实践具有深远的引领作用及示范性。该项目位于步步高总部湖南湘潭，其所在的长沙、株洲和湘潭城市群是国家"两型"试验区之一。从地理版图来看，长株潭地处泛珠三角经济区，沿京广经济带、长江经济带的交汇处，能直接承接珠三角和长三角的双重辐射。两两相距40公里，既有生态隔离带，又有高速相连，一条湘江带三城，这种生态化的城市群结构，全国仅有，全球少见。始建于2003年底的湘潭九华经济技术开发区则是长株潭城市群国家资源节约型、环境友好型社会建设综合配套改革试验区的示范区，也是省政府批准的台商投资区，2011年9月获批为国家级经济技术开发区。湘潭九华经济技术开发区发展定位为"工业新区、滨江新城"。2015年，湘潭九华经济技术开发区打造成了全省新型工业化、新型城市化、国际化的引领区，成为湘潭的新城区、长株潭的新都心。发达的交通、宜居的环境、高效的政务、合理的规划、政策的吸引等都是九华区独特的发展禀赋。步步高置业认准九华区必将成为承担湘潭商务、文化、生活等城市复合功能的新中心，遂将首个"两型地产"试验楼盘选址于九华，力图打造一个湘潭新的商务中心、文化中心和生活中心，把国际化的生活方式带给地级城市的居民，扮演好美好生活方案的提供者和解决者。2013年9月26日，在2013湖南经济合作洽谈会暨第六届湘商大会上，步步高置业·新天地（株洲）项目正式签订。该项目目前已经成为株洲市重点百亿工程示范项目，也成为株洲市新核心地标式城市新景观。

步步高置业·新天地的出现，将所有城市生活需求通过建筑规划与商业配套供给，使九华、株洲等新天地项目的城市功能更趋完整，以区域能量推动长株潭城市群的国际化进程。

（2）资源更集约，生活更便捷。步步高置业·新天地（九华）项目运用太阳能设备，建立雨水收集系统，并在外墙、门、窗等大量采用低碳节能环保的建筑材料。其规划设计、园林绿化、节能节水、新型建材的应用以及物业功能的组合配套，均采用"两型地产"研发体系和技术成果，部分细节技术通过凯里森、泛亚、世邦魏理仕等多家国际顶级设计与管理机构反复论证实现，充分体现了其环保性、低消耗、循环型、高科技等"两型地产"理念，这种理念与实践的创新，在国内史无前例。此外，还汇集国际五星级酒店、5A甲级写字楼、步步高旗舰级购物中心、国际公寓、国际时尚商业街区、国际高尚生活住区6大顶级业态于一体，建有湘潭最大的儿童主题游乐广场，最大的婚宴广场，拥有全市唯一的真冰溜冰场，唯一的五星级IMAX－3D影院，钢琴主题双语幼儿园，并规划有中小学配套环境。步步高置业·新天地项目将商业、商务、购物、休闲、娱乐、居住等多元化生活形态一站式呈现，5分钟步行就可以使市民获取所需要的大部分城市资源，节省时间成本与交通成本，推动节能减排。"不改变初衷，不停止追求"，"步步高·新天地"城市综合体产品将以湘潭为起点，布局全国，带领城市步入时代变革的制高点。

依托步步高集团品牌卓越的商业运营能力，开创从"超市＋百货"到"置业＋商业"双核驱动模式，全力引导城市步入国际化、多元化的理想生活磁场。

2.3
以品牌推动"两型地产"

作为"中国地产奥斯卡",中国房地产品牌价值研究自 2004 年开展以来,已持续进行了十多年。这些年来,研究组深入挖掘优秀房地产企业品牌成功要素,积极探索中国房地产品牌可持续发展之路,其研究成果的公正性和权威性已经引起社会各界广泛关注,是房地产行业的年度盛事。由国务院发展研究中心企业研究所、清华大学房地产研究所和中国指数研究院共同组成的中国房地产 TOP10 研究组,运用科学的 BVA 方法体系,对中国主要城市中具有影响力和知名度的房地产公司及项目进行品牌价值系统研究,以此形成中国房地产品牌价值研究成果报告。位于九华的步步高·新天地项目,是步步高置业首个"两型地产"的试验楼盘,引起了研究组的密切关注。

据悉,国务院发展研究中心企业研究所、清华大学房地产研究所和中国指数研究院三家单位共同主办的"中国房地产品牌价值研究"活动,已将步步高"两型地产"运营模式纳入重点研究课题。2013 年 9 月 25 日,步步高置业跻身中国商业地产品牌价值 10 强颁奖仪式暨步步高·新天地全城产品发布会在湘潭华隆 MALL 隆重举行,集团还跟专家组代表正式签约,在步步高·新天地成立"中国两型地产研究院"。[①] 今后,研究院将举办中国新型城镇化与"两型地产"发展高峰论坛,探索如何以"两型"理念推动新型城镇化进程,驱动房地产行业创新发展。研究院还将定期发布"两型地产"研究报告,已经初步形成的"两型"地产标准包括生态工程设计、环保型建筑材料应用、生态绿化要求、业态最低配套、清洁能源应用、生态文化及艺术内涵、业主的舒适幸福感等方面内容,研究院将继续完善并予以发布。此外,还将评选出全国"两型地产"示范楼盘和年度领军人物,助推中国城市发展走集约、智能、绿色、低碳的"两型"之路。

目前,我国经济正处于稳增长、调结构、转方式的特殊阶段,地产行业的创新发展应该积极响应政府基于长远可持续发展战略所提出的引导性政

---

① 步步高置业加冕商业地产品牌 TOP10 暨产品发布. 搜狐焦点网,2013 – 09 – 26.

策。步步高置业作为商业地产运营商，成功地将居住和商业融合在一起，每一盏照明灯的设置，每一面墙体材料，雨水收集系统，乃至整个生活资源的配置，从理念、思路、设备、营运等各方面，全过程地践行着"两型"理念。如果我国地产企业都以打造出更多的资源使用集约化、运营管理智能化、生活方式便捷化的地产商品为己任，那么"两型地产"全面开花的中国梦的实现将为时不远。

3

苏宁的"三驾马车"驶向何方

苏宁电器创立于 1990 年，于 2004 年 7 月在深圳证券交易所挂牌上市，是中国商业的龙头企业。① 在电子商务来势汹汹以及商业地产呈现巨大利润诱惑的背景下，苏宁开始了第三次转型。

3.1
打造"亚马逊 + 沃尔玛"的商业模式

2012 年 12 月 26 日，苏宁集团创始人、董事长张近东发布致全体员工的一封题为《转型融合新进程奋力进取新苏宁》的信。表示，"2012 年是苏宁集团新 10 年发展的第 2 年，也是苏宁创新变革和智慧转型的关键一年"。

张近东重申苏宁集团要打造"亚马逊 + 沃尔玛"的商业模式，苏宁电器、苏宁易购、苏宁置业分别被赋予了新的使命与意义，堪称苏宁集团的"三驾马车"。特别是苏宁置业作为打造沃尔玛商业模式的重要一环，被推到前台。

3.1.1 苏宁电器：线下要变革

早在 2011 年的 6 月份，苏宁发布未来十年发展战略的时候提出了转型为"多渠道、多业态商业零售世界级企业"的目标。2012 年初，张近东将

---

① http://www.xue163.com/wendangku/zcs/fc9g/j24da69f8c7v/k5fbfc77db2c5l.html. 学网资讯，2016 - 10 - 03.

这个转型目标概括成：做中国的"沃尔玛+亚马逊"。放眼全球范围，从来都没有一家商业零售企业可以同时做到线下沃尔玛的体量以及线上亚马逊的规模，并且还要使两者相互融合发展。这家年销售千亿级的零售巨头异乎寻常的举措频频牵动着国内商业市场的目光。

虽然酝酿许久并且信心满满，但是苏宁集团的整体转型确实需要"不破不立的勇气"。首先，拿苏宁已经经营了 20 多年的线下实体连锁业务来说，即使目前拥有超过 1700 家门店，可以比肩沃尔玛的网络覆盖，要"超电器化"转型并不是一蹴而就的事情。2012 年 2 月份，苏宁营销组织体系大幅扩容，新增百货、图书、日用品等五大采销中心；7 月份，苏宁旗下子品牌、综合购物广场式门店乐购仕开进北京市场；9 月份，苏宁电器联想桥店升级为苏宁联想桥 Expo 超级旗舰店，不仅在店名上去掉了"电器"两个字，商品品类也从电器扩展到相关的 IT 数码甚至儿童玩具、黄金饰品等领域。苏宁线下实体店更加注重体验性和服务性；2013 年苏宁宣布全面转型：更名"苏宁云商"、开启线上线下同价、启动开放平台、设立八大事业部，收购 PPTV，确立"店商+电商+零售服务商"的"一体两翼"战略；2014 年扩充百货品类、收购满座网、上线金融产品"零钱宝"、升级实体门店。[①]

3.1.2 苏宁云商：线上要出头

2007 年，张近东把苏宁易购这个楔子打入电商棋局，开始从传统家电卖场向互联网电子商务转型。"苏宁云商=沃尔玛+亚马逊"，这个转型方程式，被张近东寄予了破茧化蝶的使命。名称之变，仅二字之易，对拥有十万多员工的转型之路而言，注定漫长而艰巨。

自闯入电商领域，作为"搅局者"的苏宁，就与京东、淘宝过招不断。2012 年的"电商会战"，持续时间之长、参与企业之多、引发关注之广，更是创下了历史之最。

2013 年 3 月，苏宁完成了内部架构的重组，苏宁电器正式更名为苏宁云商，确定了"店商+电商+零售服务商"的发展路径；6 月，苏宁打通了

---

① http://tech.ifeng.com/a/20150806/41412086_0.shtml. 凤凰科技，2015－08－06.

内部的供应链关系，宣布"双线同价"，结束了困扰多年的管理难题；第三季度，苏宁开放了实体店铺平台、电子商务平台和物流数据平台，完成从实体连锁向互联网连锁转型。随后，苏宁在双 11 传统电商日期间推出第一届 O2O 购物节，实现线上线下商品的任意购买，全面建设互联网化的门店，将展示体验、物流售后、休闲社交、灵活交易融为一体。就在 2013 年，苏宁取得了过千亿的销售规模，立稳了第三大电商的地位。2015 年上半年中国网络零售市场交易规模达 16140 亿元，同比增长 48.7%，其中阿里、京东和苏宁网络零售市场交易规模占据前三位，苏宁稳居前三。①

至此，苏宁云商的架构已然明确：依托线下实体店和线上易购店，同时发展物流配送、互联网金融等平台业务，构建"沃尔玛 + 亚马逊"式的苏宁云商帝国。

3.1.3　苏宁置业：地产做支撑

和万达以地产起家然后发力商业、娱乐、电商相反，苏宁走的刚好是先做商业零售，后做地产的逆向模式。

2012 年 12 月 12 日，国内外 200 多个服装、餐饮、百货、休闲等领域的知名品牌汇聚南京，张近东藏在水下的一艘"核潜艇"正式浮出水面，这就是苏宁置业。张近东的意图是将这些品牌集结在苏宁广场之上，从而打造一艘国内最为顶级的商业地产航母。

"背靠大树好乘凉"的苏宁置业成立于 2005 年 7 月，截止到 2010 年 12 月，苏宁置业在全国已拥有 100 余项目，遍及 30 省、80 城。百余卓越项目及服务涵盖住宅地产、文旅地产、科技地产、物流地产四大板块，并形成购物中心、高星级酒店、物业服务三大专业运营领域。②

苏宁置业在各城市有 3000 万平方米的土地储备，2012 年开工的商业地产项目就有 800 万平方米，分布在北京、上海、南京、天津、成都等全国众多一、二线城市。③ 仅在 2013 年 4 月，全国共有 5 家 Expo 超级店、3 家旗

---

① http：//news. winshang. com/html/052/7038. html. 赢商网，2015 - 09 - 20.

② http：//www. suningstate. com/苏宁置业官网.

③ http：//news. xinhuanet. com/house/nj/2013 - 09 - 18/c_117427204. htm. 新华网.

舰店和 1 家超级门店开业；5 月，苏宁西藏首家门店开业；6 月，厦门乐购仕和佛山祖庙超级店分别开业；12 月 20 日起，位于温州、上海、北京等苏宁重金打造的一批 O2O 互联网门店也陆续开业，这些门店成为苏宁转型路上的先锋，也是对苏宁加速互联网转型以及 O2O 落地最好的诠释；近年，苏宁与地产大亨万达合作，2016 年 8 月 12 日，新疆首家苏宁易购万达云店在乌鲁木齐万达广场正式开业。这是继苏宁、万达正式宣布合作后，苏宁在全国的第 28 家万达云店。[①]

按照规划，苏宁置业到 2020 年要完成 300 个电器旗舰店、50 个大型购物中心、100 家高星级酒店和 60 个物流基地的建设。这也是媒体将其称为张近东隐藏在水面下的"核潜艇"的数据印证。[②]

苏宁未来的梦想是以零售为主业，通过高端商业地产支撑主业的发展，打造一个线上线下全球最大的零售业平台。所以，未来苏宁自建的商业项目，将大部分自己持有。目前二三线城市租金不断上涨，核心优质物业资源竞争加剧，给苏宁连锁店建设带来困难，如果通过"租建并购"等开发策略拥有自身优质物业，将对苏宁电商主业的发展起到支撑作用。

3.2
"三驾马车"路途坎坷

店商是苏宁的立身之本。截至 2013 年 11 月，苏宁在全国的实体店面已达 1700 多家，员工人数超过十万人，年销售额近千亿元；2014 年，苏宁新开各类店面 180 家，其中旗舰店 16 家，社区店 123 家（主要为在二、三级市场开设的店面，该部分店面归入社区店类型）、中心店 31 家，红孩子店 6 家、超市店 4 家。但在整体转型的苏宁大局中，店商的地位正发生微妙变化。以 2012 年前三季度为例，实体门店关闭了 133 家；2014 年调整/关闭各类店面 115 家。[③]

电商是苏宁的发展方向。据中国电子商务研究中心监测数据（100EC. CN）

---

① http：//www. xj. chinanews. com/xinjiang/20160816/1114. shtml. 中国新闻网，2016 – 08 – 16.

② http：//news. house365. com/gbk/hfestate/system/2012/09/19/020762412. html. 365 地产家居网，2012 – 09 – 19.

③ http：//news. winshang. com/html/046/2249. html. 赢商网，2015 – 04 – 01.

显示，2015 年中国 B2C 网络零售市场（包括开放平台式与自营销售式，不含品牌电商），天猫排名第一，占 53.2% 份额；京东名列第二，占 24.8% 份额；唯品会位于第三，占 3.8% 份额；位于 4～10 名的电商依次为：苏宁易购（3.3%）、国美在线（2.2%）、亚马逊中国（1.6%）、1 号店（1.5%）、当当（1.4%）、聚美优品（0.8%）、易迅网（0.3%），苏宁战略转型之路并不顺利。[①]

平台是苏宁的灵魂所系。基于强大的仓储、物流、信息、资金基础之上的开放平台，将形成线上线下同步开放的 O2O 零售模式。这种大数据云商模式，也是苏宁整合上下游企业、构建云商帝国的载体。难怪有人说，开放平台是管窥张近东"野心"的最佳视角。

有人形容，张近东目前有三大主要对手：线上大战京东商城，线下对阵国美电器，地产暗战万达集团董事长。线上、线下和商业地产是苏宁集团未来的三驾马车，也被认为是苏宁集团转型的最大问题。[②]

"转型方向太多，没有核心竞争力。"重庆容磁企业管理咨询有限公司负责人直言，"电商方面，马云不会把张近东当对手；商业地产方面，他也不是万达的对手。""做商业地产主要存在四大问题：一是巨额资金问题；二是缺乏商业地产经验；三是行业供应过剩特征明显；四是城市中心地块多数已经被万达等老牌商业地产企业抢得先机。"

长江证券分析师表示，苏宁集团正处于尴尬的境地，现在既要做商业地产，又被迫上马电商。"其电商平台如果继续做大，则会'烧钱'更多，但结果尚是未知数；如果缓步慢行，则会失去未来占领市场的机会。"

盛富资本总裁黄立冲分析，苏宁集团的主业近期不被市场看好，因为受到经济不景气，尤其是目标消费人群消费能力下降的影响，电商品牌苏宁易购受到更多竞争对手进入市场的冲击，前景不乐观。万达比苏宁有先发优势，已经夺取了竞争商圈的制高点，苏宁要逆水行舟难度较大。目前整个零售行业的电商化对零售物业带来了严重的冲击，苏宁易购可能会抢夺苏宁置业目标商家的生意，产生利益冲突和竞争，也会损害苏宁电器的利润率，在一定程度上会产生内耗问题。

---

① 中国电子商务研究中心，2016 – 09 – 07.

② http：//fashion. 4252138. com/ghgifsekc/201. html. 名人博客网，2013 – 01 – 07.

　　张近东却表现得信心十足。"我们至少要成为'沃尔玛＋亚马逊'。""在不远的将来，地产也会成为苏宁的一个主业"。"自己最大的'底牌'就是苏宁集团强大的后台支撑体系，这包括仓储、物流、配送以及把后台系统整合起来的信息系统。"

　　苏宁集团正从线下家电连锁企业变身为同时拥有线上、线下两个渠道，加上商业地产等为零售提供物业保障。准确地说，苏宁现在已不是一个家电零售企业，而是一家零售＋科技＋商业地产的跨界经营企业。店商、电商、商业地产三驾马车并驾齐驱还是有先有后，转型还是个未知数。

4

英特宜家购物中心强势进入中国市场

英特宜家购物中心集团（IICG）成立于 2001 年，是由英特宜家集团与宜家集团共同投资组建的一家致力于开发并管理以宜家家居为重要主力商户的区域性大型购物中心的集团公司，前者持股 49%，后者持股 51%。它总部位于丹麦哥本哈根，全球员工共同活跃在购物中心项目开发、置业、租赁、资产管理、法律、市场营销等领域。英特宜家购物中心集团拥有多年的开发、运营及管理区域性购物中心的经验，已在全球 14 个国家和地区建成 30 座购物中心，并有 24 个在建及规划中的项目。[①]

4.1
隐秘的"宜家王国"

英特宜家购物中心集团入驻中国，很多人认为是宜家集团在中国的发展战略发生转变，开始涉水商业地产。殊不知，两家公司是相互独立运行的合作伙伴关系。英特宜家购物中心集团自 2001 年成立后一直活跃在商业地产领域，建设和运营购物中心。其创始人英格瓦·坎普拉德在创始之初，考虑到合理避税等原因，通过设立多家公司或基金会方式对整个"宜家王国"进行了业务划分，主要包括三家大型企业：英卡控股、英特宜家控股和伊卡罗公司，坎普拉德家族始终掌握着绝对控制权。英特宜家控股旗下又包含了英特宜家系统公司、英特宜家购物中心集团、英特宜家地产公司和英特宜家财务投资公司。在中国开发购物中心的即为英特宜家购物中心集团，而

---

① http://www.ocn.com.cn/中国投资咨询网，2014 - 10 - 28.

"宜家家居"这一品牌为英特宜家系统公司拥有，它在1998年通过授权英卡控股公司做"宜家家居"而进入中国内地市场。

2009年11月英特宜家购物中心集团宣布正式进军中国，在上海设立中国总部，而在此之前，已经在无锡、北京等地大手笔拿地。英特宜家购物中心进入中国的一期计划包括无锡、北京、武汉三个项目，共计拿地面积达70万平方米，仅仅这些已经购入的土地面积就已经超出了宜家家居在过去十年所累积的土地面积总和。未来几年内，英特宜家购物中心集团将新增6幅地块以满足后期开发，目前尚有15个项目在积极筹建中。[①]

4.2
首选无锡、北京、武汉

英特宜家注重项目的开发与长期发展，选址相当慎重。与一些外资地产开发商和零售巨头青睐一二线城市的中心地区不同，英特宜家的购物中心在选址上偏重于相对较为偏远的城乡接合部。它认为中国的城市化扩张脚步迅速，所选定的土地经过规划、设计、建设等环节几年的时间打磨，城乡接合部的土地价值上升更加明显。

英特宜家购物中心集团与宜家家居在选址上密切沟通与配合，凡是宜家家居周边的地区都不在考虑范围。他们还采用协同运作的方式，即由熟悉市场的宜家家居去选定想要进入的城市，英特宜家购物中心随即跟上评估该城市建造购物中心的可行性，进行选址、买地、建设及运营购物中心等相关项目。一般都是依据人口数量、居住人口消费能力、居住人口消费潜力、是否满足交通的便捷性、是否便于消费者找到等指标进行严格的选址。

英特宜家购物中心还要充分考虑竞争对手的布局情况、地区未来规划、基础交通情况等，力争通过主力复合店商务综合功能来打造新型商圈。以北京大兴建设的购物中心项目为例，2009年北京市发改委等部门宣布了《促进城市南部地区加快发展行动计划》，未来3年内，北京市区两级财政将对南城地区投资500亿元，加快南城经济建设，加强招商力度，加速轨道交通建设。英特宜家发现在此时入驻大兴无疑是最佳时机。

---

① http://blog.tpoikjsg.net/jyyx/20117.html.名人博客网，2016-07-27.

2009 年 11 月，英特宜家没有经过拍卖，以 7.9 亿元底价拿下了北京市大兴区西红门商业综合区二期项目用地，成为第一家在北京拿到土地的外资公司。[①] 英特宜家在对武汉市进行了 3 年市场考察和制作了 5 次商业计划书后，才决定投资。

2009 ~ 2014 年，英特购物投入约 110 亿元人民币于无锡市锡山区、北京市大兴区和武汉硚口区建设大型区域性购物中心，其中无锡购物中心项目是英特宜家购物中心集团走出欧洲后的第一个投资项目。

英特宜家购物中心投资中国在建项目情况见表 4 – 1。

表 4 – 1　　　　　英特宜家购物中心投资中国在建项目一览

项目分布区域	无锡	北京	武汉
拿地时间	2007 年	2009 年	2010 年
拿地金额	—	7.9 亿元	6.04 亿元
投资金额	约 30 亿元	约 50 亿元	约 30 亿元
占地面积	28 万平方米	58 万平方米	30 万平方米
建筑面积	23.8 万平方米	21 万平方米	24 万平方米
营业面积	14 万平方米	17.2 万平方米	约 15 万平方米
宜家家居营业面积	4.5 万平方米	4.6 万平方米	5 万平方米
计划开业时间	2014 年初	2014 年下半年	2015 年
招租比例	85% 以上	65%	60%
店铺数量	约 400	约 600	约 400
停车位数量	5800	7000	5100
平均出租率	60%	52%	58%

上海宜家购物中心项目也已进入选址阶段，将参照北京项目的投资，约 40 亿人民币左右进行建设。2013 年 5 月，英特宜家购物中心集团一行人到北京通州考察投资环境，传出北京第三家门店将落户通州的信号，同时在广州也有新店拓展计划。

---

① http://shangye.focus.cn/news/2009 – 11 – 25/802186.html. 搜狐焦点网，2009 – 11 – 25.

4.3
宜家家居将成为其主力店

　　2014 年初，总体量 15 万平方米的无锡宜家购物中心将成为英特宜家购物中心集团在中国第一个开业的购物中心，其中，作为主力店的宜家家居的营业面积将达 4.5 万平方米。北京大兴区的购物中心项目也已经封顶，17.2 万平方米营业面积的购物中心将由亚洲最大、面积约 4.8 万平方米的宜家家居旗舰店等组成，配备了近 7000 个停车位，全面营业后每年可吸引 3000 万访客。武汉宜家购物中心将于 2013 年 11 月底封顶，主力店宜家家居仅次于北京旗舰店达 4.6 万平方米，落成后将成为华中地区最大的购物中心。[①]

　　"宜家家居 + 英特宜家购物中心"的捆绑式布局在全球范围已经有超过 30 家这样的组合在运营。英特宜家购物中心根据"可视性、可达性、可消费性"原则选择交通便利，土地增值空间大的土地进行建设，充分利用宜家家居多年来已经培养和影响的客户群，锁定中青年等城市时尚一族作为目标群。这一组群是城市中培养空间最大、城市未来升级的人口载体，通过对这一个片段群体的人气聚集与吸引，英特宜家极有可能打造成一个类似建外 SOHO 城商圈的时尚类商业地产平台，构造一个以宜家为中心的核心时尚生活基地。

　　英特宜家购物中心是以宜家家居作为主力店的购物中心，但是宜家家居只占约四分之一的面积，每家购物中心都会引进包括苏宁电器、欧尚超市、迪卡侬、金逸影院等主力店，次主力店则以 H&M、ZARA、C&A 等中端品牌配合。英特宜家购物中心在欧洲一直致力于为中产阶级提供服务，来到中国这一定位也没有改变，将不引进奢侈品牌。

　　英特宜家不管是在欧洲还是在中国，坚持自己选址、购置、开发、建设、长期运营管理地块。但是这样的经营理念导致英特宜家不能享受土地快速增值带来的回报，因此，英特宜家也在考虑是否可以将产品线适当延伸，比如自建购物中心项目时，将周边配套的公寓以及写字楼项目一并开发并进行销售。中国是消费潜力巨大，成长最快的市场，英特宜家购物中心集团将

---

① http://hb.winshang.com/news－229766.html. 赢商网，2014－03－19.

在未来几年时间里不断加大对中国市场的投入，力图打造与万达比肩的购物中心帝国。

参 考 文 献

[1] 董家声. 红星美凯龙抢滩商业地产 ［N］. 北京商报, 2013 - 05 - 02C04.

[2] 王松才. 红星美凯龙回应转型质疑 ［N］. 中国经济时报, 2013 - 06 - 27010.

[3] 万小强. 红星照耀中国：一个商业地产帝国的诞生 ［N］. 中国房地产报, 2014 - 09 - 01A08.

[4] 太古地产：打造地产界的"王牌特工" ［J］. 环球市场信息导报, 2015, 16：34 - 41.

[5] 孙建军. 甜蜜二人组破题同质化 "远洋 + 太古"终结商业地产虚胖症 ［J］. 安家, 2015, 08：80 - 89.

[6] 陈业, 罗舒晗. 太古地产在内地谨慎前行 ［N］. 中华建筑报, 2014 - 03 - 18014.

[7] 赵坤, 江小燕. 浅谈体育营销——以恒大地产体育营销为例 ［J］. 科技信息, 2010, 22：249 + 251.

[8] 胡挺, 吴慧强, 袁毓敏. 房企跨界经营动因、产业选择与经济后果——以恒大地产为例 ［J］. 中国房地产, 2014, 22：70 - 80.

[9] 罗舒晗. 步步高大举进军商业地产破题零售围城 ［N］. 中国商报, 2015 - 02 - 10002.

[10] 无米. 步步高开辟新天地 ［J］. 全国商情, 2014, 19：60 - 61.

[11] 赖智慧. SOHO 中国转型：从散售到租赁 ［J］. 新财经, 2012, 11：84 - 85.

[12] 宋延庆. SOHO 中国转型"只租不售" ［J］. 中国地产市场, 2012, 11：78 - 79.

[13] SOHO 中国遭遇转型阵痛 ［J］. 时代经贸, 2013, 02：69 - 70.

[14] 屈丽丽. 华润置地"万象城"挑战万达模式 ［N］. 中国经营报, 2013 - 11 - 04C11.

［15］方帅．凯德商用：零售商业地产孵化器［J］．中国房地产业，2013，12：62－65．

［16］田婷婷．龙湖地产发展战略分析［D］．北京林业大学，2012．

［17］蔡静霞．龙湖地产：逐鹿商业地产［J］．房地产导刊，2011，04：78－79．

［18］李璘屹．电子商务环境下苏宁电器战略转型的研究［D］．华东理工大学，2012．

［19］常文超．基于O2O时代传统企业商业模式转型升级研究［D］．河南大学，2015．

［20］屈丽丽．苏宁战略转型成功背后的组织支撑　协同的"联合舰队"＋有组织的"微创新"［J］．商学院，2015，05：82－85．

［21］何勇．华侨城苏河湾：承载时尚与城市复兴［N］．中国经营报，2012－07－09C05．

［22］杨舒．地铁上盖物业商业综合体实例研究［D］．西安建筑科技大学，2013．

［23］付晓娟．大悦城亮相沪上意在落户时尚之都［N］．中国经济导报，2009－11－14B02．

［24］小琴．中粮集团布局：大悦城"欲成"西单商业地标［N］．国际商报，2008－01－03008．

［25］王冰凝．天津拿地　保利商业地产扩张［N］．华夏时报，2008－01－28022．

［26］李仁刚．上海港汇恒隆广场购物中心市场重新定位研究［D］．华东理工大学，2014．

［27］李铎．英特宜家购物中心不做地产商［N］．北京商报，2011－03－23A03．

［28］刘晨．宜家中国地产策［N］．中国房地产报，2013－08－19A15．

5

解读凯德商用在中国的
三大购物中心产品线

新加坡凯德集团是亚洲规模最大的房地产集团之一，1994年进入中国市场。凯德商用是凯德集团旗下的上市公司之一，它与凯德中国、雅诗阁中国一起成为凯德集团在中国的三大业务单位。

2001年，凯德商用产业有限公司（以下简称"凯德商用"）正式进军中国市场。2003年，凯德商用在中国的首家商业地产项目上海来福士广场正式开业。截至2014年6月，凯德在新加坡、中国、马来西亚、日本和印度的53个城市中拥有105家购物中心，并持有它们的权益，其中85家运营中，20家正在开发中。凯德商用在中国，在37个城市拥有并管理着62家购物中心，总建筑面积约645万平方米，物业总值约774亿人民币，主要分布在环渤海区域、长三角区域、珠三角区域、成渝区域、中部区域，仅在北京、上海就有10个商业地产项目。①

凯德商用的购物中心项目包括位于世界著名购物街道之一——新加坡乌节路的爱雍·乌节（ION Orchard）及狮城68，新加坡来福士城及克拉码头；中国上海来福士广场和凯德龙之梦虹口；北京的凯德MALL；成都的凯德广场·金牛等。凯德商用进入中国至今，已经形成来福士广场、凯德MALL或凯德广场、凯德龙之梦广场三条商业地产产品线。

5.1

来福士购物中心：都市型中高档时尚购物中心

来福士品牌于1986年产生于新加坡，目前是凯德商用旗下最具典范

---

① http://news.winshang.com/html/049/4083.html. 赢商网，2015－06－24.

性的综合性商业地产项目。每一座来福士广场的选址均位于城市中心区域，新加坡、北京、上海、杭州等地的来福士广场甚至成为当地的地标性建筑。来福士广场可以看作是一座"城中之城"，融合住宅、商场、办公楼、服务式公寓、酒店等多种业态，在中心城市的交通枢纽位置打造经济综合体和城市地标，提升所在区域的生活品质、商务价值，优化城市商业结构。

来福士购物中心作为城市综合体的构成部分，是凯德自行开发建设的综合体模式下的购物中心，一般都会因其位置、设计、组合独特而成为城市地标。从选址原则看，来福士一般都位于城市核心区域，且一个城市一般一个，周边交通非常发达，一般都是地铁直通地附近。由于在规划设计方面具有更大的主动权，各来福士广场的设计都极具个性，几乎全是聘请世界一流的建筑大师设计，并融入了当地文化，有的设计费甚至达上亿之巨。从来福士购物中心的类型和定位来看，可以归为都市型中高档时尚购物中心。其目标顾客一般为中高收入的年轻人和白领、金领人群，比如 25～45 岁的专业人士、经理、公务行政人士，他们懂得如何调剂生活与工作，具有非凡品位，能欣赏并愿意尝试与众不同的时尚风格。因此，相对凯德 MALL，来福士客群层次更高。[①]

来福士购物中心的商业面积一般在 5 万平方米以下，大多没有百货（但新加坡来福士有崇光百货），可能会有精品超市，核心租户以国际品牌的次主力店为主。目前开业的上海和北京来福士广场有部分核心品牌是相同的，如 CK JEANS（CK 牛仔裤）、思莱德（SELECTED）、杰克·琼斯（Jack& Jones）、欧时力（Ochirly）、地素时尚（DAZZLE）、芒果服饰（Mango）、昂立（Only）、屈臣氏、欧舒丹（L'OCCITANE）、美珍香、哈根达斯（Haagendazs）等。来福士广场在宣传推广上比较注重品牌传播，北京与上海的来福士广场外立面和广场均设置了大屏幕 LED，并考虑了外立面广告墙的使用。北京的来福士购物中心在开业时更是创新性地使用了很多的"SLOGAN（口号）"（"越购物越时尚，越时尚越要购物"、"不购物可以来这里看美女，购物可以穿给帅哥看"）来传播其时尚、个性的基调。

---

① http://www.zhaoshang.net/thread-40930-1-1.html. 中国招商网，2013-12-18.

5.2

凯德 MALL（凯德广场）：区域型购物中心

2011 年 4 月，凯德旗下 50 家以"嘉茂"和"嘉信茂"品牌命名的购物中心相继更名为"凯德 MALL"或"凯德广场"。凯德商用中国总裁骆伟汉诠释为："凯德商用中国将旗下购物中心与企业品牌'凯德'紧密联系，一方面表明了深耕中国的决心另一方面也达到品牌的规模化效应，增强了品牌的一致性和认知性。我们将更好地为租户以及消费者提供服务并将我们旗下购物中心打造成跨国界的生活空间。"①

凯德 MALL 定位于提供一站式服务，并带来新奇、时尚、快乐的购物体验，偏重家庭。但是不同区位的 MALL 会根据其周边顾客群的差异做相应调整，如北京的西直门凯德 MALL 和望京凯德 MALL 就分别体现了交通枢纽型和社区型的特点。西直门 MALL 在鞋、包和珠宝、钟表更加突出，望京MALL 的运动、休闲娱乐和超市则更为抢眼。凯德 MALL 商业面积一般在5 万~6 万平方米，深圳凯德 MALL 出现 20 万平方米的面积是个案。主力店一般为北京华联百货或其旗下的北京华联综合超市（有些购物中心的超市正在调换为高端精品生活超市 BHG 超市），在天津湾主力店为易买得超市。凯德 MALL 一般为购买或绝对控股现成物业，改造后持有经营。

从选址原则看，目前凯德 MALL 一般选择在省级以上城市为区域型购物中心，个别购物中心介于社区与区域中间。客户群一般为项目区域及周边地区、高收入年轻人群。他们通常知识层次高，年龄结构相对较低，具有较高的经济收入和消费能力。出租方面，多数店铺采用"扣率 + 保底"的方式收取租金。由于体量一般较小，凯德 MALL 的主力店以百货和超市为主，除了屈臣氏等次主力店外，一般店铺面积较小，品牌以中档价位为主，配以部分中高档价位的时尚流行品牌。从租户在购物中心的面积和收入占比来看，主力店面积占比一般不超过 50%，但收入占比远高于面积占比；而服装服饰、餐饮食品、美容保健是凯德 MALL 除了主力店外面积较大的租户类别，其收入占比也基本位列前三甲。

---

① http://www.ceh.com.cn/ceh/shpd/2011/11/5/91773.shtml. 中国经济导报，2011－11－5.

5.3

凯德龙之梦广场：中低档社区型购物中心

虹口以及闵行"龙之梦"是继中山公园"龙之梦"之后，凯德商用与上海长峰房地产再度携手合作的项目。上海滩富豪长峰房地产老板童锦泉是"龙之梦系列"的创立者，同时也是中山公园"龙之梦"的最初投资方。2007 年 12 月，凯德商用接手长峰出让部分，至此，凯德商用与长峰展开了"龙之梦"品牌的合作。而"凯德龙之梦广场"也就成为凯德商用旗下继来福士、凯德等购物中心品牌之后的又一商业旗舰品牌。[①]

凯德龙之梦广场是集购物、餐饮、休闲和娱乐于一体的中低档社区购物中心。龙之梦广场根据市场调查和周围消费水平来确定品牌，一般较少引进奢侈品牌，此举更能让消费者接受，产生消费欲望和获得满足感。其服饰定位主要以平民化、中低档的消费为主，鲜有 H&M，Honeys（好俪姿）等大众时尚服饰品牌。餐饮是龙之梦广场的主要构成部分，由于周围以办公楼和住宅为主，非常适合餐饮生存，外婆家、绿茶等有知名度商家能很好地带动商场人气，但美中不足的是部分龙之梦广场缺少肯德基、麦当劳、星巴克等一线餐饮品牌。龙之门广场以传统的 KTV、影院、电子游乐厅为主，吸引大量年轻消费者，并和餐饮一起打造购物中心的商业氛围和人气。

到目前为止，凯德商用进入中国市场已有 16 年，已经形成中高端的来福士广场、区域型购物中心凯德 MALL（广场）和中低档的凯德龙之梦广场三类的商业地产产品。凯德商用也从最开始的与深圳国投、北京华联合作获得项目，逐渐转变为自己单独收购、买地的扩张模式。随之而来的是与中国合作伙伴的合作减少，凯德在中国发展的阻力也越来越大，扩张步伐也在减慢。但是，对坐拥丰富的商业开发经验、设计能力、商户资源和金融手段的凯德商用来说，未来在中国的发展前景依然比较乐观。

---

① http://www.xyfc.com/news/201404/38975 – 1.html. 襄阳房产，2014 – 04 – 08.

6

恒大玩跨界，胜数有几何

恒大集团是一家 2009 年在香港上市，以民生住宅产业为主，集商业、快消、酒店、体育、文化等产业于一体的大型企业集团。1996 年，恒大基于当时的"规模取胜"发展战略，确立了"小面积、低价格"的住宅开发模式。2004 年开始，随着中国房地产市场的渐趋成熟及竞争日益激烈，恒大转变了原来的企业发展战略。自 2007 年起，恒大专注于"规模＋品牌"的发展战略，利用其标准化运营模式，在全国范围内迅速扩大市场，并有过连续三年土地储备全国第一、在建面积全国第一、销售面积全国第一的辉煌成绩。截至 2016 年 6 月 30 日，恒大总资产达 9999.2 亿元，较 2015 年底上升 32.1%，规模全国第一，这也表明国内首家万亿总资产房企诞生。恒大目前已进入全国 175 个城市，项目总数 454 个，是布局最广的房企。2016 年 7 月，恒大以 1331.3 亿的营业收入选《财富》2016 世界 500 强，位列中国 500 强第 43 位，也为全球地产唯一一家仅用 20 年即跻身世界 500 强的民营企业。①

然而在国内住宅地产增速放缓、前途未卜的情况下，恒大正式提出进军商业地产，显示出其调整地产业务结构和赶超商业地产标杆企业——万达的决心。

6.1
从住宅地产向商业地产的开发与经营挺进

（1）从住宅开发向商业地产开发跨越。恒大地产集团主席许家印曾在内部大会上描述恒大商业帝国的未来蓝图，提出要打造升级版万达广场。其商业地产项目主要包括地标商业综合体、城市商业综合体、旅游地产配套商

---

① 陆丹丹. 总资产 9999.2 亿业内：恒大已全面超越万科. 现代快报，2016-09-01.

业、社区商业中心四大类型。具体而言，地标商业综合体是恒大商业地产的核心类型，主要布局于直辖市、省会城市及经济发达的城市，由超高层地标建筑、商业综合体、高档住宅区、城市广场等组成；城市商业综合体依附恒大强大住宅群，布局于经济发达城市的核心地段；旅游地产配套商业是恒大商业地产的又一特色，包括商业中心、娱乐中心、健康中心、儿童娱乐中心、运动中心等；社区商业中心又根据面积不同分为 1 万平方米以内的恒大剧场、2 万~5 万平方米和 5 万~8 万平方米的社区商业中心。

恒大商业集团为恒大地产集团的全资下属集团公司，目前负责运营管理全国 130 多个主要城市的 300 多个商业项目，商业总面积超过 200 万平方米，具体包括抚顺、成都、宁波、济南、合肥、沈阳、南宁、石家庄、长春、桂林等 10 个大型商业综合体项目，即将陆续开业运营的 130 多个恒大影视城项目，相继建成的社区商业项目，未来运营管理的商业总面积将超过400 万平方米，商业总资产达到千亿规模。

（2）从商业地产开发向商业运营迈进。恒大商业集团通过自营百货、超市、影院、游乐园等主力店，设立商业地产研究院等类万达模式，全面进军商业产业领域。其中，恒大百货经营面积为 3 万平方米，依托恒大全国的商业项目，打造中国连锁百货强势品牌；恒大超市经营面积为 1000~8000平方米，其作用是作为恒大地产项目及大型商业项目的生活配套设施，2015年，全国恒大超市门店数量已超过 300 家。[①] 恒大广场囊括了百货、院线、超市和儿童游艺等四个板块，其中恒大百货由精品百货、时尚百货、精致百货三大主题组成；恒大院线以恒大影城、大型集中式商业、商业综合体项目为依托，未来将覆盖全国 17 个省市自治区，总量超过 150 家；恒大超市定位为精品生活超市；恒大游乐则是专注于儿童产业投资的连锁品牌运营机构，主要打造大型儿童游艺主题乐园。

6.2
致力于五星级酒店的开发与快速消费品的生产

（1）坚持精品战略，打造五星级酒店品牌。恒大酒店集团成立于 2007

---

① 布局超市及百货业态 恒大拟全面进军商业地产.观点地产网，2014－05－19.

年，以恒大文化为基石，融合现代、国际化酒店的经营管理理念，旨在打造中国连锁五星级酒店的领导品牌。目前，恒大酒店集团已成功开发出恒大酒店、恒大世纪旅游城、恒大世博中心三大五星级酒店系列品牌。其中，恒大酒店以接待商务客人为主，例如广州恒大酒店、广州增城恒大酒店；恒大世纪旅游城大都修建在风景秀丽的旅游度假区旁，以旅游度假、接待大型会议为主，有重庆、清远、天津等恒大世纪旅游城；恒大世博中心在建筑和生态、建筑和欢乐谷组合的基础上，增加了温泉酒店、温泉中心、温泉贵宾楼、运动中心、国际会议中心、娱乐中心、美食中心、商业中心八大中心，以接待会展业务和举办世纪婚礼见长。恒大星级酒店产业遍布中国 38 个主要城市和旅游胜地，力争十年内达到 100 家酒店正式运营，享誉全球。①

（2）力推长白山冰泉矿泉水，进军快速消费品。2013 年 9 月，恒大矿泉水集团成立；11 月 9 日，借取得亚冠的契机推出其矿泉水品牌；11 月 20 日起，恒大冰泉公司的营销网络开始布局全国市场；12 月中旬，开始陆续与经销商签订合同，一个月时间，合同金额超过 30 亿元；100 天后，公司员工已经有 4000 多名，全国销售公司 363 个，其中有 31 省级分公司，332 个实际销售分公司，销售网点布点超过 20 万；2014 年 5 月，恒大冰泉出口全球 28 个主要国家，横跨欧洲、美洲、亚洲、大洋洲四大洲，是中国矿泉水第一次出口全球。按照恒大集团董事局主席许家印的要求，未来十年内，实现 1500 万吨的年销量，销售额达到千亿。至此，恒大对于快消品行业的野心已经显露无遗。在恒大的规划里，矿泉水只是进入快消品行业一块敲门砖。住宅是民生产业，快消品也是，后者是恒大未来的大战略和大决策。

6.3
涉足体育产业，为地产营销推波助澜

（1）试水职业化女排俱乐部，一炮打响。广东恒大女子排球俱乐部由恒大地产集团出资 2000 万元人民币，于 2009 年 4 月 24 日注册成立，是中

---

① 恒大：未来十年将开设 100 家五星级酒店 . 新华网，2014 - 09 - 29.

国首家尝试"自负盈亏、自主生存、自我发展"新模式的真正职业化的女排俱乐部。郎平主教练率领球队从 B 组联赛冠军、A 组联赛冠军到亚俱杯冠军，取得了"四年三冠"的优异成绩，为中国排球职业化发展做出了有益的探索。恒大集团的注资投入和名师郎平的执教，在使广东女子排球迅速崛起的同时，也为恒大集团的地产品牌做了强有力的宣传。①

（2）打造"三最"男足俱乐部，成绩辉煌。恒大足球俱乐部由恒大集团 2010 年 3 月成立，是目前国内投入最大、国脚最多、外援最强、战绩最好的顶级俱乐部，也是"最让人羡慕、综合实力最强、最受人尊敬"的"三最"俱乐部。两次夺得中国足球甲级联赛冠军，收获广州足球顶级联赛首冠，勇夺中国足协超级杯，挺进亚冠八强，成为中超史上首支夺得三连冠的球队。恒大集团还投资创办皇马足球学校，实行文化教育与足球专业培养并举的策略。该学校学生总规模超万人，首期学生规模达 3150 人，同时开设小学、初中、高中，教职工及教练 435 人，共分三期实施，为全球规模最大的足球学校。

（3）强势进入羽毛球，借关注进行营销创新。除了在女排及足球两个体育项目上进行"金元政策"，恒大集团又将触角伸向了羽毛球。"恒大模式"强势进入中国体育市场的态势一发不可收拾，为恒大地产做了一系列品牌广告，借着社会各界"空前的关注"，恒大地产趁热打铁在全国推出了多个地产项目，并迅速取得了良好的效果，一些持币观望的客户也终于情定恒大。体育营销的成功，使得恒大地产在全国的销售也取得了一个又一个胜利。

6.4
高调进入文化产业，寻找新的发展空间

2010 年 11 月，恒大集团注资人民币 10 亿元，在北京成立恒大文化产业集团，负责文化娱乐板块的运营和管理。其恒大电影公司、恒大经纪公司、恒大发行公司、恒大唱片公司、恒大院线公司以及恒大动漫公司六大版块，共同搭建起文化娱乐全产业链的运营框架，优化整合影视、音乐、文化

---

① 恒大女排：首家排球职业俱乐部注入 2000 万资金［N］. 广州日报，2009 - 08 - 10.

资源，将内容与渠道融合，互助发展，同时也是内地首家覆盖影视全产业链的文化产业集团。

截至2015年11月，恒大音乐公司已拥有2.2万首歌曲版权，独创中国音乐商业运营新模式，是国内最大的音乐版权公司。同时，公司拥有大型网络门户、电视频道、视频载体、电台广播、大型户外、潮流杂志等立体化媒体群。"恒大星光"是恒大音乐全力打造系列演唱会、音乐会、音乐节的专业音乐演出品牌，旨在打造国内"规模最大、档次最高、内容最全、观众最多、影响最深"的专业音乐演出盛宴。

恒大电影公司是一家以影视投资拍摄为主，集动漫、影视发行、经纪为一体的复合型电影公司。迄今为止，已成功投资拍摄电影《建党伟业》、《时光恋人》、《天台爱情》、《推拿》，电视剧《师傅》、《彼岸1945》、《武媚娘传奇》等多部作品，社会反响热烈，其中，《推拿》包揽了第64届柏林国际电影节杰出艺术贡献"银熊奖"，第51届台湾电影金马奖等多项国内外金星级奖项。

与房地产行业处于严厉的调控中不同，文化产业近年备受政策扶持，并上升为国家战略。进军文化产业，意味着恒大对文化产业良好前景的青睐。既可以看作是其集团多元化策略的一步，也被认为是增强品牌影响力的举动，或是一种新的营销模式。

10年前，行业龙头万科通过"减法"，专注房地产，成就了今天行业龙头地位；如今的万科不再单一进行住宅地产的开发，而向城市配套服务商转型，不能不说是在房地产调控加剧背景下的一种新探索。恒大集团进军商业地产、快速消费品、体育和文化娱乐业，大手笔地进行多元投资，玩跨界经营，既是造势创新营销，也是谋求转型之举。恒大就像地产界的"海底捞"，你看得懂，却不一定学得会。

7

解读华润置地的商业地产产品线

2004 年，华润集团改变以往专注于住宅地产的单一开发模式，开始探索以商业地产开发带动住宅销售的创新之路。华润集团旗下的多元化产业协同战略，给华润置地的发展提供了更大的平台和更多的资源。

7.1
得益于先放后取的"集团孵化"模式

2008 年后，华润集团对其旗下物业不断进行整合，华润置地因此重新确定了公司的发展定位和新的商业模式，即"住宅 + 商业物业 + 服务"的综合性房地产公司模式。这一运营模式利用住宅销售支持商业开发，再利用商业利好带动后期区域和住宅升值，同时持有物业的租金回报又增强了抗风险能力。该模式的利润结构包括：开发利润、租金收入和资本增值；增长方式是通过物业开发带来近期增长动力，利用收租物业的资本增值带来长期回报；经营风险方面，该模式通过租金收入带来相对稳定的利润，降低利润风险，提高抵御市场风险的能力。这种模式的益处在于，就股东和投资者而言，持有物业可为其投资的地产企业产生持续平稳的现金流回报，形成资产上的潜在长期收益，帮助企业有效抵抗市场风险，从而更加健康、持续地发展，给股东和投资者带来更多利润回报。

实现这种模式最为著名的战略莫过于"集团孵化"，即充分利用集团的资金实力优势，让一些土地先期由集团来购买和持有，等到项目比较成熟时再按市场价格注入公司，以支持旗下相应公司的发展。也就是华润集团对华润置地"先放后取"的"养鱼"模式。

根据第一上海研究报告，从 2005～2012 年，华润置地通过定向增发注入母公司"孵化"过的优质资产已达 9 次，注资总金额约 400 亿港元，而华润置地为此支付对价的现金部分约 100 亿港元，其余部分主要通过向集团配股完成。[①] 截至 2013 年 9 月，通过母公司注入的资产已超过 2000 万平方米。2014 年 12 月 8 日，华润置地公告显示，母公司深圳与济南两地的 5 个项目被注入，新增 400 万平方米土地储备，可带来价值 785 亿元的可销售资源。[②]

2005 年的华润置地只有十几个项目，现如今，华润置地已进入中国内地 39 个城市，正在发展项目超过 70 个。华润置地从一个小公司跻身至地产行业的第二梯队，这与华润集团的背后支撑可谓关系密切。

7.2
日渐清晰的三大产品线：万象城 + 五彩城 + Plus365

在 2010 年的业绩发布会上，华润置地高层公开表示，商业地产是华润置地未来的发展重点，5 年后商业物业占整体盈利中的比例将提高到 40%。围绕这一目标，华润置地针对商业地产形成了清晰的三大产品线：万象城、五彩城、Plus365 商业中心。万象城定位"大型都市综合体"，大多位于一线城市核心地段；五彩城定位一线城市副中心或二三线城市的传统商业区内，是集餐饮、娱乐、购物、休闲和时尚生活为一体，注重消费体验的、面向家庭的"一站式消费"型购物中心；Plus365 商业中心主打社区邻里商业，规模体量较小，更多是定位于华润住宅开发的基本配套。截至 2015 年 4 月，华润置地共有 15 座万象城及 18 座万象汇处于在建或待建状态。2017 年，华润置地将建成运营 31 座购物中心，建筑面积达约 714 万平方米。[③]

7.2.1 万象城——大型都市商业综合体的标本

作为成名作的深圳华润中心，历时 8 年、总投资达 60 亿港元，建筑面

---

① 武谨莹. 全年销售 522 亿 母公司"孵化注资"华润再拓. 观点地产网，2013 – 01 – 14.
② 张晓玲. 华润置地斥资 147.95 亿元收购母公司华润集团 5 个项目. 21 世纪经济报道，2014 – 12 – 18.
③ 华润置地 33 个商业项目在建 2017 将运营 31 座购物中心. 赢商网，2015 – 04 – 03.

积为 50 多万平方米,是深圳第一个也是至今最大最高端的综合体。深圳万象城作为华润万象城的第一站,不仅成为深圳购物中心难以逾越的典范,也被誉为全国商业 Shopping Mall 的标本。建筑面积达 18.8 万平方米,是深圳最大的购物及娱乐中心。它整合了百货公司、国际品牌旗舰店、时尚精品店、美食广场、奥运标准室内溜冰场、大型动感游乐天地、多厅电影院等元素,为深圳居民及游客提供一站式购物、休闲、餐饮、娱乐服务。虽然经历了深圳商业地产的多轮洗牌,生命力却依旧旺盛,同时辐射了广州、佛山、惠州等城市。

继深圳华润中心万象城之后,华润的一系列万象城梦想绽放。华润的第二个万象城在杭州,杭州万象城位于杭州未来 CBD 核心区域钱江新城,项目占地 9.95 万平方米,总建筑面积约 80 万平方米,由华润集团与香港新鸿基合作开发,是集零售、餐饮、娱乐、休闲、办公、酒店、居住等诸多功能于一体的大规模综合性的商业建筑群。杭州万象城打造的全新生活方式让每一个人体验到不同于杭州以往的国际风尚,让这个秀美的城市,多一份大气及国际化的气息。

作为华润集团"都市综合体"全国复制的第三站,沈阳万象城位于沈阳市重点开发的金廊规划区的核心位置(辽宁体育馆原址),占地面积约 8.05 万平方米,总建筑面积近 70 万平方米,总投资超过 50 亿港币。一期包括近 25 万平方米购物中心万象城、7 万平方米国际 5A 写字楼华润大厦,二期为超五星级君悦酒店、悦府高档住宅,三期为酒店式公寓,全部工程已于 2012 年底完成。

成都万象城地处新城东核心位置——二环路东三段万年场双桥子片区,是集高端购物、餐饮、娱乐、休闲、文化、商务等多种功能于一体的大型都市综合体。一期建设 24.4 万平方米的购物中心,购物中心引进高档影院、精品百货、大型超市、美食餐厅、健身中心等高端商业配套,以前所未有的一站式消费体验,全方位覆盖生活的各个角落,为城市注入全新的国际化生活方式。

青岛华润中心位于青岛市市中心,东靠市政府,南临香港路,总建筑面积过百万平方米,总投资近 150 亿,拟建设成为以万象城为核心的,包含五星级酒店、服务式公寓、5A 级写字楼和精品住宅的多业态都市综合体。项目建成后,将成为青岛最大、山东最好,在北方地区极具示范效应的综合体项目。

郑州华润中心万象城，总投资 50 亿港币，建筑面积 40 多万平方米，已于 2010 年 2 月 28 日正式开工。郑州万象城的总体规划是以集购物中心、5A级超高层酒店、娱乐中心、高档写字楼和公寓等多功能为一体的大型城市综合体，全面改善了二七商圈的结构，提升了郑州商业整体水平。

如今，华润万象城发展势头正猛，未来，华润万象城将有望继续发光发热，就让我们拭目以待吧。

7.2.2　五彩城——住宅＋区域商业中心的典范

华润万象城"一线城市＋黄金地段"的苛刻选址是其扩张的最大瓶颈。一线城市的黄金地段竞争异常激烈，且地价成本极高，华润万象城未来扩张受到的制约会越来越大。鉴于此，2007 年华润置地高调公布其新的企业战略计划：开发华润五彩城系列。

华润五彩城目前的布局主要是在长三角城市群和环渤海城市群中经济相对较好的二三线城市，一线城市如北京及较发达的四线城市余姚也是布局范围，目的是覆盖更广，目标客户群体是家庭及年轻的消费群体。作为华润"五彩城"系的开山之作，北京五彩城一期于 2011 年 6 月正式开业，二期于 2013 年 1 月开业。至此，华润置地商业地产三大产品线中的五彩城系列——"住宅＋区域商业中心"的第一个项目正式露出全貌。

北京华润五彩城总建筑面积 20 万平方米，一期 6.5 万平方米、二期13.5 万平方米，位于海淀区硅谷城中心区，北五环与清河中间，八达岭高速和中关村上地信息产业基地之间，是集时尚购物、生活家居、餐饮娱乐、文化运动、儿童乐活为一体的地标性商业旗舰，为该区域人群带来了丰富的购物体验以及更舒适休闲的购物享受。自开业以来，华润五彩城迅速拉升了上清区域的商业氛围，赢得越来越多口碑，使得上清区域的成熟商业魅力愈加凸显。

华润五彩城的开发模式是先做住宅，迅速回笼资金，再开发商业部分。北京的五彩城开业之前，其依托的住宅部分——橡树湾已销售多年，有稳定的住户，给五彩城带来了稳定的消费人群。即使是四线城市余姚，华润也是选择先做住宅，迅速回笼资金，再开发商业部分。

合肥华润五彩城是继北京五彩城之后全国第二座正式开业的五彩城。作为全国第二站，合肥华润五彩城占据黄潜望核心地势，总建筑面积约 14 万平方米，包括标杆作品华润五彩城购物中心以及现下望江路第一高度的五彩国际写字楼。其中餐饮在业态中占比达到近三分之一，中餐、特餐、咖啡等应有尽有。此外，三个不同形式亲子体验品牌的入驻，更是满足了年轻父母的需求，将以往单一的购物模式变成了整个家庭的欢乐体验。丰富的业态与优质的品牌，将极大程度的满足黄潜望区域消费人群日常工作、生活、娱乐等各项需求。

已经开业的余姚华润五彩城，其选址也处于新城区，凭借华润零售领域的运营能力，余姚店的招商完成得较好。而周边区域城市规划进程，对项目商业氛围的形成带来直接影响。余姚华润五彩城的落地，为余姚乃至慈溪地区带来最具品质和影响力的城市综合体，填补了余慈高品质购物中心的空白，打造出余慈地区高端商业名片。

淄博华润五彩城位于城市张店核心区位，是集零售、餐饮、娱乐、休闲于一体的一站式购物中心。淄博华润五彩城是淄博第一个真正意义上的购物中心，其全新的商业模式将颠覆传统百货业的单调购物形态，将为淄博带来第一个真正的奥林匹克真冰场、第一个五星级国际影城、第一家高端精品生活超市，五彩城的入驻将开启淄博全新商业时代。

按照华润置地的战略布局，未来几年，全国将会有更多的五彩城将陆续建成，随着华润置地后续拿地，五彩城数量还会继续增加，未来华润五彩城将在全国范围内广泛铺开。

7.2.3　Plus365——新型社区邻里购物中心的楷模

华润置地精心打造了 Plus365 社区邻里中心产品系列。这个系列发端于新加坡，不同于传统意义上的小区内零散商铺，Plus365 是集餐饮、超市、影院、儿童、休闲、娱乐和服务邻里等多种业态于一体，体现"惠邻里·乐万家"的精神特质，立足于"大社区、大组团"进行功能定位和开发建设的新型邻里社区购物中心。它的出现旨在贴近社区，打造全新的购物环境、丰富的休闲配套和亲朋式服务，全面满足周边居民工作空间和家庭空间以外的生活空间情感交流需求。

　　Plus365 特点是体量小，有地铁线路经过，周边没有集中商业，项目定位于社区 MALL，满足周边居民的基本生活需求。项目虽小，但从建筑设计到商家体验，都考虑到消费者的购物体验，并做得十分精致。业态配比方面，Plus365 以超市卖场为主力店，借助其人流带动力，促进零售及生活配套类业态的发展，利用主力店出入口人流，规划部分快速消费品、快餐等高租金业态。其中，餐饮、娱乐和儿童主题业态占比较高，能带来稳定的家庭消费以及其他衍生消费收入。Plus365 以社区服务型为导向，满足居民日常生活的同时，也为夜间休闲和周末家庭式游玩创造条件。

　　目前，Plus365 社区邻里购物中心已先后布局朝阳区及京西城区。位于北京朝阳区管庄的 Plus365，建筑面积 19000 平方米，依托于华润置地开发的京通苑住宅项目，面向管庄地区社区居民，以满足家庭基本生活和公共服务需求为主，是集餐饮、超市、影院、儿童、服饰、个人护理（药妆）和服务邻里的药店、洗衣店、花店等多种业态于一体的购物中心。

　　从借鉴企业发展的角度，华润置地也许并不是很好的模仿对象，因为华润置地的核心优势在于其母公司强大的资本运作能力和其旗下丰富且较领先的零售商业资源作为运营管理的支撑，正是这两点构成了华润模式的门槛，成为后来者的模仿屏障。但从推动商业地产行业积极发展的角度，华润置地对商业地产开发产品线的全面探索是值得行业学习的，也是行业目前最需要的。

8

十年磨一剑 龙湖地产锋芒初露

1993 年龙湖地产创建于重庆，自 1997 年开发首个住宅项目"重庆龙湖花园南苑"以来，龙湖逐渐形成高周转、复合型地产开发模式，累计已销售别墅、洋房、高层、公寓等近 20 万套，打造了"香醍"、"原著"、"滟澜"等经典品牌。但与住宅业务的迅猛扩张相比，龙湖在商业地产的布局相对谨慎缓慢。①

8.1
十年蛰伏，龙湖地产稳健经营

2003 年，龙湖第一个商业地产项目——北城天街在重庆江北的观音桥开业，随着龙湖集团深入的全国化扩张，商业地产的规模逐步增大，截至 2015 年底，龙湖商业持有已开业商场数量达到 17 个，总开业面积 149 万平方米。预计到 2017 年底，龙湖开业商场将达到 25 座，开业面积达到 250 万平方米。这与龙湖商业地产所秉承的"稳健经营"理念密不可分。②

首先，龙湖的稳健经营集中体现在战略性的区域扩张方式上。龙湖地产的区域扩张布局具有战略思考和战略设计：前期采取"产品差异化战略"，以提供与众不同的中高档产品与高品质服务为战略中心；中期调整为"产品扩张战略"，在同一区域掌握不同业态与产品习性，以高层公寓、花园洋房、别墅、购物中心并举为核心；后期确立"区域聚集战略"，立体融入新

---

① http://cq. house. qq. com/a/20150909/050649. htm. 腾讯大渝网，2015 – 09 – 09.
② 资料来源：龙湖地产官网。

城市。龙湖每进入一个城市，在当地进行多项目、多业态的开发，都以区域聚集战略来实现高速扩张。由于各个区域市场地域广大且发展不平衡，各地的资源禀赋与政府政策也大相径庭，龙湖运用多业态与跨区域的双重平衡，来分散产品结构不均衡和区域周期不均衡带来的风险，实现可持续稳步发展。

其次，稳健的财务管理是龙湖稳健经营的基础。龙湖在财务管理方面推行"量入为出"的稳健策略，根据现金流入的情况合理规划和安排投资及运营支出，保持公司稳健的财务状况和负债率水平。据悉，龙湖集团每年将销售回款10%以内的资金投入商业运营，以保证商业物业的稳健发展。2015年，龙湖合同销售额创历史新高，达到545.4亿元，回款率继续保持90%高位。合同销售额同比增长112.2%，销售单价12825元，同比上升18.7%。

具体来看，2015年长三角、西部环渤海、华南及中华区域的合同销售额占比，分别为36.5%、27.8%、8.9%及1.1%，严格的回款管理，令集团2015年回款率依旧保持90%高位。①

再次，注重细节和品质、提高商业信誉使龙湖发展基础更加稳固。强调精细化管理，无论是商业项目的前期定位、招商落户，还是卖场的日常管理，都围绕客户体验这一核心目标，将细节做到极致。10年来，龙湖所有商业项目均如期开业，从未有过延期。这与企业有着坚实的基础和强大的合作伙伴是分不开的。正是因为运营能力与信誉，在全球范围内已接触建立联系的超3000家商户中，引入到龙湖商业体系的已达1526家，更有215家品牌跟随龙湖进入了不同地区和项目，且达成战略合作品牌的则有近200家。②

最后，完善的人力资源管理和企业文化，形成强大的团队。龙湖经十几年打磨后已有非常鲜明的企业文化和一支精干的开发管理团队，为企业带来了巨大的活力。

8.2

业绩傲人，龙湖地产浮出水面

2008年至2010年，龙湖进入项目复制、城市与业态同步扩张的时期。

---

① http：//www.dichan.sina.com.cn. 中国新闻网，2016 – 03 – 29.
② http：//news.focus.cn/cd/2013 – 11 – 06/4267660.html. 搜狐焦点网，2013 – 11 – 06.

2011～2012年，龙湖商业每年开业三个项目，全国布局初现端倪，并形成了"天街"、"星悦荟"、"家悦荟"三大商业地产产品线。经过前10年的积淀，龙湖2012年商业地产运营的成绩相当漂亮：遍布全国的商业项目开始进入密集开业期。① 仅在重庆，就有U城天街一期、时代天街一期和星悦荟二期3个商业体，开业面积共达到24万平方米，使龙湖在重庆的商业运营面积提升一倍。2012年，龙湖零售额同比增长13%，优于国内50家重点大型商业零售企业3个百分点，并获得5亿元租金收入，完成4大区域的布局、3个全新项目开业、2个全新亮相、1个全国商业地产独一无二的整合平台形成。② 2013年是龙湖地产的扩张元年，截至7月，累计实现合同销售额268.1亿元，同比增长30.6%，已接近完成全年460亿元目标的六成。据半年报数据显示，龙湖在西部、长三角、环渤海、华南及华中的合同销售额分别为人民币102.2亿元、57.4亿元、51.2亿元、12.7亿元和0.4亿元，分别占集团合同销售额的45.6%、25.6%、22.9%、5.7%和0.2%；已售出但未结算的合同销售额为604亿元。毋庸置疑，龙湖在全国扩张的道路上迈出了一大步。这为龙湖未来营业额的持续稳定增长夯实了基础。截至2016年8月28日，龙湖地产以243天销售金额超545.4亿元全优战绩，突破15年全年销售金额，再次刷新了龙湖新纪录！③

8.3
未来十年，龙湖地产蓄势待发

龙湖已进入商业地产发展的加速期，未来几年计划在成都、西安、北京、重庆、杭州等城市进行10余个项目开发，预计到2026年，整个商业地产的利润贡献将占集团利润的30%。具体举措如下：

首先，龙湖北京将关注15万平方米左右的潜力商业地块。在北京，除了已引入的长楹天街、时代天街外，龙湖未来将重点关注体量在15万平方米左右、具有发展潜力的商业地块。目前，龙湖正在北京东南西北几

---

① http://news.focus.cn/bj/2013－10－29/4220556.html.搜狐焦点网，2013－10－29.

② http://news.house365.com/gbk/czestate/system/2013/08/09/022445851.html.365地产家居网，2013－08－09.

③ http://news.focus.cn/xa/2016－09－02/11115952.html.搜狐焦点网，2016－09－02.

个区域寻找合适的地块。北京龙湖的目标是，到 2020 年，利润占集团商业利润的 25% 以上。为了达到这个目标，龙湖预计将在北京至少建设四五个商业项目。

其次，启动"金苹果计划"，率先提出"售后服务"理念。2013 年 2 月 28 日，龙湖正式启动"金苹果计划"，率先在国内提出销售型商业物业"售后服务"理念，将业主从传统投资模式带入资产管理模式。该计划提供的售后服务，是对地产、物业、商业三大业务板块进行全方位整合，通过定位辅导、经营辅导、招商促进等服务，缩短商铺、写字楼、精装 SOHO 等销售型商业物业的闲置周期提高租金收益。"金苹果计划"将提供生活服务和资产管理两大系统，整合招商资源和物业租售资源，为购买商业物业的业主实现保值增值，同时通过个体投资者帮助龙湖做大商业规模，而龙湖帮助个体投资者弥补投资短板，最终达到互利共赢。"金苹果计划"能否给龙湖带来巨大收益和发展动力，将成为人们关注的焦点。

最后，深耕一二线城市，扩展三四线城市。龙湖地产在 2011 年拿地暂缓，新增土地建筑面积 414.67 万平方米，拿地金额仅 90.22 亿元。经过短暂的沉寂后，2012 年龙湖地产开始大规模出手，共在 15 个城市新增土地储备，其中二线城市 10 个，且重点加强了沈阳、西安、宁波等城市土地储备，拿地均在 3 幅以上。从拿地范围来看，龙湖地产布局二线城市的姿态非常明显，拿地的原则依旧是抄底拿地。[1] 2012 年 6 月开始，它先后在厦门、泉州、重庆等地拿下 7 幅地块，总建筑面积达 501 万平方米，花费约 128 亿元。[2] 2016 年上半年，龙湖地产获取 16 宗土地储备、新增收购土地储备总建筑面积 574 万平方米。截至 2016 年上半年，龙湖地产在全国的土地储备3265 万平方米。[3] 与此同时，龙湖地产开始尝试向三四线城市拓展。从拿地的位置来看，龙湖地产拿到的城市中心区位的优质地块较多，如在沈阳、西安及成都所拿地块均位于城市中心或副中心的位置，优势非常明显。在北京、杭州、重庆等地所拿的地块也是拥有优越的交通条件，未来发展潜力较大的区位。

---

① http://bbs.xmhouse.com/forum.php?mod=viewthread&tid=682461. 厦门房地产联合网论坛，2012-12-28.

② http://news.focus.cn/cd/2012-08-28/2300586.html. 凤凰网财经，2012-08-23.

③ http://house.people.com.cn. 人民网-房地产频道，2016-08-18.

　　近年龙湖的辉煌业绩证明了其成功的发展策略和独特的战略眼光。未来，龙湖地产将秉承"区域聚焦、多业态并举"的有效发展战略，本着积极展开销售、谨慎投资和严格现金管理的原则，力求提高品牌知名度和产品质量，保持业务稳定增长。相信在不久之后，龙湖地产会锋芒毕露，成为和万达、恒隆等商业地产巨头相抗衡的一把利剑。

9

龙湖天街，从西部突围的
商业地产黑马

龙湖地产于 1993 年 6 月成立于重庆，拥有重庆龙湖地产、成都龙湖地产和北京龙湖置业三个地区公司，形成了天街、星悦荟、家悦荟三个商业地产品牌。天街是龙湖持有的主要商业地产品牌，其租金收入占龙湖地产全部商业地产租金收入的 82.2%，主要定位为面向中等收入家庭，集购物、餐饮、休闲、娱乐等于一体的一站式的区域型购物中心。

9.1
起步重庆江北，快速进行区域复制

9.1.1 首先进驻重庆江北商圈

作为龙湖的第一个商业地产产品，2003 年开业的北城天街是重庆首个SHOPPING MALL，也是当时重庆规模最大、功能最完善的超大型购物中心，直接带动了重庆江北商圈的跳跃式发展，让观音桥坐上了重庆"第一商圈"的交椅。如今它的"吸金能力"持续看涨。2003 年龙湖建设北城天街用了2.1 亿元，重庆北城天街 2014 年租金收入就达 3.5 亿元，同比增长 14.2%，每年租金收入就超过了建设费用。① 2003 年开业后，经过 3 ~ 4 年的运营，北城天街人气日渐聚集。2006 年开始其第一次调整，大量中高端的时尚品

---

① http://yn.winshang.com/news - 459042.html. 赢商新闻，2015 - 03 - 24.

牌，例如塔夫（Tough），i. t，希思黎（Sisley），迈斯·塞克斯丁（Miss Sixty）等被引入，使北城天街成为重庆时尚达人的聚集地区，变身为新的时尚地标。2007 年，北城天街通过将北京华联改造成为新馆，引入众多国际潮牌，使得所在的重庆江北观音桥商圈具备了跻身国内一流商圈的核心竞争力。2011 年下半年至今，北城天街更加注重品质，朝着精品化方向发展。通过分区梳理，细化每个片区的定位和品牌选择；通过各种创意性、主题性的活动来拉近消费者与商家的距离，提升北城天街的整体形象。在不断的改造、升级后，北城天街拥有 2 家大型超市、2 个五星级电影城、1 个专业体育用品连锁卖场、1 家主力百货店、3 个休闲景观广场、30 余家特色餐饮娱乐休闲场所、200 余家精品专卖店。北城天街的模式也快速在其他地方复制。

9.1.2　重庆其他区域天街的投入运营

2008 年 3 月，位于九龙坡区的西城天街开业，助推杨家坪商圈从百货时代跨入购物中心时代；2012 年 9 月，U 城天街开业，结束大学城无购物中心的历史，20 余个独家品牌的引进，开业单日销售额近 500 万；2012 年 12 月，龙湖时代天街营业，其商业规模亚洲第一，商业体量超过 4 个龙湖北城天街，引进了新世纪、UME 等多家品牌，年销售额达到 10 亿，填补了大坪商圈大型购物中心的空白；2014 年 3 月，总体量近 10 万方的源著天街作为龙湖在重庆布局的第五座天街揭开了面纱，从而结束了新牌坊无大型集中式商业的历史；2014 年 12 月 4 日，时代天街二期正式开业，作为龙湖旗下"天街系"中最大商业旗舰，将吸引更加庞大的客流，成为全市功能性最强、吸客能力最强的消费中心，也将推动大坪"中央商圈"成为全市客流最大、辐射面最广的商圈；2014 年 12 月 9 日，龙湖宣布将在西部新城核心商圈内西永打造一个超大型天街—拉特芳斯天街，仅商业面积就达到约 60 万平方米，相当于北城天街加西城天街的面积，将成为西永新的地标建筑。①

经过十几年的锤炼，天街在重庆一次次成功的复制，已经成为龙湖商业

---

① http：//news. winshang. com/html/042/2335. html. 赢商网，2014 – 12 – 10.

地产稳固的基石。

9.2
走出渝城，全国重点布局

在重庆这座西部大都市里，龙湖勤于深耕，用十几年的时间积累了运营不同商业类型，规划各层次业态。截至 2014 年 6 月 30 日，龙湖集团已开业的商场面积为 76 万平方米；整体出租率达到 95.8%。走出渝城也就成为其必然的选择。①

9.2.1 押注虹桥商务区，建立上海西部标杆

2011 年 8 月，龙湖凭借综合招标方案，以 30.5422 亿元底价摘牌上海虹桥核心区地块，总面积约 7.88 万平方米，总建筑面积约 43.5 万平方米，用于建造在上海的首座天街—龙湖虹桥天街。②

虹桥天街这座商业综合体定位高端，涵盖一站式中高端购物中心、7 栋面积为 150~200 平方米公开可售型的临河 5A 甲级写字楼、绿色生态景观商业街和高端奢华精品酒店 4 大业态。2014 年 3 月 31 日，龙湖地产举行虹桥天街全球品牌发布会，宣布未来入驻的商家将涵盖国际一线奢侈品牌、轻奢零售品牌、高级餐吧、健身房和影院等，还将有首次进入上海的商业业态和品牌。此外，还与洲际酒店集团合作引入时尚、年轻、前卫的英迪格精品酒店，这也是英迪格酒店继外滩之后在上海的第二家店。

龙湖虹桥天街东西两侧各 400 米即为虹桥交通枢纽和虹桥国家会展中心。多元化的交通枢纽、以大虹桥为中心的 1.5 小时经济圈可覆盖到长三角区域内的重要城市，项目未来建成后将成为上海西部商业标杆。龙湖天街在上海的第一个商业项目正式起步，也是龙湖在长三角黄金商业地带持有商业物业、深耕"增持商业"战略的重要布局。

---

① http://news.winshang.com/html/042/9483.html.赢商网，2014-12-27.
② http://news.163.com/15/0810/08/B0L2TU8L00014JB6.html.网易新闻，2015-08-10.

9.2.2 试水北京，扎根一线

龙湖进京八年后，终于将其天街系购物中心开进了北京。2014 年 12 月 20 日，龙湖长楹天街迎来开幕大典，这家位于朝阳区常营版块的购物中心商业面积高达 27 万平方米，是北京东部地区最大的商业综合体。全场招商达成率为 95%，两大主力店百盛百货、卢米埃 IMAX 影城已在 2015 年 2 月开业。①

一向以品质和服务著称的龙湖，为了充分满足周围居民消费需求和生活需求，结合北京首个地铁无缝连接的特点，在临近地铁口打造了"一分钟帮你忙"的项目，包括了洗衣、配匙、修表、净菜配送等 12 个不同种类的生活服务店铺。

从 2014 年开始，龙湖的天街购物中心将在全国范围进入密集开业期，长楹天街作为龙湖首个在一线城市开幕的天街项目，意义重大。

9.2.3 杭州复制，打造未来商业核心

作为龙湖在杭州的首个商业综合体，金沙天街位于杭州的核心区块——金沙 CBD 板块。商业建筑面积 15 万平方米，可租赁面积为 8.61 万平方米，共有 1693 个车位。金沙天街定位于"时尚、体验、乐活"，拥有购物、餐饮、娱乐、休闲、文化等多种业态、实现多品牌组合，突出体验式消费的生活理念。规划有 4 万平方米的美食餐饮，1.33 万平方米的国际精品超市、0.88 万平方米的六星级 IMAX 影院以及约 0.16 万平方米的真冰溜冰场。

金沙天街拥有"天街系"的一切优良基因：与地铁 1 号线金沙湖站出入口无缝对接，成为杭州首个地铁入户综合体，快速对接主城区，近 200 家战略合作品牌，都足以让杭州的金沙天街成为杭州东部的新地标。

龙湖在无锡、常州、西安的天街项目将会陆续投入运营，届时龙湖的商业版图将日益清晰。

---

① http://www.redsh.com/corp/20141228/073522.shtml. 红商网，2014 - 12 - 28.

9.3

解密龙湖天街的成功

龙湖天街能精准落子新区，成功缔造城市新中心的原因在于其独树一帜的天街模式。从一个居住艺术的塑造者，到成为商业运营的精算师；从最初的改变生活，到现在的改变城市，龙湖天街缔造了一个个成功的商业地产开发神话。

（1）选址具有一定规模人口的地铁站。龙湖商业地产别出心裁，采取自成商圈的模式来选择地址。龙湖天街始终站在由政府主导的新城市板块发展中心，享受城市最大价值的增长。将全国的天街串联起来，还有一支看得见的财富杠杆在起作用，那就是地铁。重庆时代天街有轻轨、有地铁；无锡的悦城天街也地处"黄金十字路口"；北京的长楹天街借力地铁6号线，直指未来百万主力消费人群；杭州的金沙天街抓住地铁1号线开通的契机，成为杭州首个地铁入户上盖综合体……龙湖不仅择地铁四通八达之处，更创造与地铁的全新结合方式。龙湖天街独特的"地铁上盖"建造方式，是让地铁价值呈现几何增长的点金术。同时，在选址时还给出了一个明确的标准：5公里内人口密度不得少于15万。

（2）"产商居"功能一体化。龙湖天街将城市生活的工作、休闲、居住全方位生活机能浓缩为"3分钟生活圈"。以写字楼推动区域产业发展，以大型商业综合体完善区域配套，加之高品质城市住宅，通过"产商居"一体化的规划改变城市机能，使天街成为一个区域标志，实现安居到乐业的城市之变。

（3）统一商业运营政策。龙湖天街采取统一招商，统一规划，统一推广，统一管理的四大政策，力求超前分析观察，制定精准战略，整合资源，提高互动，创新渠道，同时满足消费者和商家。

（4）自持物业吸引相关品牌的跟随。龙湖不惜成本投入自持商业、科学运营，推动商家业绩快速增长的同时，还能反哺周边小商户，这是令数百个品牌愿意跟着龙湖走的根本原因。

（5）对细节和极致的追求。龙湖天街的每一个规划设计细节，均体现着对人的尊重。将正确的人，引导到正确的地方去，是龙湖天街客流动线规划的原则。以北京长楹天街为例：针对客流的目的性不同，提供不同的动线设计方案，将通行客流快速引导出站，将休闲客流舒适带至商铺区域，人以群分，各行其道，承袭并演绎了龙湖"善待你一生"的客户理念。

当人们从拥挤、低效、高能耗的城市生活中释放出来，纷纷在天街聚集，价值也随之而来。如今的龙湖天街正处于不断上升的阶段，相信在不久的将来，我们可以感受到龙湖更大的成功。

10

SOHO 中国 "售转租" 痛并快乐着

散售模式可以为商业地产快速带来巨额利润，但也让后期的招商运营和物业管理处于困境中，项目的整体价值难以提升。为适应市场的发展，SOHO 中国于 2012 年开始从"开发－销售"转向"开发－自持"，这一战略性转变使中国房地产界又多了一位"包租公"，SOHO 中国因此也成为北京、上海优质商业物业最大的拥有者，同时还成为上海外滩最大的业主。然而转型并非易事，有喜有忧。SOHO 中国在转型的过程中，应且行且思，适时调整。

10. 1
散售带来的高周转率和高利润率

多年前，SOHO 中国在众人不解的困惑中采用了商业地产的散售模式，并于 2000～2005 年稳居北京房地产销量收入冠军的宝座。当时的商业地产基本上以整栋楼出售和出租模式来回收资金。但是 SOHO 中国董事长潘石屹认为，中国市场发展的阶段决定了财富积累还远没有发达国家那样集中，在这种情况下机构整栋购买写字楼的数量相对较少，具备购买力的客户更多是中小型客户。简单地说，SOHO 中国锁定的对象就是具有投资需求的富裕个人。潘石屹还把大楼比喻成西瓜，切开来卖，能买得起的人就会呈几何数增长。基于此，SOHO 中国一直坚信并践行"散售模式"，这在当时引起了很大的争议。

高周转率高利润率是 SOHO 中国散售模式最大的特点。第一太平戴维斯数据显示，2010 年一季度，北京甲级写字楼平均售价为 27838 元/平方米，而 SOHO 中国的写字楼售价早在 2007 年公司上市的时候就已经远远超出了这个水平，均价为 35775 元/平方米，2009 年则达到 40956 元/平方米。经计算，2009 年 SOHO 中国毛利率达到 52%，净利率高达 44.5%，除去物业重估贡献的 16 亿元净利润，净利率也达到 22.8%，总资产周转率为 19.6%。在当时，这个净利率远高于住宅开发商，周转率也高于金融街等商业地产公司。可以说，散售大大缩短了产品的销售周期，高周转率使其在市场竞争中占据极大优势。2009 年 11 月 SOHO 中国收购北京嘉盛中心，均价 22718 元/平方米。收购不到两个月，就开始销售嘉盛中心，平均售价为 43000 元/平方米，比收购价格高出约 89%。开盘首日收回了总投资的 90%，毛利率高达 38%，实现利润 11 个亿。而这总共只用了 2 个月的时间，可见其惊人的周转速度。[①]

10.2
售转租的难言之隐

不过，采取散售模式所获得的销售额会像过山车时高时低。好年景时，将商业项目全部销售完毕并冲高销售额是一件很容易的事；而在资金紧缺时，散售的项目就会处于停滞状态。有人说，在过去许多年里，SOHO 中国就像是一个游戏的破坏者，做法与常理不合，让人困惑。

随着市场的发展，SOHO 中国散售的弊端逐渐出现，具体表现在：一是 SOHO 产品形式和市场布局过于单一，受到很大挤压。随着国内大型的商业地产运营纷纷朝着全产业链的方向迈进，SOHO 中国只开发销售写字楼，竞争力太弱。再者，SOHO 中国的市场布局集中于京沪两市，又主要是在核心地区开发 SOHO 商住房，且客户群以投资投机性需求客户为主，但是这类客户在过去几年里大都已"离场"。二是商业物业的所有权与经营者分离，不便统一招商和运营管理，难以保护投资者利益。SOHO 中国采取散售的突出问题是导致房产的所有者、经营者、管理者分离，利润诉求不统一，难以形成品牌和市场合力的主要原因。在散售模式下，SOHO 中国赚取了高额收益，甚至在某种程度上透支了未来的物业增值收益，进

---

① SOHO 中国烂尾楼战法 [J]. 证券市场周刊，2011 - 12 - 30.

而导致所有者难以获得预期投资。在高房租压力下，经营者也难以获得预期经营收益。三是随着政府对房地产调控政策加码，市场交易低迷使SOHO中国陷入后期运营和物业管理的困境中，产权分散成为项目整体运营价值链的不完整隐患，价值难以提升。地方政府不欢迎散售模式，SOHO中国四面楚歌。潘石屹无奈地说，"你到北京、上海拿地，出让条件里面就说不许散售，要持有。全中国散售就我们一家，这个理念，政府不欢迎"。四是散售不能保证业态的合理搭配，开发商不能对业态进行统一的管理和布局。SOHO中国曾试图采取"统一运营、统一管理"的策略来解决散售的弊端。但散售出去的项目，无法实施统一的定位、规划、招商、运营。SOHO中国旗下诸多商铺上演的"空城计"证实了这一点。在公司惨淡的报表中，可以看出散售模式已不再适用当下的市场，这是不争的事实。2012年中报发布会上，SOHO中国联席总裁张欣说："现在是要告别散售、开启自持物业的时代了。"

10.3
战略转型后喜忧参半

相比散售模式，租赁模式有更多的优势。它可以让公司获取更多的融资渠道，灵活性增强，物业的增值给公司带来巨额价值，稳定租金收入也将为公司长期稳定的发展奠定基础。这次SOHO中国高调转型，符合国际上商业地产运作的主流，也符合政府对开发商整体持有物业的希望，这样易于形成稳定的商圈，拉动当地经济的发展，更能吸引大量投资者的关注。

截至2013年6月30日，SOHO中国营业额达人民币24.78亿元，同比增长103%，核心净利润（不含投资物业评估增值）为人民币5.37亿元，同比增长130%。潘石屹表示，目前公司拥有152亿元现金，如果市场稳定，现有的资金会带会巨大的盈利。SOHO中国2013年上半年营业额大幅增长的原因之一是结算面积增加，结算的建筑面积约为40835平方米，较去年23179平方米上升76%。潘石屹对这次转型很满意，虽说目前公司运营等情况还未完全走上正轨，政策等形势还不明朗，但是潘石屹看好现在的市场发展趋势，认为现在自己最大的优势就是持有大量现金，等待机会实现更大突破。①

但是转型后，SOHO 中国还有很长一段路要走。自持物业前几年的租金收入和投资回报率较低，如何保持充裕的现金流，提高收入和利润显然会是一大难题。在 SOHO 中国宣布转型当天，一些分析师就将其 2013 年净利润的预期下调了 61%。他们认为此战略性转型是一个长期收益的战略，但是公司在接下来的运转中能否实现盈利让人甚是担忧。兰德咨询总裁宋延庆直言，SOHO 中国的主流产品是亦商亦住产品，但反之也可以说是非商非住产品。由于大部分项目前期投入不充分，难以定义为真正的甲级写字楼，其租金价格很难提高。SOHO 中国在今后无论是做自己熟悉的产品，还是转向高端租务市场，或者是细分出新的市场，都将面临严峻的挑战。相对于以上的因素，中国投资者更担心的是 SOHO 中国的经营能力能否实现完美转型。

2013 年 11 月，潘石屹出面解释公司出售上海三个项目的原因，即这些项目均为 2011 年收购而来的，当时 SOHO 中国仍执行散售策略，现在来看，三个项目的条件不能满足由售转租的策略。但仅是这一个原因吗？SOHO 中国 2013 年上半年租金收入不到 1 亿元，这与"包租公"潘石屹 2012 年宣布的，"3 年后租金收入将成为 SOHO 中国盈利的主要来源，5 年后现有物业的年租金收入将超过 40 亿元"的目标还有很大差距。此时，SOHO 中国出售上海这三个项目，能为收入拮据的 SOHO 中国带来大量现金收入，同时也为投资者交上一份漂亮的业绩表。SOHO 中国近几年将发展重心从北京移到上海，这与市场行情背道而驰。而此次上海的抛售，或许是 SOHO 中国战略性回归。②

2013 年，潘石屹在为银河 SOHO 做推广时亲自为林志玲榨果汁，更是让银河 SOHO 出尽风头。11 月，他又化身公益代言人，免费代言家乡的花年苹果。潘石屹如此高调出镜，其背后意味着什么呢？转型成功不是一蹴而就的事，而是需要时间的沉淀。对于 SOHO 中国能否成功转型，投资界及媒体都投入了极大的关注。事实上，自从 SOHO 中国宣布转型自持之后，该公

① 曾子建. SOHO 中国中报业绩大增 潘石屹称转型已成功［N］. 每日经济新闻，2013 - 08 - 21.

② 范辉. 潘石屹出售上海三个项目 否认撤离内地市场［N］. 北京青年报，2013 - 11 - 12.

司业绩逐年下滑，且下滑幅度不断加剧。按照近几年来 SOHO 中国业绩的下滑速度，SOHO 中国的未来预期并不容乐观。SOHO 中国近年财报显示，2015 年该公司营业额约为 9.95 亿元，较 2014 年的 60.98 亿元下降约 51.03 亿元，下降幅度达到 84%。[①] SOHO 中国能否有耐心，能否经得起考验，还是未知数。在忍受低出租率和高空置率的剧痛下，SOHO 中国还有很艰难的路要走。

---

① SOHO 中国艰难转型　营收净利连降三年 [N]. 经济参考报，2016 – 03 – 10.

11

SOHO中国不断超越自我的建筑创新

1995年，潘石屹和妻子张欣创立了SOHO中国有限公司，自此其倡导的Small Office，Home Office（居家办公）的生活理念被人逐渐熟知。在20多年的时间里，SOHO中国一直不忘初心，坚持创新。从四四方方的办公楼到流线型的未来建筑，从浪费资源的普通建筑到节水节能甚至能够净化空气的绿色建筑，从人工自助到智能服务，SOHO的每一座建筑都在不断超越自我。

11.1
建筑设计前卫、独特

2014年9月20日，北京望京SOHO嘉年华正式亮相。三栋独特的曲面造型塔楼、独具匠心的音乐喷泉和园林景观成功吸引了人们的目光，为体现四季更迭变化而打造的休闲剧场、场地运动、艺术雕塑、水景四大主题景观也使不少人驻足观看。作为从首都机场进入市区的第一个引人注目的高层地标建筑，望京SOHO成为"首都第一印象建筑"。

位于上海的凌空SOHO在2014年11月1日举办揭幕庆典。其独特的动车组造型，震撼非凡的"峡谷与连桥"，别有洞天的"穿越体验"以及动感十足的下沉式广场使这座极具未来感的建筑成为上海的新名片。

SOHO中国一直以来十分注重建筑的外观设计，并定立了很高的标准。从2002年的建外SOHO开始，SOHO中国就与国际知名设计师合作，在满足本土客户需求的基础上，致力把创新的设计理念注入引领潮流的建筑物上。SOHO中国建筑现代化的设计吸引了多家时尚杂志以及剧组的关注，例如，2014 年 6 月，塞科斯蒂（PSYCHO STUDIO）（心理工作室）取景 SOHO 东海广场中国创意空间；8 月，艾威克里（Iweekly）（周末画报）亦在此拍摄时装大片；热播电视剧《杉杉来了》以及倍受关注的在拍电视剧《何以笙箫默》都来此取景。以及上海 SOHO 复兴广场的"时光隧道电梯厅"早已成为各大时尚媒体和摄影师们争相追捧的热门取景地。

SOHO 建筑营造出的时代感成功吸引了国内外知名企业入驻。新锐互联网公司，触控科技、魔方、陌陌等多家实力雄厚的 IT 公司相继入驻望京 SOHO。2014 年 9 月 21 日，潘石屹接受采访时表示望京 SOHO 项目塔 1 和塔 2 出租率超过 90%，刚竣工的塔 3 出租率也达到 40%[①]；2015 年，SOHO 中国表示虹口 3Q 还未正式开业前，出租率已高达 94%。[②]

虽然一直以来都有人对 SOHO 中国造型独特的建筑持批评态度，认为其造型过于夸张，但审美毕竟是见仁见智的事情。正是因为 SOHO 建筑独特的造型，才使 SOHO 家族的每一位成员亮相时都倍受关注。

11. 2
绿色建筑名副其实

2009 年以来，SOHO 中国就规定，所建项目必须符合绿色建筑标准，公司所有产品都要获得美国 LEED 认证，并为此做了多方面的努力。

（1）保持空气及水质洁净。在 PM2.5 问题被公众关注之后，SOHO 中国决定要将空气净化器及水处理设备在建设阶段就开始装置。望京 SOHO、凌空 SOHO 以及 SOHO 复兴广场皆采用集中的新风净化处理系统即采用高效静电除尘过滤，瞬间杀灭细菌和病毒，并过滤空气中的灰尘来为人们提供清新的空气。其标准较美国 LEED 基本标准增加 30%。经过新风系统处理过的空气，其 PM2.5 过滤效果达到 90%。

在水质清洁方面，SOHO 建筑内在办公的各楼层设置有直饮水供应点，将自来水进行 5 层过滤处理后，为办公人员提供安全健康的直饮水，望京 SOHO 内的直饮水水质更是达到了航天员饮用标准。

---

① 赵卓. 望京 SOHO 亮相争做北京新地标［N］. 时代周报，2014－09－25.
② SOHO 中国上海虹口项目亮相　3Q 预出租率达 94%. 观点地产网，2015－12－09.

（2）注重节水、节能。SOHO 中国主张节约用水。景观节水、中水回收利用以及节水型器具的使用都将节水理念落到实处，例如，将建筑中的各种排出水经过处理后，达到规定的非饮用水水质标准，供冲厕等杂用；以瓷芯节水龙头和充气水龙头代替普通水龙头，在水压相同条件下，节水 20% ~ 30% 等。通过一系列的节水措施，SOHO 项目综合节水至少 20%，其中望京 SOHO 建筑节水率达到 40%，令人赞叹。

关于节能方面，SOHO 建筑的玻璃幕墙采用了高性能的单元式玻璃幕墙系统，所采用的双银 LOW - E 玻璃综合节能效率远优于普通 LOW - E 玻璃，具有极高的可见光透过率和极低的太阳能透过率，成功实现节能。此外，SOHO 建筑设置自行车位和更衣室，低排放机动车位，激励员工采取更加绿色的方式出行；选择绿色制冷剂，减少对大气臭氧破坏和全球气候变暖；办公空调设置分户计量，以有效利用能源，减少能源浪费。2013 年 10 月，SOHO 中国节能中心在望京 SOHO 正式亮相，携手战略合作伙伴施耐德电气与博锐尚格两家节能解决方案提供商，共同打造出了全新一代智能楼宇节能管理系统，将 SOHO 建筑内的能源消耗降低了 30%。SOHO 中国也与合作伙伴一起创造了最先进的建筑节能系统，目前建筑能耗是同类物业的一半，远远领先于美国、日本、欧洲等发展国家。2015 年，SOHO 中国的 20 多个项目实施了这套管理系统。

（3）精心做好绿化。SOHO 中国致力于用环保材料及技术打造全新绿色建筑。望京 SOHO 的绿化率达到 30%，形成别具风格的园林景观；凌空 SOHO 使用屋顶绿化，以减少热岛效应，降温隔热。

2010 年 7 月 1 日，光华路 SOHO 二期和银河 SOHO 获得了美国绿色建筑委员会颁发的 LEED - CS 预认证证书；2014 年，SOHO 复兴广场正式通过美国绿色建筑 LEED 金级认证。SOHO 中国表示所有在建项目都将按照 LEED 金级标准建造，从而营造出更加舒适、健康、高效的绿色商业办公环境。

11. 3
智能化提升了建筑的性价比

近年来，随着计算机网络通信技术高速发展，除了价格之外，办公楼的舒适性、服务的快捷性也被纳入了租户考虑的范畴。为此 SOHO 中国在价格和质量之间努力地寻找平衡，智能化成为其不二的选择。

（1）智能停车场管理系统的投入使用节省了客户时间。2014 年 9 月 17 日，SOHO 中国与亚洲知名停车管理公司威信集团签署了战略合作协议，将旗下所有项目引入智能化管理停车服务，并计划于年底分批投入使用。此举标志着 SOHO 中国打造智慧楼宇的进一步升级。威信集团将基于移动终端 App、wi-fi 定位、视像识别和互联网移动支付平台技术的综合运用，使 SOHO 中国楼宇的停车服务比普通停车场快 4 倍以上，实现全方位自助停车服务和无现金快捷支付服务。用户可以通过交通卡、微信钱包，以及支付宝等进行支付。此项服务紧紧抓住了租户时间观念强的特点，将有效提升 SOHO 中国的租户体验。

（2）建筑方式智能化降低了施工及运行成本。望京 SOHO 设计时引入了 BIM 系统，于施工前在电脑上虚拟建造一遍，发现问题及时修改，使建筑过程更加高效。这种技术的采用对建筑质量的提高、成本的降低、缩短建设的周期起到非常大的作用。

在相同造价的前提下，SOHO 的建筑质量更加优良，给予了租户很好的体验，租金却没有比同区位租金高，使租户充分感受到 SOHO 的高性价比。

11.4
结束语

SOHO 中国因创新而取得了巨大的利益，但它同样面临部分物业经营状况不佳的问题。2007 年，SOHO 尚都因空置率太高，开业无人气，引发了大部分租户集体停业与业主对抗，要求减免试营业期的租金；三里屯 SOHO、SOHO 前门商业街项目的招商、运营表现令人失望；银河 SOHO 自开业以来运营情况不良。

SOHO 中国长期以来对物业的处置以售为主，2012 年才开始由售转租，客群主要是散户。商铺出售不利于统一管理，业态的布局不好协调，相背离的两个业态很可能放在同一楼层，这对双方经营都很不利。也有人指出 SOHO 设计性强而实用性不足，如建外 SOHO 迷宫式的设计，给人们根据区域版块找到自己心仪的商户造成不便，影响了出租率。

　　潘石屹表示："今天，我们生活在一个创新的时代。无处不在的创新，让我们的世界每分每秒都在发生着变化。SOHO 中国在将近 20 年的时间里，只做了一件事，就是创新。而所有和创新有关的努力，都是为了让我们的办公和生活更美好。"[①] 任何事情都有利有弊，SOHO 中国的创新也不例外，在创新带来业绩提升的同时，也存在着种种不足。我们期待未来能在 SOHO 获得更好的体验，也希望 SOHO 中国能继续引领潮流，不断壮大 SOHO 帝国。

---

　　① 北京又一建筑新地标诞生　望京 SOHO 今天正式亮相. 证券时报网，2014 – 09 – 27.

12

绿景地产的佐阾系列购物
中心主打"社区牌"

　　绿景房地产开发有限公司（即"绿景地产"）于 1995 年成立，是绿景集团的核心企业与发起企业，主营房地产开发、经营以及房地产相关产业投资。佐阾系列购物中心的开发使绿景集团形成了以佐阾为主打的购物中心、以 NEO 都市商务综合体为起点的写字楼、以绿景锦江酒店为开端的高星级酒店、以白石洲项目为重点的超级城市综合体的四大商业地产产品线。

　　佐阾系列购物中心是一种新兴的主动式"服务于社区的商业"，将社区功能与商业配套有机融合，以便利性、效率性、体验性以及时尚性元素，组合成亲情共享、家庭娱乐、儿童成长、社区客厅四大空间，集 19 项基本生活必备功能于一体，满足居民的购物、娱乐、社交、健康与文化需求，提供生活中基本并实际需要的产品与服务，提升社区居民生活品质。

12.1
最具亲和力的佐阾香颂购物中心

　　佐阾香颂购物中心是佐阾系列第一个购物中心，位于深圳龙华新区，商业面积 5.5 万平方米，约 1200 个停车位，于 2013 年 5 月 1 日开业。① 佐阾香颂购物中心具有自身特色：

　　（1）多元化的业态全面满足社区居民购物。佐阾香颂汇聚影院、超市、餐饮、服饰、鞋包、珠宝饰品、眼镜、家居生活、移动数码、个人护理等多

---

　　① http：//sz. winshang. com/news - 158553. html. 赢商新闻，2013 - 05 - 01.

种消费品类。除华润万家、木子文化艺术、大地影院、优衣库龙华首店等主力店铺外，还有星巴克、面包新语等 20 余家餐饮品牌，金宝贝、永旺莫莉幻想、橡皮堂等儿童品牌，以及千色店、全棉时代等时尚品牌。此外，佐阾香颂还引进上海银行、南粤银行等金融机构为社区居民提供金融服务便利。①

（2）各种特色服务贴近社区居民。在全面满足社区购物需求的同时，作为"最具亲和力"的佐阾购物中心，佐阾香颂购物中心提供佐阾驿站、佐阾社区客厅、佐阾乐活区、佐阾平克（pink）泊车部落等特色服务，并精心规划佐阾艺廊、佐阾生活小剧场，将文化艺术带进社区居民的日常生活。

"佐阾驿站"，不但拥有缝纫、家电维修、钟表维修、干洗、家政等各种居家必备小铺，而且还 24 小时提供代购、送货、代驾等各种人性化服务，此外，这里还有深圳首个公益社区心理咨询中心——"幸福驿站"，定期邀请专业心理咨询师，举办公益心理讲座，现场解答人际关系、家庭情感等问题，助力社区邻里提升心理幸福指数。"佐阾艺廊"则会定期举办各类绘画、壁画、雕塑等艺术展出，提升社区文化品位，开业期间，还专门开辟儿童涂鸦空间，一些作品被作为开业纪念永久保存。"佐阾小剧场"是深圳大学教学实践基地，举办各类大学生先锋话剧以及名家巨作展览，开业当日还开启"佐阾之星"年度评选活动，包括海选、复赛、专业学习培训和总决赛等环节，热闹非凡。

12.2
最具格调的 1866 佐阾荟购物中心

2013 年 12 月 31 日，地处梅龙路与民安路交汇处的 1866 佐阾荟购物中心宣布开业。该购物中心商业面积 4.5 万平方米，约 2700 个停车位，为佐阾香颂购物中心开启龙华社区 mall 时代之后，绿景集团精心打造的第二个佐阾项目。②

阿尔·戴科（Art Deco）自然风情街区，营造多维家庭互动的空间氛

---

① http：//www.zhongguosyzs.com/xinxi/22896.html. 中国商业展示网, 2015 - 12 - 07.
② http：//www.zhongguosyzs.com/xinxi/22895.html. 中国商业展示网, 2015 - 11 - 07.

围，是一种发源于法国、兴盛于美国的艺术装饰风格，是世界建筑史上的一个重要的风格流派，也被称为装饰艺术。回纹饰曲线线条、金字塔造型等埃及元素纷纷出现在建筑的外立面上，表达了当时高端阶层所追求的高贵感；而摩登的形体又赋予古老的、贵族的气质，代表的是一种复兴的城市精神。拥有法式雨棚、复古电话亭、欧式邮筒、休闲长椅、花草芬芳、和煦阳光，营造自然空间，创造惬意生活。1866 佐阽荟购物中心位于深圳市政府斥资2000 亿元打造的龙华新区的最核心区域——龙华新城，地处深圳未来的CLD（中央生活区），是政府着力打造的高尚生活居住区。因此，1866 佐阽荟购物中心以开放式阿尔·戴科风情街区的打造为主，倡导独树一帜的"优雅乐活，自然格调"，布局休闲文化业态，体现社区客厅、儿童成长、亲情共享、家庭娱乐等"四大空间"理念，集视觉体验、社交体验、文化教育与儿童成长等多维家庭互动体验于一体。

（1）三大主力店满足社区居民健康、居家和教育的需要。与 1866 佐阽荟同时开业的三大主力店分别是迪卡侬、华润万家和杨梅红艺术教育机构。迪卡侬梅龙店，是迪卡侬在深圳开业的第四家店，总面积 4000 多平方米，提供 65 个运动项目的运动产品，含迪卡侬自有品牌及其他国际名牌产品；迪卡侬经常组织运动表演、产品体验等活动，让所有的顾客都有机会了解、尝试和享受不同运动项目带来的快乐；1866 佐阽荟专门打造的健身会馆、羽毛球馆等健康配套投入使用，则全面满足了周边社区居民健康运动需求。华润万家梅龙店是一家都市型大卖场，店内面积近 1.5 万平方米，共 2 层，集购物、餐饮、休闲于一体，同时还设有综合精品百货业态，既能满足周边居民基本生活配套需求，又为居民增添了更丰富的购物选择。杨梅红艺术教育机构首次进驻龙华 1866 佐阽荟购物中心，以其"用艺术启迪智慧"的教学理念、卓越的管理团队、艺术家型的师资队伍和雄厚的创意力量，为社区儿童打造斑斓的艺术世界。[①]

除三大主力店，还有邦德教育、红黄蓝教育、骄阳国际、雅域景观和概念生活馆、光大银行、面点王、必胜客宅急送、和顺堂、香芋仙、埃克斯咖啡、咖啡陪你、i 果 i 家、仁爱美康、苏宁电器、万宁、博士眼镜、美克美家、禾绿寿司、爱婴岛、西遇、顺道、筷乐树等品牌专业店和服务机构满足

---

① http：//sz. winshang. com/news－209171. html. 赢商新闻，2013－12－31.

居民多样化的需要。

（2）以休闲业态为主，为社区居民提供生活的便利。在业态规划上，1866佐邻荟主推格调餐饮、时尚健康、文化教育和生活配套等四大业态，主力店占比66%、餐饮占比22%、配套占比9%、零售仅占全部业态的5%，彰显出休闲业态、文化地标的独特个性。① 以主题餐厅、咖啡店、茶语、西餐厅、甜品为主的格调餐饮是重头戏，影院、小剧场、书店、书吧、儿童教育以及艺术培训的组合搭配，使得顾客在接受文化艺术熏陶的同时兼顾亲子互动。此外运动设施的建设满足了社区居民健康生活需求。各类贴心服务以及银行、邮政、电信等生活配套，为社区居民提供了生活上的便利。

12.3
佐邻系列将走出深圳，布局全国

佐邻系列购物中心以"仁里孚佐，亲和如邻"的理念，倡导贴近生活本源，自然、健康、精致的"乐活"生活态度；以中央招商管理系统、标准化运营管理系统、集约化推广资源整合系统、前置化工程管理系统等四大系统，全方位打造便利、体验、经济、时尚的新型社区购物环境；以低碳环保彰显人性化贴心服务。

随着1866佐邻荟购物中心的开业，绿景集团商业地产的主打产品线——佐邻购物中心系列将按计划进入快速扩张阶段。佐邻虹湾和佐邻红树湾一号也已全面启动招商，分别于2014年底和2015年年中开业。其中，佐邻虹湾购物中心位于深圳福田中心区，商业面积7万平方米，约2200个停车位，将为深圳最大的公务员聚集区和最密集的白领居住区的中高端群体服务。佐邻红树1988购物中心地处深圳CBD一级辐射区，位居金地深港创新产业园和福田南片文化艺术创意产业集聚区，深圳湾的海景资源使该区域成为豪宅集中的区域，聚集大量中高素质的行业精英。

根据绿景集团"尊重需求、善用资源、因地制宜、与时俱进"的方针，每个佐邻购物中心的定位以及主打消费人群都不一定，已经开业的佐邻香颂

---

① http://sz.loupan.com/html/news/201401/1106761.html.楼盘网，2014-01-03.

购物中心主打"乐活族"，1866 佐阾荟主打"运动达人族"，佐阾虹湾购物中心主打"彩虹族"，佐阾红树湾壹号购物中心主打"精英商旅族"。

　　此外，绿景集团计划在未来 10 年内，通过自有产权、收购或兼并、委托经营或品牌输出等三种方式各开业 10 家佐阾系列购物中心，实现拥有及管理佐阾系列购物中心 30 家，商业面积逾 150 万平方米，在珠三角区域内形成系列化、规模化、品牌化的商业版图。①

13

深圳宝能开始真正意义上的
商业地产布局

　　宝能集团自 1992 年创立以来，以物流业务为起始，始终注重多元化产业之间的联动。其旗下的房地产业务主要为大型城市综合体、都市产业园和现代化社区，其中高端商业地产是近年来发展的重中之重。公开资料显示，截至目前，宝能已进入深圳、北京、上海、乌鲁木齐、桂林等 30 个城市，旗下已有 15 个购物中心在建，其中还包括一些超高层写字楼物业，总开工面积达 1000 万平方米，总投资超过 500 亿元。同时，其直接、间接的土地储备已超过 2000 万平方米。主要产品线有国际化、时尚休闲的商业综合体"宝能 all city"，奢华 CBD 型的"宝能环球汇"，巨型体量的城市综合体"宝能城"，社区购物中心型的"宝能新都荟"。①

13.1
宝能 all city：以湾区商业为开篇之作的商业综合体

　　宝能 all city 是宝能集团发展连锁零售业的重要战略之一。宝能 all city 南山旗舰店以独树一帜的"湾区商业"定位，开创了深圳商业综合体的众多"独秀"，并脱颖而出，成为宝能商业地产项目的杰出代表作。

　　（1）坐拥得天独厚的湾区资源。深圳湾面积为 2.3 平方公里，规划建设中的 50 余万平方米的总部基地将汇集全球资本，是国际化的滨海金融商务中心；保利剧院、深圳歌剧院、现代艺术博物馆等人文艺术中心也聚集于

---

① http：//news. hexun. com/2015 - 12 - 18/181286881. html. 和讯新闻，2015 - 12 - 18.

此；更有著名的滨海旅游及世界级赛事中心，15 公里滨海长廊带、十余个主题公园，永久性 F1 摩托艇赛场、深圳湾体育中心等。国际化的湾区资源、滨海风情浓郁、片区居民消费力强、休闲度假氛围浓等特色，凸显了湾区商业的特性。从纽约曼哈顿、东京六本木、香港铜锣湾等世界知名湾区商业群可看出，湾区商业不仅是商业模式以及零售经济的引领者，更是所在城市的生活写照、文化地标和城市名片。

（2）独一品牌构成的都市时尚空间。2012 年 12 月开业的宝能 all city 南山店坐落于深圳湾中心路繁华腹地，拥有 11 万平方米体量，是深圳湾片区体量、规模首屈一指的商业综合体。华谊兄弟华南首家超白金影院，华润万家全国首家 V 城市超市，华南首家 H&M、盖璞（GAP）、无印良品（MUJI）、优衣库（UNIQLO）国际四大快时尚巨头齐聚于此。同时这里也是全球顶尖母婴品牌马特克尔（MOTHERCARE）进入深圳的第一站；外婆食代等众多餐饮、生活休闲品牌出现在深圳人面前的第一站；20% 的品牌进入深圳甚至是中国的第一站。总之，餐饮、休闲、娱乐组合的最佳配比使消费者感到最舒适、最享受，独家品牌又为深圳人呈献了独一无二的购物生活。

（3）独一服务带来一种全新的消费体验。宝能 all city 南山店首创的"购物中心五星级服务体系"也走近了深圳人。该服务体系追求与顾客紧密沟通，深入了解每位顾客的需求，提供定制化的服务方案；用温馨、专业的服务方式使消费者感受到尊贵的消费体验；建立起特色服务平台。如儿童一站式休闲乐园有专业的幼教与孩子互动，有国际母婴第一品牌 MOTHER-CARE 的守护；琴键一样的创意互动阶梯如歌行走；手机钱包轻松买单；私人牙医诊所等等。其爱情邮局、音乐广场、星光广场等带有服务性质公共空间的面积占到总面积的 30% 左右，成为深圳市民放松心情、体验湾区购物生活的绝好平台。此外，宝能 all city 还将整合旗下超白金五星级度假酒店、生态地产开发、金融保险服务等多种资源，为其商户及消费者带来叠加式的高附加值服务。

（4）独一风格营造的文化艺术氛围。在 11 万平方米的体量中，宝能 all city 南山店有相当一部分是为文化艺术而设置的，包括公共艺术长廊、艺术馆等；并配有主题书店、艺术酒廊、新型集市等深圳商业综合体鲜有的业态。同时，还与国际化时尚品牌相结合，以独特的营销模式，让消费者体验到前所未有的人文、艺术、时尚以及体验相交融的购物生活。

　　继南山店之后，2013 年 4 月，位于深圳龙岗中心城区、总建筑面积 5 万平方米的宝能 all city（龙岗店）正式对外营业。它以"优生活，悦时尚"为品牌理念，引进沃尔玛、星巴克、中西特色美食、亲子乐园、潮流数码等近百家国际国内知名品牌，集购物、餐饮、休闲、娱乐于一体为社区居民提供服务。

　　此外，深圳罗湖、西丽、龙华 3 个综合体，北京、天津、扬州、沈阳、无锡、铜陵、赣州等多个城市商业综合体在未来几年内也将陆续推出，总体经营面积将达到 300 万平方米。每个综合体都将引入宝能 all city 品牌，并结合当地市场与消费需求，进行创新式业态组合，打造集零售、餐饮、娱乐、休闲、文化于一体的国际时尚休闲购物中心。

13.2
奢华 CBD 型的"宝能环球汇"

　　（1）沈阳宝能环球汇。这是一个集办公、酒店、商业、公寓、住宅为一体的超高层综合体项目。规划总建筑面积约为 107.5 万平方米，投资总额约 120 亿元。包括 518 米高、31.9 万平方米体量的顶级写字楼；297 米高、10.6 万平方米的顶级白金酒店及 CEO 摩天公寓；180 米高、20.2 万平方米的五栋豪华住宅；25 万平方米的奢华 SHOPPING MALL。奢华 SHOPPING MALL 以 22000 平方米高端百货为轴线形成特色化、主题化的零售布局，将引进最具特色的国际奢华品牌的服装、皮具、配饰、钟表、珠宝等，以及国际上最炙手可热的快时尚品牌；精品超市提供最全面的进口食品及生鲜类食品；建设 5000 平方米的 IMAX4D 影厅及高端 KTV，国际最高标准的母婴生活馆及温馨母婴会所，儿童体验乐园将提供休闲、娱乐空间；18000 平方米的书城将以最大的文化体验亮点，为其作为沈阳最具文化特色的购物中心奠定基础。计划于 2018 年建成的沈阳宝能环球金融中心，将成为宝能集团强势进入东北市场的开山之作。①

　　（2）无锡宝能环球汇。它位于太湖新城核心区域——金融商务第三街区，规划总建筑面积约 160 万平方米，将按照"无锡 CBD 世界级商务、商

---

① http://www.linkshop.com.cn/club/dispbbs.aspx? rootid = 533342. 联商论坛，2013 - 06 - 06.

业和文化娱乐航母"的总体定位，建设囊括一站式购物休闲娱乐商业MALL、5A 级环球总部中心、百变风尚 SOHO 商务办公空间、五星级主题商务会议酒店、高端住宅等于一体的全能旗舰城。[①] 其中，无锡宝能环球汇·MALL 属地铁上盖物业，引入国际理念，融入当地文化、生态等表现手法，以风、花、雪、月、诗为五个主题将 5 个地块联系在一起，形成了独特的风情 BLOCK 商业，即 B - Business（商业）、L - Lie fallow（休闲）、O - Open（开放）、C - Crowd（人群）、K - Kind（亲和）的购物休闲街区空间。

13.3
巨型体量的新兴城市综合体："宝能城"

2013 年以来，芜湖宝能城、天津宝能城的相继开工，构成宝能启动全国布局战略的重要内容。

（1）芜湖宝能城。2013 年 6 月，宝能宣布将在芜湖市江北"造城"，即建设集赢商网总部办公、购物、娱乐、会议、旅游为一体的城市综合体。项目总用地面积 30 万平方米，建筑面积 200 万平方米，计划分两期开发。其中，写字楼约 60 万平方米；公寓约 25 万平方米；星级酒店及公寓式酒店和相关酒店配套设施约 10 万平方米；两个大型购物中心共 45 万平方米，分别分布在南北地块；20 万平方米的风情商业街；近 40 万平方米地下建筑。建成后的宝能城将成为芜湖和江北新城城市地标，开启芜湖城市之心。其一期 20 万平方米的购物中心，为宝能第三代动感新区产品体系，70% 以上为体验业态，主打中端都市时尚潮流、环球饕餮美食荟萃、互动视听娱乐体验、家庭欢聚生活，将以多主力店集群、缤纷美食、主题娱乐等业态呈现给芜湖市民。[②]

（2）天津宝能城。2014 年 3 月，天津宝能城销售中心的开放盛典，见证了宝能城作为天津最大的世界级城市综合体项目的启动。作为外环线核心的重点项目，天津宝能城以 260 万平方米的大盘态势，涵盖湖景商业综合体、滨水风情商业街、文化演艺中心、白金级酒店式公寓、国际五星级酒

---

① http：//www.js.chinanews.com/news/2014/0319/80070.html. 江苏新闻网，2014 - 03 - 19.
② http：//news.focus.cn/wuhu/2013 - 06 - 06/3417562.html. 芜湖搜狐焦点网，2013 - 06 - 06.

店、宝能天地购物中心在内的世界顶尖级六大业态。其中，项目起步区规划总建筑面积为 94 万平方米，包括住宅 30 万平方米，商业体 64 万平方米。占首期开发比重超 65% 的商业部分，以 9 大主力店有机串联 2 大体验类型、4 大体验空间、6 大体验模块及 8 大体验业态，开创性地将主题商业、休闲娱乐、文化艺术、万国美食等业态融为一体，围绕 6 万平方米景观大湖打造步行街、洲际酒店、智能商业楼宇、演艺中心等各种创新式业态，一改传统商业单一购物功能，转而向集情境式消费体验、休闲观光和文化娱乐于一体的复合功能转变。①

13.4
宝能新都荟：社区型购物中心首发于天津红桥

都市更新的标杆商业。天津宝能新都荟坐落在天津红桥区丁字沽商圈的核心地带。宝能正是瞄准了红桥区深厚的历史底蕴和蓬勃的商业发展态势，打造了其在津北的首家集购物、餐饮、休闲、娱乐于一体的多功能一站式社区购物中心，极大地改变了天津市民对于红桥区商业发展滞后和社区配套陈旧的传统印象，成为天津市红桥区都市更新进程中的重要标杆商业项目。

（1）"欢乐社区"理念的提出。宝能集团基于对社区消费的潜心研究，强力整合国际最前沿的商业模式，针对红桥区缺乏大型商业网点的显著特点，隆重推出宝能新都荟，并首次全面提出"欢乐社区"理念，有机融合社区功能与商业配套，以便利性、效率性、体验性以及时尚性元素，组合成邻里共享、家庭娱乐、儿童成长、欢乐聚会四大空间，满足社区新时代消费提升，为广大社区消费者提供一个展示丰富多彩社区生活和现代商业文化的绚丽舞台。

（2）精心设计的业态组合。10000 平方米大型国际品牌生活超市，50% 的进口产品，汇聚欧美和东南亚商品精华；最安全、最新鲜的生鲜商品全部来自生态农场和生产基地；3000 平方米五星级国际影院，填补市场空白；5000 平方米儿童主题商业群落，多家国际顶级儿童教育机构强力进驻，是红桥区唯一的儿童高端教育基地；2000 平方米美容美发中心，提供最周到

---

① http://tj.loupan.com/html/news/201403/1178322.html. 楼盘网，2014-03-13.

的个人形象塑造和护理服务；近 20 家各式特色美食餐厅，满足居民享受美味的刺激……这种最接地气的欢乐社区型购物中心，将纯粹的欢乐带给红桥区的社区居民。①

在目前商业地产市场一片过剩的态势之下，作为在南方地区耕耘 22 年的老牌房地产企业，宝能反其道而行之，凭借其多元化产业战略及优势资源禀赋，已经进入了 30 多个城市，成功布局珠三角、长三角、环渤海区域以及东北、西北、华中、西南区域。

作为跨界、体验式商业的先行者，宝能正以品牌实力和创新模式进行全国布局。通过跨界，宝能有效地实现了商业和生活体验的多元融合，满足了全客层一站式体验消费的需求。它通过开发一个项目，树立一座地标，升级一个商圈，繁荣一座城市，从而实现着缔造商业地产王国的宏伟蓝图。

---

① http：//www.topbiz360.com/web/html/newscenter/origin/132846.html. 第一商业网，2013 - 06 - 08.

14

中粮大悦城全国复制的"成与败"

中粮集团旗下的地产业务分为四大板块，其中中粮置业负责"大悦城"品牌的城市综合体项目。2008 年中粮置业首建西单大悦城并大获成功，当年完成销售额达 10 亿元，2009 年实现 15 亿元的销售额，2010 年达 20 亿元，2011 年达到 28 亿元，截至 2015 年上半年，销售额约人民币 20.49 亿元。① 从开业以来，西单大悦城的日客流量均保持在 10 万~15 万人次，其中 18~25 岁的客群占 60% 左右，且重复性消费占据很大的比重。中粮置业在该项目上的年收益达 3.6 亿，首年的投资回报率就超过 10%。此后，"大悦城"品牌在全国各地开花，截至 2016 年年底，中粮集团正全力拓展以大悦城购物中心为核心的城市综合体，并将大悦城品牌进行全国复制，未来 3~5 年，计划布局 20~30 个大悦城，目前已先后进入北京、上海、天津、成都、杭州、沈阳、烟台等，随后将在深圳、武汉、昆阳、贵阳等城市陆续落地。大悦城官网显示，大悦城地产物业组合中有 8 项为综合体项目，即以大悦城品牌开发及推广的北京西单大悦城、沈阳大悦城、北京朝阳大悦城、上海大悦城、天津大悦城、烟台大悦城、成都大悦城及正以"中粮"品牌经营及推广的北京中粮广场。这七个大悦城项目于 2016 年的平均出租率均超过 90%，其中，烟台大悦城及天津大悦城的出租率达 99%。②

中粮置业用短短几年时间，用独特的定位使复制顺风顺水将大悦城从北京复制到上海、天津等国内主要城市，并且在当地取得一定成绩，大悦城品

---

① http://www.winshang.com. 赢商网，2017 – 03 – 14.
② http://news.winshang.com/html/010/4231. html. 赢商网，2011 – 12 – 29.

牌成为国内商业领域迅速成长的典范。大悦城品牌获得成功，离不开其独特的开发模式。

（1）年轻、时尚、潮流、品味的目标顾客定位。中粮大悦城聚焦青年新兴中产阶级，抓住最具社会影响力的青年消费群。据世界银行2011年9月发布的关于新兴中产阶层的研究报告表明，日薪起点在10～20美元，年薪在0.6万～3万美元的群体即可定义为新兴中产阶层，他们通常会用1/3的收入作为自由支配，有很强劲的购买潜力。而18～35岁之间的青年人便是这群新兴中产阶层的主力。他们有很强的品牌意识，偏好尝试新奇潮流的产品或服务，愿意为"无形的"附加值买单，接受借贷的生活方式，他们是城市精神文明的影响者与引领者。美国《新闻周刊》的数据显示，2030年，发展中国家的中产阶层将占全球总数的93%，2000年这个数字只有54%，预测到2025年，中国中产阶层占总人口的比例将从43%上升至76%，有望在2025年之前成为全球第三大消费市场。正是基于上述原因，中粮大悦城希望抓住新兴中产阶层的快速崛起契机，放弃粗放式的全客层定位，做纯粹的为青年人打造的"城中之城"，希望将品牌影响力培养成企业的核心竞争力。①

（2）辐射全城的商圈定位。在传统的商业项目定位中，往往一个商业有效的辐射半径不超过3公里。万达广场就曾经提出，7公里是两个万达广场的最小距离。这是因为传统商业项目都是面向大多数的市民，满足的是适用性较强的基本需求，商业项目自身的个性和主题并不突出，其所提供的服务的差异化相对较小，所以比较容易满足近距离的消费和小商圈的辐射范围，但不足以辐射全城。大悦城在区域的定位上跳出了传统的做法，不只是做区域的配套，更试图辐射更为广泛的区域乃至全城。探究其原因，一是大悦城的客群特点决定了它需要面向更大的区域。大悦城客群聚焦18～35岁年龄段，该消费群体购物频繁、消费活跃、热爱社交、追捧潮流，跨区域消费能力强，随着交通的愈发便利，空间的距离已经抵挡不住年轻人的消费欲望。二是大悦城"时尚潮流"的鲜明个性能够很有针对性地吸引跨区域的消费群体，大悦城在品类组合、品牌落位、卖场营造上极为注重时尚潮流的引领性，独有品牌的吸引力较大，强化了品牌精神和性格，形成了年轻人心

---

① http://bbs.azgnews.com/fzlrzdq/13105.html. 九零新闻门户，2013－10－05.

中较高的品牌号召力，这种影响力有的甚至超出了城市概念。三是大悦城的体量大、业态全、创造了一站式的购物、休闲、娱乐、服务和体验，能满足消费人群更全面、更多样的消费需求。所以说，大悦城面向全市的区域定位不是盲目的，是根据项目自身特点与城市客群的消费需求决定的。坚持面向全城，大悦城无论是交通位置、建筑特色，还是体量规模、品牌影响，都需要保持甚至创造明显的优势和特色，以确保大悦城复制获得更大的成功。

（3）7∶3的模块品牌与特色品牌的招商定位。在招商方面，大悦城坚持70%左右的模块品牌和30%左右的当地特色品牌相结合的复制模式。在大悦城复制的过程中，稳定的品牌合作是保障大悦城核心属性得以复制的重要因素。如何在继承、强化大悦城的定位与品牌组合，延续商户优异的经营表现的同时，保持思路创新。大悦城提出了模块品牌的管理思路，即70%左右的模块品牌，其中既有代表大悦城定位的核心商户；也有已经与大悦城建立良好合作关系、有着较好经营表现的重点商户。大悦城正在通过品牌库的形式灵活选择与这些商户品牌的合作，努力建立与这些商户之间的较为成熟的合作模式。30%左右的当地特色品牌，则为各个城市、各个项目留出了因地制宜、自主招商的空间，让每一个大悦城都能保持一定的本地化与个性化，同时较好地促进大悦城与地方文化特色以及既有消费习惯的结合。大悦城充分研究了目标消费人群的生活与消费习惯，针对年轻人的消费偏好以及消费目标不明确的特点，规划60%左右的零售业态、40%左右的餐饮休闲业态。零售方面，以主流时尚品牌为零售主力，并以其中产品丰富度高、货品更新度快的快速时尚品牌，如ZARA、H&M等为零售核心，整体基本保持零售、餐饮、休闲体验三大业态6∶2∶2的业态配比，并将三大业态细分为主流时尚品牌模块、快速时尚品牌模块、时尚餐饮品牌模块、快餐品牌模块、甜品小食品牌模块和休闲体验模块共六个子模块。每一个模块不仅仅是单纯的复制品牌，还包括了品牌的组合、品牌的落位、品牌的经营服务等一整套完备的招商运营管理体系，多维度且有深度地来保障商户品牌在与大悦城共同发展的过程中顺利落地、健康成长。

一枝独秀引发对简单复制的质疑。中粮大悦城系列的扩张之路并非一帆风顺，西单大悦城"一枝独秀"的状况并未改变。尽管西单大悦城的年销售业绩近30亿元，已经成为北京时尚领域的商业地标，这得益于商场合理的业态配置和品牌结构，但西单商圈对商场成长的贡献同样功不可没。目前，西单大悦城"一枝独秀"的现状仍未改变。即便同处北京的朝阳大悦城，仍和西单大悦城的业绩存在较大差距。朝阳大悦城自2010年5月开业以来，因为地处近郊，远离传统商业圈，又缺乏商务客群的支撑，零售品牌定位失当再加上运营低效，工作日严重缺乏人流量，半年之后购物中心的商铺招租率仍然只有80%左右。经营状况类似的还有上海大悦城，因为地理位置偏离传统商业圈，商业氛围不成熟，至今为止仍然处于整体招商乏善可陈，人流不足的境况。对此，上海大悦城举办了一些娱乐活动以吸引人流，准备将其打造成"年轻女性约会中心主场"，但其效果寥寥。沈阳大悦城的同期状况适中，日均人流量在3万人次左右，全年营业额约3亿，很难说这是个让人满意的经营状况。究其原因，客观来说在全国范围内，类似于西单商圈的优质商业资源越来越稀缺，大悦城很难真正实现批量复制，因为复制简化了建设思路上的考虑过程，但同时也很可能忽略了受众体的差异，从而造成大悦城的"水土不服"，因此大悦城要想真正走向全国必须摒弃简单复制的发展模式，而是根据不同的市场和经营环境进行不断调整。

此外，中粮置业的资金来源渠道有限，除了总集团的资助外，主要依赖银行贷款，即便中粮集团拥有规模和身份上的优势，想一直获得稳定的贷款仍然不是件易事。虽然股市可以分担其一部分资金压力，但和银行贷款一样，筹措资金的能力仍然来源于大悦城项目上稳定的租金回报。据称，该业务目前的年收益率为7%～8%，乐观估计租金回报会在接下来的几年内保持20%的增长。但前提是其他大悦城能成功复制西单大悦城，事实证明在短期内这并不容易做到。[1]

总之，中粮大悦城真正取得全国范围内的成功，尚有很长的路要走。

---

[1] http://news.winshang.com/news-104231-2.html. 赢商网.

15

华侨城苏河湾：上海中心
城市的再次复兴

2010 年初，长期致力于发展有中国特色社会文化产业集群、拥有 28 年成片地产开发运营经验的华侨城集团在上海拿下苏河湾地块，提出"城市复兴"的建设理念，惊艳上海地产界。这是上海改革开放 30 多年来，首次由企业提出的区域规划理念。这一理念，是对上海百年历史的尊重与传承，更是对扼守上海核心、孕育上海文明的母亲河——苏州河高度礼赞。它意味着上海中心城区比邻外滩、人民广场和南京路的这一昔日"沪上清明上河图"区域，有望得以重生。这场复兴，是对苏州河文明和繁华的回首与呼唤，更是对上海历史与未来的缅怀和创想。①

15.1
优越的地理位置

苏河湾沿苏州河坐北朝南，拥有得天独厚的滨河亲水价值。沿苏河湾自东向西自然形成三个湾，若将苏河湾地图倒置，宛如一只象征财富的"金元宝"。苏河湾交通便捷，跨过西藏路桥就到南京路、人民广场；五条地铁线（M1、M8、M10、M12、M13）横贯苏河湾，形成了一个通达全市的三线交汇的交通枢纽（汉中路恒丰路）、两个"两线交会"区域（西藏北路曲阜路和河南北路天潼路），具备了建设中央商务区的基础条件。通过开发建设，未来苏河湾将成为一个相对成熟的 CBD，与人民广场、淮海路等 CBD

---

① http://www.scimao.com/read/734923. 每日新闻，2014 – 08 – 06.

商务区域构成一公里商业圈。

华侨城苏河湾这一项目位于上海苏州河流域中风光最旖旎的"黄金一公里"河岸线，东起河南路，北至天潼路，西临西藏路，东临外白渡桥 800 米，和老外滩一脉相连，与身处陆家嘴金融贸易区的东方明珠塔、金茂大厦、环球金融中心隔江相望，距离南京路、淮海路等成熟商圈不足十分钟车程。如果将上海地图上下左右各折一次，对折后的中心恰好落在苏河湾。从华侨城苏河湾项目 150 米高空眺望出去，更是一幅令人震撼的城市景象：黄浦江与苏州河在眼前汇合，浦东与外滩的天际线在远处交合。

根据上海"十二五"期间沿江沿河的发展战略，华侨城苏河湾将和北外滩一起成为黄浦江苏州河的金三角，成为上海核心 CBD 的拓展区；成为国际都会的人才中枢；成为苏州河文化的魅力舞台；成为一个新的城市地标。如何实现城市公共开放空间与都市休闲娱乐功能结合；如何协调历史建筑与新建筑的和谐关系；如何融合滨水景观资源与城市商业空间……成为摆在建设规划者面前一张必答的问卷。

15.2
深厚的文化底蕴

上世纪初，在苏河湾北岸，聚集了 21 家的金融仓库和 205 家各种类型的工厂，涉及丝绸、印刷、面粉、搪瓷等 20 多个行业，其中有荣氏家族进入上海创办第一座工厂——福新面粉公司，这是中国近代民族工业的代表。[①] 而在北苏州路、光复路之间，还有一个很有名的地方叫四行仓库，它不仅见证了上海闸北作为中国民族金融产业的诞生地这段辉煌的历史，而且是抗日战争期间 800 壮士浴血奋战，打响保卫战的纪念地。

此外，还有上海最为经典的石库门风情建筑群——慎余里，它不仅是海派文化的传承之所，更是近现代中国历史上诸多名人大师的昔日故里。流经该区域的苏州河，更是以上海母亲河的地位成为上海历史变迁的见证者和守望者。当时的苏河湾地区名流大师荟萃，融码头文化、仓库文化、民族宗教

---

① http://www.scimao.com/read/734923. 每日新闻，2014 – 08 – 06.

文化、商业金融文化于一体，是一幅呈现百年之前上海工商业繁荣的清明上河图，积淀了老上海众多的佳话与典故，与上海跑马厅（现人民广场区域）、外滩万国建筑群一脉相连，共同辉映着"十里洋场"的繁华盛景。上海优秀历史建筑——上海总商会，代言民族工商业的银行仓库群，保留完整的石库门建筑群——慎余里……每一栋历史建筑都诉说着一段辉煌历史，也书写了一个个非凡的传奇故事，这是该区域独特之处，也是其他区域无法比拟和复制的魅力，游历于华侨城苏河湾，可以感受跨越百年、丰富而悠久的历史人文价值所在。

15.3
"一个中心，两条轴线"的规划

为了全面复兴苏河湾昔日的繁荣与辉煌，华侨城苏河湾邀请了世界顶尖设计团队富德＋帕纳（Forter＋Parterner）担任规划设计制定了"一个中心，两条轴线"的规划理念。中央公园作为华侨城苏河湾规划中"一个中心"的重要节点，在缓解城市密度、传承历史文脉、还原码头文化和增加艺术氛围等多维度考量后，将为苏河湾提供超乎上海中心区想象的四大功能，即不必离开中心区，便能体验到城市中心罕见的滨水生态绿地、老石库门风情的慎余里商业区、国际游艇码头及俱乐部、国际一流美术馆以及它们所带来的顶级生活方式。"两大景观轴"将使人文与滨水交织，自东向西依次囊括了海总商会、中华实业银行货栈等银行仓库群在内的传奇历史建筑。不仅如此，石库门建筑群和各种开放式公共空间、下沉式广场、绿地和商业空间，更形成新老建筑的交替变幻与延续，在这条宛如历史长卷的轴线上，谱写浪漫人文的交响曲。另一条滨水景观轴线，则与苏州河蜿蜒并置，当人们穿梭其中，将欣赏到独具水岸风情的滨水商业长廊，仿佛栖居于巴黎的浪漫左岸。沿河而立的一幢幢历史建筑，将通过修缮与保护重现其外表肌理，还原独有的百年建筑风采。更令人惊喜的是，滨水景观轴线还将融合生态绿地、游艇码头、观景平台等场所，不仅打开苏州河滨水商业与景观界面，同时亦将成为上海中心城区一张独具风情的城市名片。

15.4
顶级商业业态的融汇

一个地标性项目应该能够满足人们商务、聚会、娱乐等各种活动需求，而不是一个与大众相割裂，仅有漂亮外观的高层建筑，同时也应该融合于城市之中，并能够影响城市发展进程；应该与时尚潮流相融合，并能引领潮流。苏河湾项目正是这样一个融合了多种业态，满足居住、商务、社交、娱乐等各种需求的综合体。

华侨城苏河湾分东西两区。东区不仅传承上海总商会的文脉，更海纳世界先进的文化，拥有宝格丽奢华酒店、苏河湾官邸、苏河湾府邸、精品商业四大顶级业态。宝格丽奢华酒店是 3 栋 150 米高的超高层建筑之一，是全球第四家、中国首家宝格丽酒店所在。它坐拥稀缺的景观资源，将著名的上海总商会作为其顶级会所，以商务聚会、演艺和高品位的餐饮服务延续老上海摇曳的风情，再现上海滩顶级圈层的盛宴。苏河湾官邸是两栋同为 150 米的超高层豪华住宅，是目前浦西最高的住宅，除国际大师级设计和顶级配置外，更拥揽陆家嘴、外滩等珍稀永恒景观。苏河湾府邸则是上海城市中心绝无仅有的滨水大宅，尽享母亲河绮丽风景，精品商业呈现了优雅商务社交文化，以总商会向街区腹地和滨水展开的是昼夜交织融汇的咖啡、主题酒吧、会所、厨师餐厅和定制服务，展现现代开放优雅的生活。

华侨城苏河湾西区则拥有众多诸如中华实业银行、浙江实业银行、怡和打包厂等金融机构和货栈历史建筑，以及大体量时尚商业，更配套有集酒店、公寓、工作室为一体的行政公馆，为全球精英提供创意生活空间。时尚商业区通过地面、地下、滨水三条商业"旅程"轴线，连接滨水景观，贯通地铁等公共交通枢纽，布置品牌概念店、多功能中心、影视基地、艺术家工作室等多元业态。这里，将成为上海最具人文气息和艺术氛围的城市客厅，也是凸显上海历史风貌与现代时尚的活力区域。行政公馆大隐于市中心，以创新的空间设计、一流的精装配置、国际品质的管家式服务，将创意与科技融入生活，为全球精英提供一种集商务、办公、居住于一体的城市新单元。

历史与现代汇聚、文化与商业融合，成为华侨城苏河湾项目对"上海中心城市的再次复兴"的最好诠释。

16

保利商业地产的全业态开发

　　保利地产自 2002 年开始尝试商业地产开发后，保利商业地产投资管理有限公司也因此应运而生。直到 2010 年，在其所制定的"十二五规划"中，保利地产将"商业地产与住宅地产相结合"作为公司"三个结合"核心战略之一，才把商业提升到与住宅并行的战略高度。经历时间的沉淀，形成了自己的独特效应。目前，保利地产在广州、北京、上海、天津、成都、武汉等中心城市已建商业地产项目总建面积超过 250 万平方米，打造城市地标，形成了涵盖商业写字楼、高端休闲地产、星际酒店、商贸会展、购物中心、城市综合体等多元化优质商用物业的规模化经营格局。①

16.1
保利的购物中心系列

　　保利在推出商业地产全业态开发的初始阶段，着重构建了两个购物中心。2009 年 4 月 25 日佛山保利水城购物中心的开业标志着保利地产进军购物中心领域。此后，于 2011 年 6 月 5 日，广州保利中环购物中心开业。

　　保利水城购物中心地处佛山南海千灯湖畔，贯穿千灯湖 80% 水系，项目总建筑面积 16 万平方米，华南区最大水景购物中心，也是国内第一个推出水景概念的大型综合购物中心，是佛山首个一站式购物中心。它拥有佛山第一家超五星级的电影院、第一家环保真冰溜冰场、第一家吉之岛 GMS 旗舰店，集购物、饮食、休闲、娱乐、商务、旅游于一体，是佛山新城市中心

---

① http://news.fdc.com.cn/lsdt/636808.shtml.房产资讯，2014 – 01 – 23.

的超大规模都市综合体。其餐饮、健身、美体、购物、溜冰、娱乐、亲子等商户资源满足了中产阶层生活需求。与它不同的是，保利的另一个商业地产项目，保利中环购物中心打造的是"社区购物中心"的概念，以服务家庭为主，最大的迎合了广州的老街坊文化。保利中环购物中心位于广州环市东路与建设大马路交界处，总建筑面积超过6万平方米，分为南北塔，中间以一条9米宽的空中观光连廊相连。南塔由商场负责组合运营，面积达3.2万平方米的北塔则整体租赁给永旺。开业至今仅仅几年，商场的出租率达到了98%以上。2014年3月28日，广州保利中环购物中心项目荣获"中国最具成长性商业地产项目"奖项。和大规模的保利水城广场相比，保利中环购物中心更像一个温柔的社区标本，为保利运营充满人情味的"社区购物中心"做了一个成功的示范。

16.2
保利的皇冠假日酒店系列

　　酒店是保利地产商业地产的重要组成部分，当前开业与筹备中的酒店超过15个，其中大部分为五星和超五星级酒店和度假村项目。保利地产与洲际、万豪、希尔顿等多家国际酒店管理集团展开了多项合作，并与洲际集团建立战略合作伙伴关系。在建或拟建的高星级酒店超过12家，分布于广州、佛山、东莞、中山、阳江、南昌、成都、重庆、德阳等城市。[①]

　　成都保利公园是保利商业地产最先开发的皇冠假日酒店，是保利地产进军中国西南地区的首家高端酒店物业，也是成都北部的首家国际五星豪华品牌酒店。于2011年9月正式开业，位于成都保利公园198生态社区中心，与保利拉斐国际体育运动公园以及两千亩音乐主题公园相邻，接壤成都大熊猫繁育基地。海陵岛保利公园皇冠假日酒店于2013年5月开业，是保利地产重点打造的首家度假酒店，也是阳江市首家国际豪华五星级酒店项目。酒店位于广东省阳江市区西南沿海，地处广东、广西、海南等省区水路交通要道，毗邻港澳，贴近珠三角地区。海陵岛享有"南方北戴河"和"东方夏威夷"之美称，被誉为一块未经雕琢的翡翠。酒店拥有

---

①　http：//www.guandian.cn/article/20120910/124892.html.观点地产网，2012－09－10.

超 3000 平方米灵活会议场地、私有的洁净海滩、浪漫户外泳池和宽阔花园，是举行快乐鸡尾酒会和幸福婚宴的最佳场所。2014 年 1 月 26 日重庆保利花园皇冠假日酒店荣耀揭幕，酒店坐落于占地 3800 亩的 36 洞保利高尔夫球场内，依山傍水、环境清幽、远眺群峰连绵、近观绿地成荫，为高尔夫人群及访渝商旅休闲人士提供一个全新的会聚之所。重庆保利花园皇冠假日酒店拥有独具新意的大型户外草坪、可直达仪式地点的直升机、900平方米的无柱式奢华宴会厅及其延伸 280 平方米的豪华长廊是婚庆场地的绝佳选择。[①]

16.3
保利的写字楼与商用公寓

保利地产在广州、北京、湖南等城市在建写字楼地产项目总建筑面积将近 100 万平方米，已成功开发了广州保利国际广场、广州保利中心、湖南文化大厦、保利中环、中辰、中宇及保利 V 座等一系列城市高端写字楼物业。[②]

保利国际广场是保利地产集团倾力打造的重点项目。已经建成的广州保利国际广场，采用国内首家地送风空调系统，目的地分层停站的高速智能电梯系统、千兆光纤网络、两路一备的千伏供电系统、电子公告及电脑查询系统、BAS 自动监控系统及同声传译视频会议系统等多项国内唯一的硬件设备，为客户提供最高端、最舒适的办公环境。按照国际顶级的写字楼标准，配备了国际领先 30 部瑞士迅达智能电梯，电梯速度可达每秒 5 米，30 秒即可登上 165 米高的顶楼。经过两年的设计和规划，位于望京地区东北部的保利国际广场成为从北京机场进入北京的首个标志性建筑。保利国际广场荣获了 LEED 国际认证的顶级绿色商用物业，并开创了国内前所未见的公园生态办公标准，为企业打造了健康生态的商务环境。[③]

---

① http://finance.sina.com.cn/stock/usstock/mtszx/20140130/012018122079.shtml. 新浪财经，2014 - 01 - 30.

② http://www.winshang.com/zt/2013/2013poly/. 赢商网。

③ http://gz.mytophome.com/wiki/6268/comment/6919888.html. 地产网，2016 - 11 - 04.

16. 4
保利的文化地产：中国文化传播先锋

2000 年 2 月，保利集团成立保利文化艺术有限公司，它不仅在房地产、商业地产方面有所发展，同时也是中华文化传播的先锋。经过多年发展，已经形成演出与剧院管理、艺术品经营与拍卖、影院投资管理三项主业并举的文化产业格局，拥有 50 多家全资与控股企业。从 2010 年开始，连续四年入选"中国文化企业三十强"。[①]

保利艺术博物馆是中国首家由国有企业兴办的博物馆，被海内外博物馆界称誉为"中国大陆最具现代化水准的博物馆之一"。它有两个专题陈列馆：一是"中国青铜艺术精品陈列"，二是"中国古代石刻佛教造像艺术精品陈列"。展品绝大多数为集团从海外抢救而来。

保利博纳是中国最大规模的以电影发行为核心竞争力的专业化电影公司。目前，大约 80% 的港产电影都是通过保利博纳发行，每年的市场份额约达 20%。

拍卖是保利文化三大业务的主业务，按 2012 年业绩计算，拍卖占总营业额 50%，利润贡献 87%。2014 年 3 月，保利文化宣布上市港股，成为国内首支拍卖行的文化概念股。2014 年保利香港拍卖额近 20 亿元。[②]

2014 年保利地产在湖南市场将通过公建建设，主打保利香槟国际、保利西海岸、保利国际广场、保利林语中心及保利苏仙林语等五大项目，并根据这些项目特色，打造五个不一样的文化生活圈。除了在销售上做出辉煌成就外，保利更希望能做到的是，改变一座城市的文化气质。

16. 5
保利全新亮相 ECO 模式，引领未来

随着移动互联网时代的到来，如何更好地满足年轻消费者们的精神需求

---

① http://stock.hexun.com/2014 - 02 - 19/162287199.html. 和讯网，2014 - 02 - 19.
② http://news.hexun.com/2016 - 03 - 31/183064957.html. 和讯新闻，2016 - 03 - 31.

和物质需求，将越来越引起商业地产商的重视。购物方式多元化、支付方式移动化、数据信息主导化，将成为未来商业项目发展的新潮流。近日，为了顺应这种潮流，不被市场淘汰，保利地产全新亮相"ECO 定制化商业模式"。ECO 的核心就是以用户第一为原则，追求经济、企业效益、低碳环保三位一体的商业生态系统。其中三大创新技术的推出应用，改变了商业项目的传统模式。Business－Box 写字楼是 ECO 商业模式在办公领域的首创，是根据不同写字楼的不同定位搭配出各种最适合其企业群需求的不同配套方案，既能充分满足员工们在物质、精神、文化等层面的多样化需求，调节员工的工作状态，还能为企业展示、商务交往等需求提供良好的硬件条件，为企业创造可持续发展的必要条件。在主题商业和智能家居方面，ECO 利用智能软件服务 Live-box，通过与智能软件终端和实体商业结合，打造新一代的智能生活体验区。Theme－Box 是 ECO 商业模式应用的又一大新技术，也是造就保利移动智能商城的核心，更是保利地产为未来的业主和用户们打造的全新互联网生活体验。住在保利的公寓里的人们用手机就能上保利商城的 APP 选择自己感兴趣的商品，如果看中哪件衣服，只要去到所属的实体商场去体验试穿，满意后再通过"保利支付通"埋单——这种线上、线下联动的模式，比传统毫无目的性地逛街更节省时间，也比直接在网上购物更有安全感和体验感。如果是保利的业主或保利各写字楼、商场的商家在保利的商场购物，还可以享受更加优惠的积分和折扣；如果在现场挑选到"心水"衣服但带着走又不方便的话，客户还可留下自己的地址，自然有物业速递员会把已购买的商品直接送到家。这些新技术的应用，都将使保利在未来商业地产领域开创新的发展模式，也将正式开启商业地产 3.0 新时代。